降りて、見て、歩いて、調べた

新幹線103駅

鼠入昌史

降りて、見て、歩いて、調べた
新幹線103駅

CONTENTS

134 第4章 西九州新幹線

148 第5章 東北・北海道新幹線

214 第6章 上越新幹線

242 第7章 北陸新幹線

294 ミニ新幹線の駅

はじめに

やっておいていまさらこんなことを言うのもおかしな話だが、新幹線の駅をすべて巡るというのは、本当に酔狂なチャレンジだと思う。

何が酔狂かって、まずひとつにとにかくおカネがかかること。これまで、東海道本線や山陽本線など、在来線の駅をひとつひとつ巡る旅の経験はある。そのときは、通しの乗車券を一枚買い求めて、ひたすら途中下車を繰り返していけばいいだけだ。ところが、新幹線の場合は乗車券だけでは済まない。新幹線特急券を買い求めなければならないのだ。

これがまた、案外にお高い。ひと駅ごとに八〇〇〜一〇〇〇円ほどの出費である。ぼくの場合は仕事でやっているから、文句はない。が、たとえば新幹線に乗って学校に通っている人なんて、そのご家庭はなかなかの負担になっているのではなかろうか。新幹線の中で時折見かける学生服姿を見て、思わず余計な心配をしてしまった。

もうひとつは、隣り合わせの駅と駅が、線で繋がっているように見えて実はまったく分断されているということだ。たとえば、在来線の東海道本線。静岡駅から掛川駅を例に取ると、その間には静岡市の郊外に出てそこから焼津、藤枝、島田と小さな都市を渡り歩き、ようやく掛川に着く。小都市のターミナルの間にもそれぞれの郊外の駅があり、少しずつ隣の町へと移ろってゆく過程が楽しめる。

ところが、新幹線にはそうした移ろいの過程などというものは存在しない。静岡と掛川の間に何があるのかなどという疑問を抱かせるヒマもない。距離の離れたまったく別の町に、あっという間に連れて行かれるだけの旅。

これを繰り返していると、まるで飛行機で空港から空港へと渡り歩くマイル修行とたいして変わらないのではないか、という気がしてくるのだ。

鉄道の駅をひとつずつ降りては歩いてゆく旅の魅力は、町が移り変わってゆくグラデーション。それが、新幹線には乏しい。終わってみれば、ただ日本全国の主要都市を巡るだけの旅をしたような、そんな気がしている。

……などと、いきなり文句を言ってしまったが、これは裏を返せば新幹線がとてもスゴいということでもある。町と町の移り変わりのグラデーションを楽しみたければ、新幹線など乗らずにそれこそ在来線で各駅停車の旅をすればいいだけのことだ。

むしろ、グラデーションなど関係なく、主要都市と主要都市を飛び石のごとくつないでゆく新幹線のパワーは、まさに日本の公共交通の根幹といっていい。いくらかおカネがかかってしまうのも、そんな交通ネットワークを築きあげ、安全に運行してくれているのだから文句を言うのは筋違い。

新幹線で全国を巡ると、日本は狭いといいながらも実にいろいろな都市と巡り会える。そして、そのどれもが個性を持ちつつ、それでいて新幹線のおかげかどうか、金太郎飴のようにそっくりな駅前風景を持っていたりもする。ひとことで言えば、個性はあるけれどよく似ている、といったところだろうか。

かつて、参勤交代で大名たちが旅をしたおかげで、全国の文化の均一化が進んだという。それと同じようなことが、新幹線でも起きているのかもしれない。

ともあれ、本書を読んで、少しでも日本という国の広がりを感じて頂ければ幸いである。

二〇二四（令和六）年は、北陸新幹線が敦賀駅まで延伸する節目の年だ。その一年半ほど前には、西九州新幹線も開業している。ただ、これから先の新幹線開業はしばらくお預け。リニア中央新幹線が先になるか、北海道新幹線が先になるか。整備新幹線に限れば、現時点では北海道新幹線以外に工事中の路線はない。

もしかすると、北海道新幹線とリニアが、最後の新幹線になってしまうかもしれないのだ。

だから、ひとつの節目のこのときに、新幹線の駅を巡る旅をしてみることに、何か意義があるのではないかと思う。まあ、そんな旅の意義は、誰かに押しつけられるものではなくて、自分で見つけければいいことなのですが。

第1章

東海道新幹線

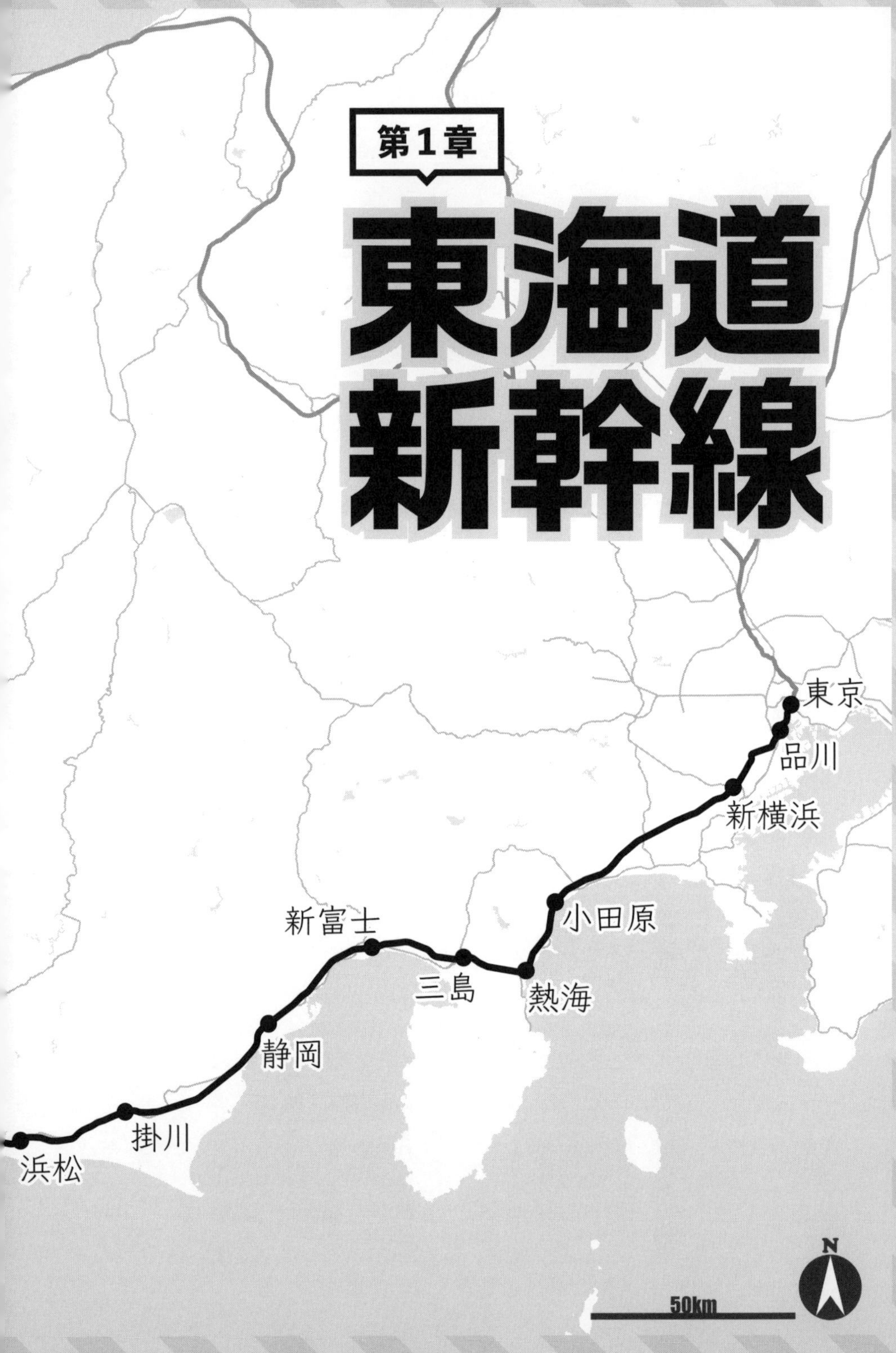

米原
岐阜羽島
名古屋
京都
三河安城
新大阪
豊橋

DATA
東京都千代田区丸の内
0km
1914年12月20日開業
高架3面6線（東海道）／高架2面4線（東北・上越・北陸）

日本一の「旅の駅」

東京駅は、旅の匂いのする駅だ。

上野駅や、またいまでは品川駅も首都・東京における新幹線のターミナルになっている。しかし、東京駅ほどに旅の匂いはしない。

上野駅は「北の玄関口」としての役割を終えてからずいぶん経っているし、品川駅はどちらかというとビジネスの雰囲気が強い。

それに対して、東京駅はあらゆる種類の旅人が集う。もちろん出張のビジネスマンもいるが、気の置けない仲間と旅に出ようとする老若男女のグループもいるし、二人旅を楽しむカップルの姿もある。外国人観光客が目立つのも、いまの東京駅ではおなじみの光景だ。

これはひとえに、東京駅が新幹線ネットワークのハブになっているからだ。東京駅を起点にしている新幹線は、東海道・東北・上越・北陸の四路線。山陽新幹線や北海道新幹線へは直通列車が走っているから、それらを加えてもいいだろう。

新在直通の山形・秋田新幹線や在来線特急の力を借りれば、東京駅からは34都道府県に乗り換えなしで行くことができる。

それだけ多種多様な行き先の列車が一堂に会するのが、東京駅というターミナルなのだ。東京駅に旅の匂いが充満しているのもとうぜんである。こんな駅は、他にない。東京駅の本質、アイデンティティといっていい。

東京駅は、なるべくして旅のターミナルになった。それは歴史的にも明らかだ。

鉄道黎明期に生まれた東京のターミナル。それは、上野駅と新橋駅であった。上野駅が北の玄関口の役割を担い、新橋駅は南の玄関口になった。

新橋駅の開業は日本の鉄道開業と同じ一八七二（明治五）年だ。上野駅はそれから十年ほど経った後の一八八三（明治十六）年。そして、東京駅は一九一四（大正三）年に開業している。

つまり、約三〇年にわたって、東京のターミナルはふたつに分かれていたのだ。遅れてやってきた東京駅の存在意義は、まさにふたつのターミナルを統合することにあった。

当たり前のことだが、鉄道のネットワークは人の意思によって整備される。ただ、白地図に好き勝手に線を引くようには行かず、地理条件や用地の確保などさまざまな制約に左右される。新橋駅も上野駅も、そうした制約の中で、いわば必然として生まれたターミナルだ。

しかし、東京駅は違う。

おおよそ新橋と上野を直線で結んだその途上にあるという点では必然だが、それ以上にふたつのターミナルの統合、そして宮城（皇居）に直結する〝中央停車場〟としての機能が重視された。そのため、建物がすでに密集していた市街地の真ん中を高架で突っ切るという無茶もしている。

東京駅は、諸制約よりも中央停車場としての意義を優先した、いわば〝人為的〟な駅なのだ。だから、当時のことを知っているわけではないが、きっと開業当初から東京駅は旅の匂いをまとっていたに違いない。

ただ、当時の東京駅はいまよりもだいぶ小さかった。島式のホームが四面と操車場・機関庫があるだけで、丸の内のオフィス街も開発の緒に就いたばかり。日本橋方面に面する八重洲口はまだ設けられておらず、皇族のためのターミナルという意味合いが強かった。

そこからの東京駅の歴史は、拡張に次ぐ拡張の歴史だ。一九二九（昭和四）年には八重洲口ができ、一九四二（昭和十七）年には操車場を品川に移転させてホームを一面増設している。一九五三（昭和二十八）年にはさらに二面のホームを増設。ここまでの拡張は、いずれも東海道本線・横須賀線のホームの増設で、増大する輸送量に対応するためだった。

一九六四（昭和三十九）年、東海道新幹線が開業し、その専用ホームを二面増設。一九七二（昭和四十七）年には横須賀線が地下ホームに転じ、一九八〇（昭和五十五）年に新幹線は三面六線に増えている。

一九九一（平成三）年には東北・上越新幹線が東京駅に乗り入れる。ただ、すでにホームを新たに設ける余裕はなく、東海道本線のホームを二面に減らして対応した。

現在のように、東海道新幹線が三面六線、東北・上越・北陸新幹線が二面四線になったのは、一九九五（平成七）年だ。中央線ホームを重層化したことによって在来線のホームをひとつずつ丸の内側にずらして生まれた一面を流用したものだ。

東海道新幹線のターミナル

このように、東京駅はひたすら拡張を繰り返し続けてきた。その主役は、だいたいにおいて新幹線だったといっていい。最初は二面四線だった東京駅の新幹線ホームは、いまやすべて合わせて五面十線に。東北・上越・北陸新幹線は東海道一路線よりも少ない二面四線に甘んじている。ボトルネックといえばそうだが、これ以上増やしようがないのだから、なんとかこれでやりくりしてゆくほかないのだ。

最近の東京駅は、やたらとその混雑が話題になる。観光シーズンには大量のお客が新幹線めがけて押し寄せて、さながら無法地帯のごとし。

コロナ禍で利用者がほとんどいない時期を経験し、お客もそれを捌く駅員も、混雑時のノウハウを忘れてしまったのかもしれない。もともと観光などで利用する人は東京駅には不慣れなものだから、混乱に拍車がかかる。

在来線と八重洲駅舎の間の狭いスペースに五面十線もの新幹線ホームを押し込めて、やってくるお客の目的列

東京駅のシンボルである丸の内駅舎は新幹線の反対側。ホームまで最低でも10分は見ておいたほうがいいだろう

車もさまざまだ。だから、ある程度の混雑は、甘受しなければならないのだろう。

そして、それがまた東京駅の「旅の駅」としての香りをより濃厚なものにしている。

昔はせいぜい駅弁とお茶くらいしか買って乗り込むものもなかったにちがいない。だが、いまはそうではない。定番の駅弁はもとより、改札内のコンコースにはエキナカ商業施設があって、改札外の大丸なども加えればありとあらゆるものを手に入れることができる。

聞けば、仲間同士で連れ立って旅に出るグループなどは、余裕を持って東京駅で待ち合わせ、新幹線の車内で飲み食いするあれこれを見繕うのも大きな楽しみのひとつになっているのだとか。そんな彼らの手にする食べ物の香りも、東京駅の旅の香りの一部だ。

そして、東海道新幹線。東京駅はどの路線の駅かと問われれば、まず東海道新幹線が筆頭に挙がることは間違いないだろう。

東京駅から一時間に最大十二本の「のぞみ」、そして「ひかり」と「こだま」が二本ずつ。山手線のピーク時と同じだけの列車が、西を目指して走り出す。

東海道新幹線 2

品川

SHINAGAWA

DATA
東京都港区港南
6.8km（東京）
1872年6月12日開業
地上2面4線

品川駅の裏と表

新幹線は、東京駅をそろりそろりと発車して、ゆっくりと東京の真ん中を走ってゆく。お隣の品川駅までは、わずか六分、営業キロにして六・八キロしか離れていない。同じ区間を、線路を並べて東海道本線や京浜東北線、山手線も走っている。京浜東北線・山手線では十三分、東海道本線ならば途中に新橋駅だけを挟んで八分ほどだ。

これらは別に新幹線と競合しているわけではなく、そもそも高いお金を払って東京駅から品川駅まで新幹線に乗るような酔狂な人はほとんどいない。明確に役割が違う、というわけだ。

だから、新幹線駅としての品川駅は、まったく純粋な東京の第二の玄関口、といっていい。東海道新幹線品川駅が開業したのは二〇〇三（平成十五）年。東京から東海道新幹線に乗る人が増えすぎて、ターミナルが東京駅だけでは捌ききれなくなったから設けられた。

そうした事情が関係しているのかどうか、品川駅の新幹線のりば付近を歩くと、空気感は東京駅とはまったく違っていることが体感できる。

東京駅が「旅の駅」だということは書いたが、品川駅は旅の香りは薄い。どちらかというと、「出張の駅」といったところだろうか。

とりわけ平日の朝ともなれば、新幹線に乗り慣れた風を装うビジネスパーソンの姿が目立つ。浮かれ気分の観光客は、ちょっぴり肩身が狭い思いをするかもしれない。最初からJR東海がこうした東京駅と品川駅の棲み分けを意識していたかどうかはわからない。ただ、少なくとも東京駅と品川駅では同じ東京のターミナルにしても、まったく違う性質を持っていることはまちがいない。

品川駅において、東海道新幹線はいちばん東側を走っている。その西に在来線の線路が広がり、西の端っこには京急線の品川駅がある。古くからの品川の正面玄関は、西口、高輪口だ。

反対に港南口と呼ばれる東口は、一九九〇年代まで〝裏口〟という言葉がぴたりと合う風景が広がっていた。一八七二（明治五）年に日本初の駅のひとつして品川駅が開業した時点では、駅の東側は海だったのだからムリもない。

ところが、いまの品川駅の港南口に出ると、むしろ高輪口が〝裏口〟なのではないかと思うくらいに現代的な町が広がっている。ひときわ目立つのはオフィスビルの品川インターシティ。その周囲にはタワーマンションがいくつも生えている。とてもこれがここ30年ほどで生まれた新しい町だとは思えない。

港南口の発展を促したのは、いうまでもなく新幹線の力だ。車両基地の跡地と倉庫群があるばかりの裏口は、新幹線直結の町となったことで一変した。

新幹線駅開業のための工事に合わせ、それまでは薄暗いガード下の細い通路を歩かされた東西連絡は、立派な自由通路に。駅構内を横断する自由通路だが、駅の営業時間にかかわらず、二十四時間通行できるあたりは、町のメインルートの一端を担っているといっていい。

朝の品川駅。この自由通路には恐ろしいほどたくさんの人が行き交っている。中央が在来線から新幹線・港南口方面に歩く人。両サイドが港南口・新幹線から在来線改札方面に歩く人。その場面を見るだけでも、品川駅は旅の駅とは本質的に異なっていることを強く実感できるのである。

DATA
横浜市港北区篠原町
28.8km（東京）
1964年10月1日開業
高架2面4線

巨大な駅ビル、アリーナとスタジアム

個人的なことをいうと、ぼくはふだん、新横浜駅から新幹線に乗ることが多い。特に新横浜駅が好きなわけではないし、変なこだわりを持っているわけでもない。ただ単に住んでいる場所からのアクセスがいちばん便利というだけの理由だ。

だから、二〇二三（令和五）年は、激変の一年になった。そう、東急新横浜線の開業である。東急東横線・目黒線が、そのまま新横浜駅に乗り入れるようになったのだ。菊名駅でＪＲ横浜線に乗り換えてひと駅、という手間をかけなくてよくなった。

きっと、二〇二三（令和五）年度の菊名駅のお客の数は、だいぶ少なくなったにちがいない。そして反対に、これまでは品川駅などを使って新幹線に乗っていた人が、新横浜駅に移ったケースも多いはずだ。

そんなお客たちにとっても、そして新横浜駅にとっても（ついでに東海道新幹線にとっても）、二〇二三（令和五）年は大きな転換点になったのである。

いや、もしかしたら、こんなありきたりの言い方は新横浜駅には失礼かもしれないとも思う。

というのも、すべての新幹線駅の中で、新横浜駅ほど開業時からこんにちまでの変化が大きい駅はないからだ。その点においては、二〇二三（令和五）年の変化は、新横浜駅にとってはただの通過点に過ぎない。

東海道新幹線の新横浜駅そのものは、高架の二面四線、ごく普通の駅だ。下末吉台地の際、鶴見川沿いの氾濫原を北東から南西にかけて新幹線が通る。ついでに東〜西へ、在来のＪＲ横浜線が新幹線の高架下を横切っている。

横浜線と新幹線の間には連絡改札が設けられており、横浜線の構内を抜けた先には「篠原口」と呼ばれる出入口がある。その先は下末吉台地の高台に通じており、駅開業以前からの古い住宅地があるのはこちらのほうだ。賑やかさには欠けるが、およそ新幹線駅の目の前とは思えないのどかな一帯である。

いっぽうで、いまの新横浜駅の表玄関、つまり北口側は、新幹線のターミナルらしい大都会が広がっている。

改札から直結の駅ビルは、二〇〇八（平成二十）年に開業した地上十九階建ての新横浜中央ビル。下層の十階までが商業施設のキュービックプラザ新横浜だ。

新幹線の改札口がある二階部分から駅前広場へはペデストリアンデッキが直結し、階段で地下に降りれば横浜市営地下鉄ブルーラインにつながっている。

そして、駅前には新幹線の高架と並行して横浜市の環状二号線が通る。道沿いには商業施設からオフィスビルまでがずらりと建ち並ぶ。

ひときわ目立つ円形の建物は、一九九二（平成四）年に開業した新横浜プリンスホテル。その斜め向かいには、並みいるアーティストのアリーナツアーで決まって名を連ねる横浜アリーナがある。プリンスホテルよりも3年早い、一九八九（平成元）年に開館した施設だ。

他にも少し奥まったところには新横浜ラーメン博物館。さらにその先には日産スタジアムがある。Ｊリーグの横浜Ｆ・マリノスの本拠地にして、二〇〇二（平成十四）年にはサッカー日韓Ｗ杯、二〇一九（令和元）年にはラグビーＷ杯の決勝の舞台にもなった、日本最大級の規模を誇るビッグスタジアムだ。

つまり、新横浜という町は、ただ単に新幹線のターミナルであるというだけでなく、横浜市における中核をなす地域のひとつ、〝副都心〟なのだ。とりわけ日産スタジアムや横浜アリーナに代表される集客施設の存在は、新横浜の町の個性を決定づけている。

ただ、新横浜駅周辺がいまのような副都心になったのは、ごく最近のことだ。

一九六四（昭和三十九）年に開業した当時の新横浜駅周辺は「勝負田」と呼ばれており、鶴見川河畔に田んぼが広がるばかりの土地だった。在来の横浜線は新幹線以前からこの地を通っていたが、駅は置かれていなかった。

横浜市における新幹線のターミナルというのは形ばかりで、開業から十二年後の一九七六（昭和五十一）年までは「こだま」しか停車しないローカル駅の立場に甘んじていたくらいだ。

ちなみに、関西の土地ブローカーが事前に格安で土地を買い占め、新幹線ルート決定後に売却、多額の利益を上げている。この背後にはコクドの総帥・堤康次郎や当時の運輸大臣・佐藤栄作の存在があったとか。

真偽は闇の中だが、プリンスホテルやスケートリンクなど新横浜にはコクド系列の施設が多く生まれたことだけは事実だ。

ラブホ街から都市に変貌

ともあれ、新横浜駅は各駅停車の「こだま」しか停まらなかったしがない小駅としてスタートした。区画整理事業こそ進められたが、商業施設やオフィスの類いはほとんど増えなかった。

むしろ、一九八〇年代の新横浜駅周辺は、関東地方でも屈指のラブホテル街だったという。新幹線の駅前なのに人通りが少なく土地も安く、当面は開発の予定もない。高速道路のインターチェンジ付近にラブホ街が形成されるのとほとんど同じ理由で、新横浜はラブホ街になった。

ようやく開発が進み始めたのは、八〇年代の半ばになってからだ。一九八五（昭和六十）年に市営地下鉄が横浜駅から新横浜駅まで延伸したのが大きなきっかけになった。

以後、バブルの好景気の後押しもあって横浜アリーナや新横浜プリンスホテルなどが誕生。二〇〇二（平成十四）年のサッカーW杯の会場として横浜国際競技場（日産スタジアム）が選ばれたのも大きかった。

駅前の交差点を跨ぐ“回廊”には、新横浜駅はもとより横浜アリーナ、日産スタジアムなどへの案内が見える

鄙びたラブホ街は、瞬く間にオフィスや商業施設が集まる都市に生まれ変わった。一九九二（平成四）年に「のぞみ」が新設されると、新横浜駅はその停車駅になり、いまでも全列車が停車する東海道新幹線では五指に入る大ターミナル。一面の田園地帯だった時代はどこへやら、ラブホ街時代の面影もすっかり消え失せている。

そうした都市がほぼ完成したところに、新たに乗り入れる鉄道路線が現れるのは、歴史的に見ればとうぜんの成り行きといっていい。その最初のきっかけは新幹線であっても、単なる新幹線だけの駅では新路線の乗り入れのメリットは小さい。新横浜が、新幹線だけに留まらない都市としての魅力を持っているからこそ、東急線が新横浜の地下深くに乗り入れたのである。

そんな東急の新横浜駅から、新幹線に乗り換える。案内表示に従ってエスカレーターを昇ってゆくと、駅前のペデストリアンデッキの上に出る。真夏や真冬、雨降りの日は災難だ。

だから、案内表示は無視して市営地下鉄のりば方面に行くとよい。地下鉄の改札前を通って先に進めば、駅ビルの中のエスカレーターが待っている。

東海道新幹線 4

小田原

ODAWARA

DATA
神奈川県小田原市城山
83.9km（東京）
1920年10月21日開業
高架2面2線

新幹線発祥の地を抜けて

多摩川を渡って武蔵小杉駅を横目に過ぎたあたりで品鶴線と分かれると、東海道新幹線はほぼ一直線に神奈川県内を横断する。

神奈川県の県庁所在地である横浜の中心地とはだいぶ離れ、経由しているのは大和、綾瀬といった県央の諸都市。もちろんそこに駅はなく、新横浜駅の次は小田原駅だ。それまで最高でも時速二〇〇キロしか出せなかったスピードも、一直線の線形になってようやく本領を発揮。時速二八五キロ運転が行われる。

新横浜～小田原間は、短いトンネルがいくつかあるだけで、ほとんどの区間で地上を走る。神奈川県の大部分を占める丘陵地が高速で後ろに流れてゆく。ここにきて、新幹線に乗ったことを改めて実感させてくれるのだ。

綾瀬市と藤沢市の境界あたりから酒匂川を渡るまでの区間は、新幹線開業に先行して設けられたモデル線だったところだ。ここで〝夢の超特急〟を現実のものにすべく、試験走行が繰り返された。開業に先駆けて十万人以上が試乗したという。

実現性が疑われていた新幹線の技術を磨き上げ、同時に必要性に疑問を呈する向きもあった新幹線への理解も深まった。いわばすべての新幹線の生まれた地。その場所を走っていると思えば感慨深い……ような気もする。

ちなみに、試験走行では最速で時速二五六キロという記録を出している。それを営業運転に持っていき、さらに時速二八五キロに達するのに幾星霜。速度向上はなかなか険しい道のりなのである。

そんな物思いにふけりながら、小田原駅だ。

古くは北条早雲が全周約九キロに及ぶ広大な総構えを持つ小田原城を整備し、江戸時代には小田原藩の城下町。東海道の箱根越えを控えた宿場としても繁栄を謳歌した。

そんな歴史ある小田原の町は、観光客にも人気が高い。「こだま」と「ひかり」しか停まらない新幹線小田原駅のホームは外国人観光客で溢れかえる。ホームから改札を抜けると、コンコースには箱根ベーカリー。これがまた、実にウマいパン屋なのだ。昔は国分寺という縁もゆかりもなさそうなところにも出店していて、よく利用したものである。

小田原駅の新幹線ホームは、いちばん西側を通る。高架下のコンコースから外に出ると、すぐ目の前には〝裏山〟と呼びたくなるような城山（つまり小田原城の一部だった）が見える。

小田原の中心市街地は、新幹線とは反対の東口だ。小田急線とＪＲの在来線を自由通路で突っ切った先に、東口の駅前広場がある。ペデストリアンデッキからは小田原城の天守閣も見えるが、こちらは戦後になって再建された〝復元天守〟。それでも駅前から町のシンボルが見えるというのは気持ちが良い。

いまや、小田原駅は新幹線を筆頭に在来の東海道本線、小田急線、箱根登山鉄道、そして伊豆箱根鉄道大雄山線と、五路線が乗り入れる大ターミナルになっている。

しかし、最初は東海道本線が御殿場経由を選んだためにメインルートから外れ、一時衰退の憂き目に遭っている。そのとき、国府津から小田原を経て箱根湯本まで敷かれた馬車鉄道が、箱根登山鉄道のルーツになっている。

ともあれ、一九二〇（大正九）年に小田原駅は開業し、七年後には小田急線も開通。以後、箱根観光の拠点としての地位を取り戻した。賑わいは、いまも衰えてない。

東海道新幹線　5

熱海

ATAMI

DATA
静岡県熱海市田原本町
104.6km（東京）
1925年3月25日開業
高架2面2線

〝行司役〟の古湯への玄関口

小田原駅を出ると、新幹線は箱根の外輪山が相模湾にそのまま落ちる峻険な山地を抜けてゆく。在来の東海道本線は、海沿いをくねくねと走るが、そこは新幹線。長いトンネルを使って直線的に山地を貫く。

その途中、なんどか外に顔を出すところもある。いちばん小田原駅に近い府道山トンネルを抜けたところでは、海側に東海道本線が並行している（すぐに石橋山トンネルに入ってしまうので、新幹線の車窓からそれを見ようというのは神業の域に近い）。

新幹線や東海道本線の撮影地として知られているスポットだが、それ以上にこの地は歴史的な意味を持つ。

一一八〇（治承四）年、打倒平氏を掲げて挙兵したばかりの源頼朝が、大庭景親率いる平家軍に大敗を喫した石橋山合戦の舞台なのだ。戦後、頼朝は真鶴から相模灘を横断、安房に渡って再起を図る。もしもここで頼朝が命を落としていたら、歴史はまったく違ったものになったはずだ。新幹線の車窓は、歴史と地理を学ぶのにうってつけなのである。

在来線は湯河原駅を出てすぐに県境を跨いで静岡県に入る。新幹線では、湯河原の市街地を流れる千歳川を渡って泉越トンネルに入るところが県境。そのまま次のターミナル、熱海駅を目指す。

熱海駅の本質は、いうまでもなく温泉地・熱海の玄関口だ。在来線では伊東線が分かれていて伊豆半島への玄関口という役割もある。ただ、東京都心から伊豆半島へは直通の特急「踊り子」が走っている。だから、新幹線駅としての熱海駅は、温泉街への玄関口としての性質が圧倒的に強くなっているといっていい。

そんな熱海の温泉地としての特徴は、「昭和の歓楽街温泉」であろう。

昭和の昔、熱海は東京の奥座敷として企業の社員旅行などで盛んに利用されていた。そうした温泉地にはつきものの〝オトナのお店〟も多く、ストリップの「花電車」は熱海独特のサービスとして名を馳せた。

もちろん最初からそういう温泉地だったわけではない。江戸時代には大名からも親しまれる温泉地として知られ、明治に入ると政府要人の別荘地になった。

一九二五（大正十四）年には熱海駅が開業し、東京から直結するようになると、一般庶民も気軽に足を運べる温泉地になった。さらに戦後の経済成長に伴って歓楽街温泉としての性質を強め、東海道新幹線の開業と道路網の整備がそれに拍車をかけた。新幹線開業当時の熱海駅の利用者数は、東京・新大阪・名古屋・京都に次ぐ五番目だったという。

新幹線の熱海駅を降りて在来線との連絡改札を通り、高架下の通路を抜けて駅前に出る。駅ビルのラスカは老朽化した旧ビルを建て替えて二〇一六（平成二十八）年に完成した、新しいビルだ。

駅前から海に向かって伸びる二本の商店街は、老若男女あらゆる層の人たちで賑わう。バブル崩壊後、歓楽街温泉は斜陽の時代になり、若い客を積極的に受け入れて衰退を免れた。昭和の歓楽街温泉が軒並み苦しんでいる現状からすれば、〝熱海の奇跡〟といっていい。

そうした奇跡を支えたのも、やはり新幹線のおかげだろう。東京駅から熱海駅まで、新幹線なら一時間もかからない。夢の超特急は、古き温泉地の賑わいも支えているのである。

東海道新幹線　6
三島
MISHIMA

DATA
静岡県三島市一番町
120.7km（東京）
1934年12月1日開業
高架1面2線

ふたつの丹那トンネル

熱海駅から三島駅までは、営業キロにして十六・一キロしか離れていない。実キロでは十五・九キロだ。その間のほとんどはトンネルの中。主役は七九五八メートルの新丹那トンネルだ。だから、熱海駅を出てから次の三島駅に着くまでの間、車窓は真っ暗である。

新丹那トンネルは、在来線の丹那トンネルのすぐ北を並行して通っている。丹那トンネルのほうは七八〇四メートルで、ほんのちょっとだけ短い。

丹那トンネルは、いわずと知れた難工事の末に生まれたトンネルだ。着工したのは一九一八（大正七）年で、一九三三（昭和八）年に完成した。

その間、実に十五年。二度にわたって大規模な崩落事故が起き、異常出水にも悩まされた。トンネルを掘ったことにより、地上の丹那盆地の水が涸れてしまうという負の副産物もあった。

そんな難工事のトンネルを、新幹線のためにさらに追加で一本掘ったというのが、新幹線の新丹那トンネルだ。

ただ、新丹那トンネルの苦労はそれほどでもなかったという。それもそのはず、丹那トンネルで嫌というほど苦労したおかげで、地質からなにからほとんどすべてがわかっていた。加えて、およそ三十年の間に土木技術はめざましく進歩しており、大きな事故もなく完成させることができたのだ。

なお、新丹那トンネルは新幹線のため、つまり戦後になって完成したトンネルだ。が、実際に着工したのは戦前のこと。戦前期の弾丸列車計画に基づいて、一九四一（昭和十六）年夏に着工している。中断したのは戦時中の一九四三（昭和十八）年で、それまでに二〇〇〇メートルほど掘り進んでいた。

戦後、一九五九（昭和三十四）年に改めて着工した新丹那トンネルは、中断していた工事をいわば再開した形である。こうした点も、工事がスムーズに進んだ一因になっているのだろう。

ちなみに、新丹那トンネルを抜けた先にある函南の町には、「新幹線」という集落がある。これはいまの新幹線ではなく、戦前の弾丸列車計画のことだ。

弾丸列車建設（つまり新丹那トンネル建設）のための作業員たちの宿舎が置かれていたという。そこから「新幹線」の名がつけられて、宿舎撤去後は住宅地になっていまにも続いている。

このように、わずか五十メートルほど離れて並ぶ丹那トンネルと新丹那トンネルは、実に多くのドラマを秘めているのである。熱海〜三島間、わずか十六キロほど、所要時間にして十分に満たない漆黒の区間ではあるものの、そこにも見どころは転がっているのだ。

さて、そうして三島駅である。

三島駅は、新幹線駅の中では新参の部類に属する。いや、新幹線どころか東海道本線の中でも新参というべきだろう。

三島駅の開業は一九三四（昭和九）年。東海道本線が御殿場経由から丹那トンネル経由に切り替えられたのと同時に開業している。それ以前は現在の御殿場線下土狩駅が三島駅を名乗っていた。

新幹線においても、一九六四（昭和三十九）年の開通時点では三島にあったのは駅ではなく信号場。駅に昇格したのは五年後の一九六九（昭和四十四）年のことだ。

新幹線の新駅は、地元自治体が設置を求めて資金も供出する〝請願駅〟が多い。だが、三島駅の場合は地元の要望を受けて国鉄が主体となって設置した。新駅といっても信号場にホームを設ける形だから、請願駅には不向きだったのかもしれない。

三島駅の新幹線改札から直接出られるのは北口だけだ。三島駅北口は三島の中心市街地とは反対側で、駅前広場には東横インや日本大学の三島駅北口校舎。ＪＲ東海の研修施設もあるらしく、リクルートスーツに身を包んだ若者集団がぞろぞろ歩いているのを見かけたことがある。

他には駅前の広い部分を工場が占めているくらいで、観光地・三島の面影はほとんどない。駐車場が目立つのは、パークアンドライドで使う人が多いからだろう。

ならば駅の南口に出よう、と思っても、ここに大きなハードルがある。三島駅には、駅の南北を連絡する自由通路が設けられていないのだ。

そのため、たとえば旅行や出張で三島にやってきて、北口の東横インに荷物を置いて街に繰り出そう……などと思ったら、自由通路のない三島駅に阻まれることになる。いちおう、駅の東西にはガードを潜って南北を結ぶ道があるのだが、さすがにそれで充分とは思えない。

三島の繁栄を保ったローカル線

この三島駅の南北連絡を巡る問題は、いつだったか別のところでも書いたことがある。

新幹線側の北口で、観光客とおぼしき二人組のご婦人が「通れないの?」と駅員に尋ね、「そう言われてもウチの敷地ですからね、勝手に通られては困ります。券売機で入場券を売っていますので」と、応じていた。

まあ、ルールはルールなのだから駅員氏の言い分はごもっとも。ただ、元はといえば国鉄の土地だから、出所は税金じゃないの、もっと言い方というものはないの、とも思ってしまう。良い解決方法はないものだろうか。

新幹線ホームから中心市街地の南口に直接出る場合は、在来線との連絡改札を使う。天井の低い高架下の通路を抜けてゆくと、いちばん南側には伊豆箱根鉄道駿豆線のホームに通じる階段もある。

伊豆箱根鉄道駿豆線には、東京駅から直通する在来線特急「踊り子」の一部が乗り入れている。伊豆半島西部を南に走るローカル私鉄で、伊豆急行線と共に伊豆観光

三島駅の南口は、三嶋大社をイメージした駅舎。こちら側に三島の市街地が広がっている

に欠かせない交通機関になっている。

伊豆箱根鉄道に乗って先に行けば、世界遺産登録でもおなじみの韮山反射炉の近くを通って修善寺へ。そこからは国道四一四号を南下して天城峠を越えれば下田の港町に通じている。

特急「踊り子」の由来になった川端康成の『伊豆の踊子』でもここを辿っているし、石川さゆり『天城越え』に出てくる浄蓮の滝も寒天橋も道すがら。いつか時間があれば、歩いて天城峠を越えてみたいと思っている。

伊豆箱根鉄道駿豆線は、もともと東海道本線（現・御殿場線）と三島の中心市街地を連絡することを目的に建設された豆相鉄道がルーツだ。そのとき、三島の町は土地を無償提供したという。

また、丹那トンネル建設時には資材輸送でも活躍し、大場駅から函南駅付近まで工事専用軌道が敷設された。伊豆箱根鉄道は、単なるローカル線にあらず。三島という古い宿場町の繁栄を保つための、そして丹那トンネル建設の立役者だったのだ。

そんなローカル線を気にかけながら三島駅南口に出ると、そこにはうなぎを焼く香ばしい匂いが香っていた。

東海道新幹線　7

新富士

SHIN-FUJI

DATA　静岡県富士市川成島　146.2km（東京）　1988年3月13日　高架2面2線

富士山に見とれて新富士へ

東海道新幹線のハイライトは、やはり富士山をおいて他にない。夏場は雲が多くはっきり見えることは少ないが、空気の澄んだ冬場は最高だ。

東京から新大阪方面に向かう下り列車の場合、三島駅を過ぎて新富士駅に入るその手前で、雪をかぶった富士山を間近に見ることができる。

車内放送でも「富士山がキレイです」と案内されることもあるほどで、何度見ても息を呑む。それくらい、新幹線の車窓から見る富士山は美しい。富士山を新幹線から楽しみたいならば、E席を選ぶべし。

そんな富士山を仰ぎ見ながら新幹線「のぞみ」の旅をしていると、新富士駅の存在にはもはや気がつかないかもしれない。速度をほとんど落とすことなく、あっという間に新富士駅を通り過ぎてゆく。

それは「ひかり」に乗っても同じことで、新富士駅に停車するのは各駅停車の「こだま」だけ。それでも一時間に二本は停まってくれるし、東京駅から一時間ちょっとで着くのだから、新富士駅が恵まれているのか、それとも新幹線がスゴいのか。

ともあれ、「こだま」しか停まらない、それも一九八八(昭和六十三)年に請願駅として開業した新駅という事情を踏まえて新富士駅にやってきた。この駅は、東海道新幹線では唯一他の鉄道路線と一切接続していない単独駅でもある。

だから、この駅で降りるお客はほとんどいないのではないかと思い込んでいた。ところが、案外そうでもない。観光客風の外国人カップルの姿もあったが、目立つのはビジネスマンだ。彼らはタクシーか迎えのクルマに乗り込んで、すぐに駅頭から消えてゆく。

駅の中にはJR東海の商業施設「ＡＳＴＹ」が入っていて、静岡の郷土料理や海の幸を食べさせてくれる店もある。ここから察するに、ある程度は観光需要もある駅なのだろう。もちろん天気が良ければ駅前からも富士山を望むことができる。

ただ、やはり主役はビジネスだ。

駅の南は住宅地を経て国道一号富士由比バイパス、北側には新幹線駅前通りを挟んで東芝や日本製紙の工場が建ち並ぶ。東芝の工場の横を抜けて在来線の線路を跨ぐあたりまでやってくれば、王子マテリアや大興製紙の工場も見える。

新富士駅のある静岡県富士市は、静岡県内でも上位に入る工業都市だ。だから、そうした工場への出張で新富士駅を使う人が多いのだろう。富士市が五割近くを負担してまでこの駅を設置したのは、こうした工場を背景とするビジネス需要があってこそなのだ。

だから、単独駅であってもそれほど不便というわけでもないのだろう。それに、路線バスは在来線の富士駅に向かって盛んに出ているし、歩いたところで三十分とかからない。勇壮な富士山と工場群の煙突を見ながら富士の町を歩くのも悪くない。

ちなみに、新幹線の新富士駅は東海道本線の富士駅と同じ営業キロが設定されている。乗車券はどちらの駅でも利用可能だ。

ということは、たとえば東京から身延線沿線に用があるとすれば、新富士駅と富士駅の間を自力で移動すれば通しの乗車券が使える仕組みだ。新幹線で楽をしたのだから、やはり富士駅までは歩きたいものである。

東海道新幹線　8

静岡
SHIZUOKA

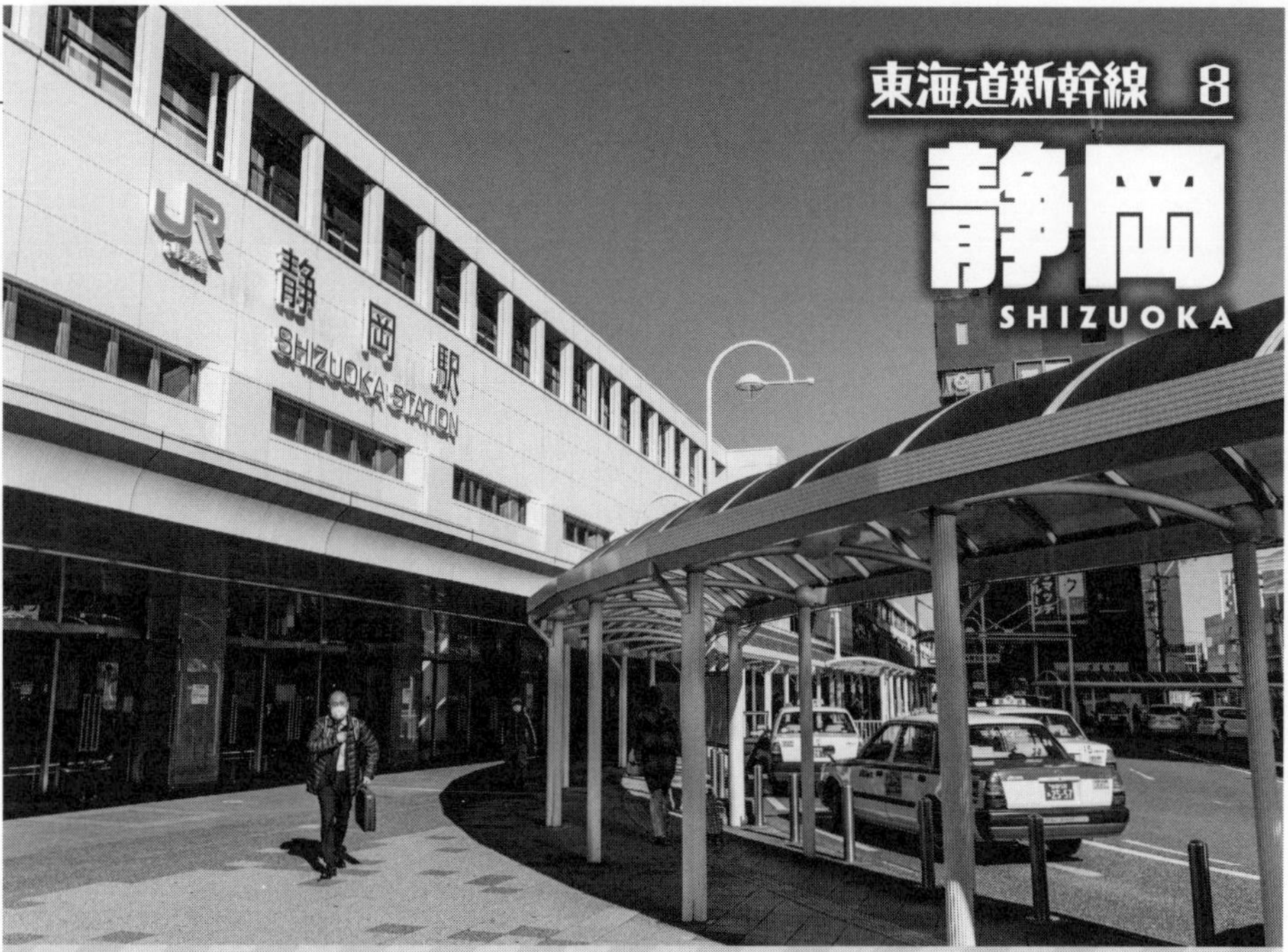

DATA　静岡市葵区黒金町　180.2km（東京）　1889年2月1日開業　高架2面2線

不遇の県庁所在地ターミナル

一九六四（昭和三十九）年に東海道新幹線が開業した当時、熱海駅の次が静岡駅だった。三島駅も新富士駅も、開業時には存在しない駅だった。七五キロに渡って、新幹線はひとっ飛び。脇目も振らずに駆け抜けていた。

　ところが、一九六九（昭和四十四）年に三島駅、一九八八（昭和六十三）年に新富士駅が開業する。熱海駅と静岡駅の間には、二つも新参の駅があるのだ。

　とはいえ、新富士駅には「こだま」しか停まらないし、三島駅に停まる「ひかり」もせいぜい一時間に一本程度。一九九二（平成四）年にデビューした「のぞみ」など、最初からこれらの新駅には目もくれていない。

　そして、「のぞみ」が目もくれないのは静岡県都のターミナル・静岡駅でも同じこと。静岡県内には六駅も新幹線駅があるにもかかわらず、「のぞみ」が停車する駅はひとつもない。静岡県内では最多の利用者数を誇る静岡駅は、そんな静岡県の〝不遇〟の象徴といっていい。

　新富士駅を出てほどなく富士川を渡った新幹線は、すぐに長いトンネルに入る。

四九三四メートルの蒲原トンネル、三九九三メートルの由比トンネル、二二〇五メートルの興津トンネルと立て続け。東海道の難所・薩埵《さった》峠越えは、このトンネルであっけなく終えてしまう。歌川広重の浮世絵のごとく、駿河湾越しの富士山という絶景も望めない。

そして静岡市東部、かつては清水市と呼ばれていた一帯の市街地を抜けると、在来の東海道本線と並行して静岡駅に滑り込む。

静岡駅に停車する新幹線は、「ひかり」が毎時一本、「こだま」が毎時二本。県都であるというのに、三島駅や熱海駅とも変わらない。やはり明らかに、静岡は不遇をかこっている。

静岡市は、いくら人口減少傾向とはいっても七十万人近くを抱える静岡県の県庁所在地だ。戦国時代には今川氏が治め、のちに徳川家康が入って駿府城と城下町を整え、勢力拡大の本拠地とした。江戸時代のほとんどは幕府領。明治維新後には徳川宗家が静岡に移されている。

つまり、静岡は徳川さんの縁の地。駅前に出れば今川氏の人質時代の少年家康（竹千代）と、老年期のゴッドファーザー然としている家康公の像がある。

駅前通りの向かいには、大政奉還後に十五代将軍・徳川慶喜が暮らした浮月楼。駅の北側にある駿府城公園にも家康公の像があるし、葵の御紋をかたどった土産物ももちろん並ぶ。まあとにかく、静岡のどこを歩いても、徳川さんだらけなのだ。

徳川尽くしのいっぽうで、駅から少し離れた旧東海道沿いを中心とした一帯は静岡屈指の繁華街になっている。旧東海道が辻を曲がる角には伊勢丹があり、その先の両替町通りは静岡一の歓楽街。静岡駅からは歩いて十五分ほどといったところだろうか。

もちろん静岡の駅前も賑わっている。高架下にはＪＲ東海ではおなじみの「ＡＳＴＹ」が入っているし、駅ビルは「パルシェ」。駅前には松坂屋やパルコまでが揃い、静岡鉄道の新静岡駅付近に至るまでたいそうな賑わいぶりだ。さすが、家康公の築いた町である。

そんな町の活気を見れば、静岡駅に停まる新幹線が一時間に三本だけというのはもったいない。「のぞみ」の通過は仕方がないにしても、もう少しなんとかならないものか。と、不遇の静岡に同情してしまうのであった。

東海道新幹線　9

掛川

KAKEGAWA

DATA　静岡県掛川市南　229.3km（東京）　1889年4月16日開業　高架2面2線

新幹線駅では最古の駅舎？

静岡県は東海道新幹線においてまったく恵まれていない……という話を、静岡駅のところでさせてもらった。たしかに、静岡県には「のぞみ」がまったく停車しないのだから、その点ではまちがいなく恵まれていない。静岡県は全域で人口減少が加速していて困っているらしい。そこには「のぞみ」通過県というイメージも少なからず影響していそうだ。

しかし、物事は多角的に見なければならない。

静岡県は、「のぞみ」こそ停まらないけれど、他の都道府県と比べて駅の数が圧倒的に多いのだ。東から順番に、熱海・三島・新富士・静岡・掛川・浜松の六駅だ。同一・直通する新幹線路線の駅が最も多いのは、岩手県の七駅だ。静岡県はそれに次いで駅に恵まれている。

県内の都市間輸送にも、はたまた東京や名古屋といった大都市にも。東海道本線沿線ならば、だいたい三十分もあれば新幹線駅にアクセスすることができる。これほど便利な、新幹線の恩恵に浴している都道府県は他にないのではないかと思う。

ただし、東海道新幹線開業時点では、静岡県内の駅は三つだけだった。それは熱海・静岡・浜松。古い国の名で言うなら伊豆・駿河・遠江にそれぞれひとつずつ。おおざっぱな言い方をすると、東西に細長い静岡県の両端と真ん中だけに駅があった。

つまり、開業からの歴史の中で、静岡県の新幹線駅は倍に増えたのだ。比重は三島駅と新富士駅が増えた東側に偏っているが、県西部でも静岡駅と浜松駅の間に掛川駅ができた。開業は新富士駅と同時、一九八八（昭和六十三）年のことである。

静岡駅から掛川駅までの道程は、営業キロ換算で四九・一キロ。安倍川を渡ると二一七三メートルの日本坂トンネルに入り、抜けると大井川流域へ。在来の東海道本線は焼津・藤枝・島田といった諸都市を連ねるが、新幹線はもちろん一直線に走る。

駿河国と遠江国の境界は大井川。古くはここが東国と西国の境とされていたという。それがひとまとめにいまでは静岡県になっている。

大井川を渡ってからは牧ノ原台地をトンネルで。真上には静岡名産の茶畑や静岡空港がある。ちょうど空港の直下を新幹線が走っていることで、静岡県は新幹線に空港駅を設けてほしいと訴えているらしい。

さすがに無理筋ではないかと思ってしまうが、それは外野の意見なのだろう。静岡県はちょうど東京と大阪の中間にあって、三大都市の一角・名古屋にも近い。それぞれの都市とは飛行機を使うほど離れているわけでもなく、新幹線でも「のぞみ」が必要になるほどでもない。空港駅の要望は、〝通過する県〟としての悲哀がもたらしたものなのかもしれない。

牧ノ原台地を抜けると、菊川市を通って掛川駅に着く。新幹線のホームは駅の南側。南口は新幹線駅開業に合わせて設けられた、いかにも〝新幹線口〟感に溢れる出入口だ。

反対に、構内の跨線橋で結ばれている北口は、在来線に紐付いた古い木造駅舎がバリバリの現役だ。一九四〇（昭和十五）年竣工の二代目駅舎がいまも使われているという。

ただ、この古い駅舎には注釈が必要だ。二〇一〇年代の初め頃、耐震化のために一時的に解体して改めて組み立てた。元の駅舎と同じ木材をそのまま使い、外観を復元したのだ。と、テセウスの船のようなお話だが、少なくとも漆黒の外壁が印象的な掛川駅舎の風貌が八十年間変わっていないのことだけは間違いない。

掛川駅は新幹線においては「こだま」しか停まらない。それでも人口約十一万人、東遠江の中心都市である掛川市の玄関口だ。駅の利用者も一万人以上（乗車人員）をキープしていて、新幹線駅が設けられたことにもそれなりの理由がある。

古い駅舎の中心市街地側に出て、駅前通りをまっすぐ北に歩いてゆく。

すぐに交わる旧東海道は、歩道に屋根が架かって商店街になっている。そして逆川を渡ると掛川城。この駅前から旧東海道、掛川城にかけての一帯が、掛川の中心市街地というわけだ。

以前は駅前にユニーとジャスコという二つの商業施設もあったが、どちらも一九九〇年代後半に撤退してしまった。どの地方都市も直面している中心市街地の空洞化というやつだ。小駅ながら新幹線駅を抱える都市であっても、そうした厳しい現実とは無縁でいられない。

二宮金次郎像が見守る駅前広場

漆黒の外壁の掛川駅舎の目の前で、ひときわ目立つのが二宮金次郎の像だ。それも、二宮金次郎像としては定番中の定番、薪を背負って歩きながら本を読んでいるお姿である。

昔はどの小学校にも二宮金次郎像があったんですよ、などという話はよく聞くが、あまり見たことはないので個人的にはなんとも言い難い。

ただ、駅を巡る旅をしていると、二宮さんに出会う機会は多い。

たとえば新幹線の停車駅でも、ここ掛川だけでなく、小田原駅にもその像がある。小田原の二宮さんも薪を背負って本を読んでいる。これは、小田原が二宮金次郎出生の地という縁によるものだ。

また、掛川駅のお隣、愛野駅にも二宮さんの像がある。愛野駅の二宮さんは幼少期のものではなく、農政家として村々を巡検している壮年期の姿だ。

掛川駅と隣の愛野駅に二宮金次郎像がある理由は明白

掛川といったら報徳思想。その原点は、薪を背負って働きながら勉学にいそしむ二宮金次郎にあるのだ

だ。二宮金次郎が唱えた報徳思想を掲げる「報徳社」の中心、大日本報徳社が掛川市に置かれているのが理由だ。つまり、だいぶ雑な言い方をすれば、掛川の町のシンボルが報徳思想の祖・二宮金次郎というわけである。

ちなみに、最近の二宮さん、本を読みながら歩く姿が歩きスマホを許容しているようで教育上よろしくない、というわけのわからない理由から、座像になるケースもあるのだとか。

確かに歩きスマホはよろしくないが、この像の本質は寸暇を惜しんで勉強する勤勉ぶりにある。その本質を考えず、「歩きスマホみたいだから」と二宮金次郎の像を忌避するというのは、まるで知性の敗北のような気がするのだが、いかがだろうか。

掛川駅からは、そのまま西に向かって遠江の中心都市・浜松を目指す。その途中にあるのはサッカーでおなじみの磐田市だ。

掛川駅のお隣、愛野駅はエコパスタジアムの最寄り駅。サッカーやラグビーの代表戦、またコンサートの折には掛川駅も新幹線と在来線を乗り継ぐ来場者たちで賑わうことだろう。

東海道新幹線　10

浜松

HAMAMATSU

DATA　浜松市中央区砂山町　257.1km（東京）　1888年9月1日開業　高架2面2線

静岡最大都市の玄関口に響くピアノの音色

静岡県でもっとも人口が多い都市は、浜松市だ。県庁所在地の静岡市よりも十万人ほど多い、約七十八万人を抱える。ホンダにスズキ、ヤマハといった大企業も拠点を置く工業都市でもある。

浜松駅は、そんな静岡県随一の都市・浜松の玄関口だ。だから、お客の数も静岡駅を凌駕する……かと思ったら、そういうわけでもないようだ。

静岡駅の一日平均乗車人員はおよそ六万人。対して浜松駅は四万人に満たない。浜松市民よりも静岡市民の方が、鉄道利用には積極的なのだ。

工業都市である浜松では、暮らしている人は多くてもクルマで工場に通勤しているからなのだろうか。

浜松駅の新幹線ホームは、中心市街地のある北口から離れた南側。在来線も新幹線も高架で、高架下に改札口や自由通路、そして商業施設が入っているという、ありふれた構造だ。

北口に向かうと駅ビルの「メイワン」。すぐ傍らには遠鉄百貨店もある。遠鉄百貨店の間を抜けていけば、遠州鉄道線の新浜松駅だ。その反対側には高さ二一二・七七メートル、静岡県内で一番高いビルである浜松アクトタワーも聳えている。

ただ、古くからの浜松の中心市街地は少し駅前から離れたところにあった。

駅の北、国道一五二号がかつての東海道。遠州鉄道の高架を潜った先で国道二五七号と交差するが、東海道はこの交差点を南に折れていた。

江戸時代、〝出世城〟などと呼ばれて徳川譜代の重臣が入れ替わり立ち替わり入った浜松城は、この東海道が折れ曲がる辻の北西にある。旧浜松宿の中心は辻を折れた国道二五七号沿い。つまり、浜松城を北に見て東海道が折れる辻を中心とした一帯が、浜松の市街地だった。

一八八八（明治二十一）年に開業した浜松駅は、そんな浜松の中心からは少し東に離れた場所に設けられたのだ。市街地と駅の間には停車場通りが整備され、徐々に市街地も駅に向けて拡大していった。

ただ、この頃の浜松駅の場所も、いまとは違う。現在の浜松駅からすると、駅前広場を渡った先の一帯。そこに旧浜松駅が設けられた。東海道や旧宿場の中心地に、できる限り近づけようという配慮があったのだろう。

ただ、新幹線が開業してから事情が変わる。広大な構内を持つ浜松駅の南側に、長い跨線橋で連絡する新幹線浜松駅が生まれたのだ。

その後、一九七九（昭和五十四）年に在来線が高架化と共に新幹線に並行する場所に引っ越して、現在の浜松駅の形ができた。いまの浜松駅の駅前広場は、旧浜松駅があった一帯に改めて整備されたものだ。

終戦からまもない一九四九（昭和二十四）年、まだいまより北側にあった浜松駅のホームにハーモニカ娘が現れた。列車の停車時間に駅弁ではなくハーモニカを売るサービス。楽器の町・浜松らしいエピソードである。

さすがにいまはホームのハーモニカ売りは姿を消したが、駅の売店では浜松土産として販売中。そして、新幹線改札内の企業展示スペースでは、河合楽器の最高級グランドピアノなどが置かれている。実際に弾くこともできるのだとか。駅の場所は変わっても、ハーモニカ娘時代から、〝楽器の町〟のターミナルとしてのＤＮＡは息づいている。

東海道新幹線　11

豊橋

TOYOHASHI

DATA
愛知県豊橋市花田町
293.6km（東京）
1888年9月1日開業
地上2面3線

東三河のターミナル

青春18きっぷなどを使った在来線の旅では、静岡県が鬼門のように扱われている。それもそのはず、とにかく横に長い。熱海駅を入り口として、浜松駅を過ぎて浜名湖を見て、在来線は新所原駅でちょうど静岡県と愛知県の境界を迎える。

在来線特急黄金時代も今は昔、長い長い静岡県内をすべて走破する列車はほとんどなくなった（まったくないわけではなく、一日に下り二本、上り一本が熱海〜豊橋間を三時間以上かけて走っている）。

ただ、新幹線はこともなげに静岡県をひとっ飛び。「のぞみ」が静岡県内にひとつも停まらないのは、東西に長すぎる静岡県をいかにスピーディーに抜けるかが、速達性向上のキモだと考えているからに違いない。

それに、静岡県内は静岡・浜松という二大都市だけでなく、沼津、富士に焼津、島田、掛川、磐田などなど、そこそこの規模の都市が延々と連なっている。おかげで実は在来線の旅も退屈しないで済むのだが、新幹線となるとややこしい。

たとえば、静岡駅に停まれば浜松の顔が立たないし、両方停めたら熱海や富士も声を上げる……なんてことになって、収集がつかなくなりそうだ。

と、まあそんな静岡県の長旅も、新幹線ではあっという間。各駅停車の「こだま」でも、一時間半ほどで駆け抜ける。そして、浜名湖のウナギの養殖場を見ながら愛知県に入ると、豊橋駅に着く。豊橋駅は、愛知県東部、もう少し限定すれば、〝東三河〟のターミナルである。

愛知県は東が旧三河国、西が旧尾張国に分かれる。さらに、三河の東側が文字通りの東三河。西側が西三河、というわけだ。

と、何も当たり前のことをつらつらと、と思うかも知れないが、こうした微妙な地域区分は意外と地域社会にとって大きな意味を持つことがある。

歴史をぐっと古代まで遡ると、旧三河国は東と西の二つの国に分かれていたという。西側は三河国で、東側は穂国といった。それぞれ治めていた国造が違ったから、そういう区分けが生まれた。

穂国は律令時代の初め頃には三河国に合併されて消滅したが、それがいまに至るまで地域区分のひとつとして意味を持ち続けているというわけだ。

戦国時代の三河を巡る抗争はよく知られたところだ。西三河の岡崎を本拠とする松平氏と駿河・遠江を押さえる今川氏は何度も東三河を巡って戦った。最終的には桶狭間の戦いとそれに続く家康の攻勢によって三河全域が家康の治めるところとなったが、ある意味で東三河は遠江・駿河と三河・尾張の緩衝地帯、だったのである。

こうした歴史を踏まえると、豊橋駅の「東三河のターミナル」という性質の意味合いも変わってくる。

豊橋駅に乗り入れているのは、新幹線の他に在来線の東海道本線、そして飯田線。私鉄では名鉄名古屋本線があり、駅前からは豊橋市内を走る路面電車。渥美半島に向かうローカル私鉄の豊橋鉄道渥美線も、豊橋をターミナルにしている。

この中でも、特筆すべきは飯田線だろう。

天竜川上流の秘境を走る路線として名高い飯田線だが、そもそものルーツは豊川稲荷と豊橋の市街地を連絡する豊川鉄道にある。

豊橋駅は一八八八（明治二十一）年に開業しているが、

それからわずか五年後の一八九三（明治二十六）年に豊川鉄道が開業した。その役割は、むろん豊川稲荷への参詣客輸送だ。

豊川鉄道が豊橋駅に乗り入れたのは、一八九七（明治三十）年のことだ。つまり、豊橋に鉄道が通って十年も経たず、東三河の交通の要衝になっていったのである。

こうしたことからも、いかに豊橋という町が、東三河、ひいては愛知県東部における玄関口として重要な存在だったのかがよくわかる。

その後、大正から昭和にかけて豊橋駅には他の路線も相次いで乗り入れてくる。

最初は一九二五（大正十四）年の豊橋電気軌道（路面電車）。次いで一九二七（昭和二）年に愛知電気鉄道（現在の名古屋鉄道）と渥美電鉄（現在の豊橋鉄道）が乗り入れた。

豊川鉄道と愛知電気鉄道は、はじめ豊橋の古くからの地名である「吉田」の名を取って、吉田駅と名乗っていた。豊橋駅に統合されたのは、豊川鉄道が国有化された一九四三（昭和十八）年。いま、飯田線と名鉄が線路を共有しているのは、こうした歴史的経緯によるものだ。

十三階建てのホテルも駅ビルに

豊橋駅において、新幹線は最も西側を走っている。在来線とは橋上のコンコースで繋がっていて、そのまま駅東口の駅ビルにも通じる。

豊橋駅というと、一九五〇（昭和二十五）年に日本で初めての「民衆駅」が設けられた駅として知られる。いわば、〝駅商業施設発祥の地〟といっていい。

もちろんいまの駅ビルは当時のものではない。一九七〇（昭和四十五）年に地下一階、地上三階建てのステーションビルにリニューアルしている。

さらに、一九九七（平成九）年には現在の駅ビルへとリニューアル。古い駅ビルは五階建てに増築、十三階建てのホテルが線路と駅ビルの間に新築された。加えて駅前にはペデストリアンデッキも整備して、東三河の玄関口として一変した姿に生まれ変わった。

いまの豊橋駅の駅ビルを歩いても、ほとんどがどのターミナルの駅ビルでも見かけるようなチェーンばかりが入っている。地元の商店が入居した民衆駅時代の面影は

豊橋の中心市街地、吉田城跡付近の国道1号を走る豊橋鉄道渥美線。国道1号を走る唯一の路面電車だ

ほとんどない。強いて言えば、店内に少し懐かしい雰囲気が漂っていることくらいだろうか。

駅前も、ペデストリアンデッキのおかげか実に現代的なターミナル。駅前通りを挟んだ東側には歓楽街が広がっていて、夜には少々治安が気になるような光景を見たこともあるが、概して地方都市のターミナルらしい駅前風景といっていい。

もともと「吉田」と呼び習わされていた時代の豊橋の中心は、もう少し駅から離れた北西側。吉田藩の藩庁だった吉田城が豊川のほとりにあり、旧東海道沿いを中心に市街地が形成された。そこまでは、路面電車でアクセスすることができる。

豊橋駅が開業した当時は、駅前は市街地から離れた〝町外れ〟だった。それがいまでは、紛れもなく豊橋の町の中心だ。複数の鉄道が交わっていれば、必然的にそこが町の中心になってくるのだろう。

そしてここからは、在来の東海道本線とともに名鉄の名古屋本線が新幹線と共に西を目指す。三河の人々が東京に向かうとき、名鉄で豊橋駅に向かい、「ひかり」に乗り継ぐのが一般的なルートだという。

東海道新幹線　12

三河安城

MIKAWA-ANJO

DATA　愛知県安城市三河安城町　336.3km（東京）　1988年3月13日開業　高架2面2線

在来線との交差地点に生まれた新駅

東海道新幹線において、「こだま」しか停まらない駅は三つある。そのうちふたつは静岡県内の新富士駅と掛川駅だ。そしてもうひとつが、愛知県内のおおよそ中央に位置する、三河安城駅である。

この「こだま三兄弟」には共通点がある。それは、誕生日が同じ、ということだ。

別に不思議な話でも何でもないのだが、いずれも請願駅、つまり地元の要望によって地元自治体がお金を出して生まれた新駅だ。開業したのは一九八八（昭和六十三）年三月十三日である。

この日には、「こだま三兄弟」に加えて山陽新幹線にも新尾道・東広島という請願駅が二つ生まれている。開業はＪＲ時代であっても、計画が決まったのは国鉄時代のことだ。

それぞれの駅の必要性をここで問うつもりはないが、もしも計画そのものがＪＲ時代だったなら、これらの駅が開業することはできたのかどうか。どうも怪しいところではないかと思っている。

　三河安城駅は、掛川駅と同様に新幹線の単独駅ではない。ちょうど在来の東海道本線と新幹線が交差する、三河西部の愛知県安城市内に駅を新設した。掛川駅と大きく違うのは、もともと在来側にも駅はなく、新幹線駅開業に合わせて在来線三河安城駅も開業した、という点だ。安城市内にはそれ以前から、その名も安城駅というターミナルが置かれていた。

　在来線の三河安城駅は、快速も新快速も停まらない。いまでこそ、駅周辺には市街地が形成されているものの、駅開業時点ではほとんどが田園地帯に過ぎなかった。

　安城市は明治用水を基礎とした先進的な農業技術が早くに取り入れられた地域で、「日本のデンマーク」の異名も取る。実際に三河安城駅前にも、「日本のデンマークにようこそ」といった看板が掲げられているくらいだ。

　それは裏を返せば、市域の多くが田園地帯だったと言うこと。新幹線の開業に前後して（つまり高度成長期）には安城駅周辺に工場なども増えたが、中心市街地から少し離れればそうはいかない。三河安城駅は、そうした場所に設けられた新駅だったのだ。

　このような経緯を考えれば、在来の三河安城駅に快速も新快速も停まらない、という事情もわかる。新幹線駅という看板を背負っても、実態としては愛知県の郊外駅のひとつにすぎない、というわけだ。

　新幹線の三河安城駅と在来の三河安城駅は、改札外の連絡通路によって結ばれている。その間には広大な駅前広場とビジネスホテル。新幹線側は「こだま」が毎時二本だけだが、在来は毎時三本。それなら乗り継ぎを心配するようなこともなかろう。

　新幹線の車内放送で案内されるとおり、三河安城駅を定刻通りに通過すると、「のぞみ」は十分足らずで名古屋駅に着く。「こだま」でも所要時間は変わらない。在来線を使うと四十分以上（刈谷駅で新快速などに乗り継いでも三十分以上）かかる距離だから、新幹線の威力は凄まじい。

　だから、ということなのか、それとも周辺がそれなりに都市化しているからなのか、三河安城駅には意外とお客がいた。どこかの少年スポーツ団の一団や、ビジネスマン。彼らにとって、三河安城駅は不可欠な存在なのか、それとも――。

東海道新幹線 13

名古屋

NAGOYA

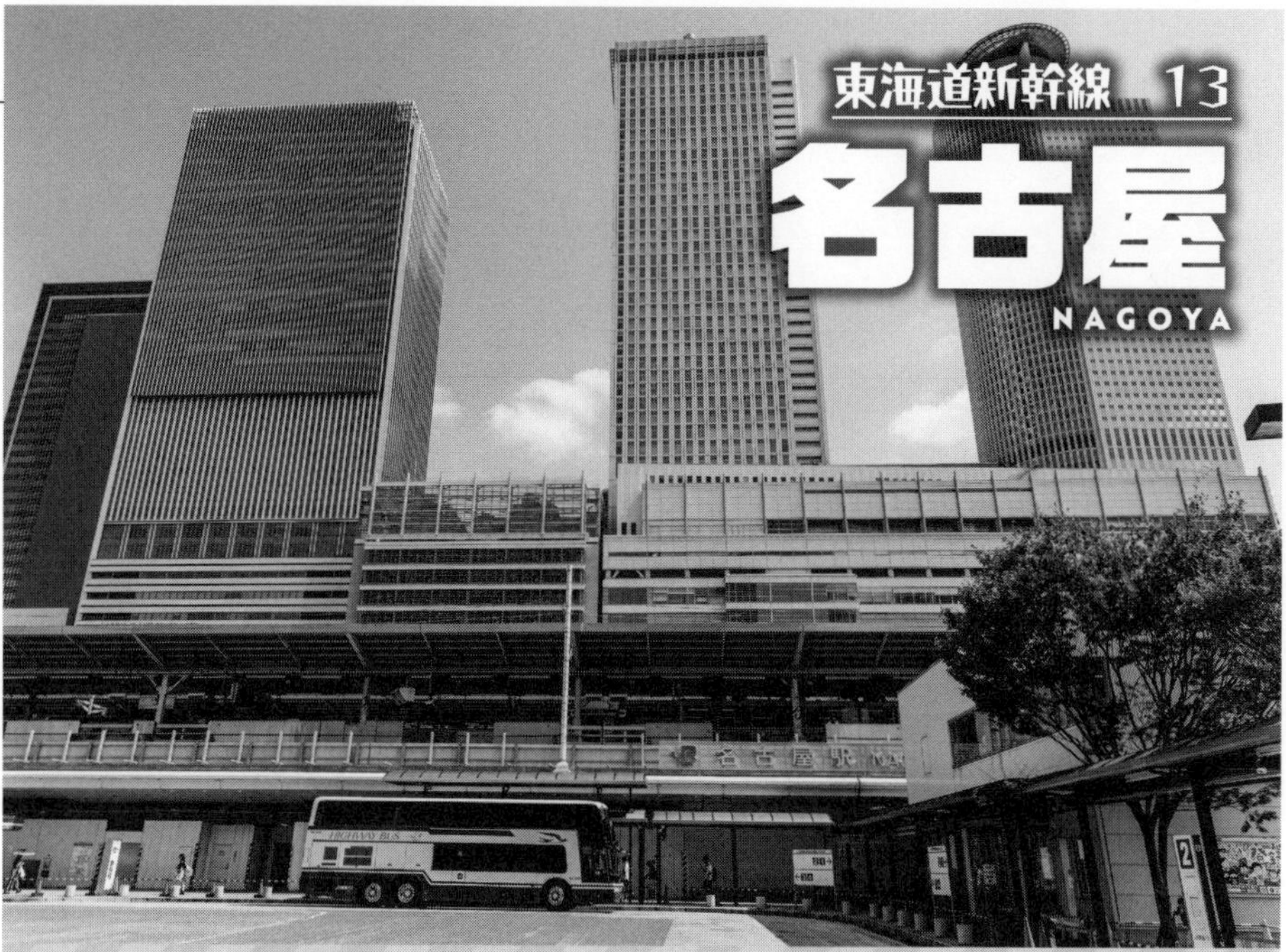

DATA

名古屋市中村区名駅
366.0km（東京）

1886年5月1日開業
高架2面4線

尾張名古屋は駅で持つ

東京駅から名古屋駅まで、「のぞみ」を使えば一時間半ちょっと。あっという間というほどではないにしろ、まあだいぶ早い。シウマイ弁当でも食べて富士山を眺めてうとうとしたら、もう着いた、といった感覚である。東京駅から在来の東海道本線に乗っても、一時間半では熱海駅にも着かない。

ただ、これはあくまでも「のぞみ」に限ったお話である。今回は、新幹線全駅の旅をしなければならない。なので、乗るべき列車は一時間に二本だけの「こだま」だ。各駅停車の悲しき宿命、「こだま」による東京〜名古屋間は、二時間半もかかるのである。

新幹線の名古屋駅を降り、自由通路を間に挟んで向きあう改札口を抜けると、目の前には「銀時計」のモニュメント。周囲には待ち合わせで人だかりができている。その脇にある出入口は「太閤通口」という。

在来線の改札口の目の前を通って自由通路を反対の桜通口方面に抜けると、「金時計」のモニュメントが待ち受けて、そのまま駅ビルの「JRセントラルタワーズ」に直結する。

新幹線とともに名古屋駅をターミナルにしている名鉄や近鉄は、太閤通口・桜通口という二つのメイン出入口ではなく、広小路口と呼ばれる脇役からアクセスするのがちょうどよい。名鉄や近鉄も大手私鉄なのだが、名古屋駅にあっては脇役に退けられてしまうのだ。

ともあれ、新幹線の改札前の自由通路は、名古屋駅構内を闊歩する人たちで実に賑わっている。観光客もいればビジネスマンもいるし、日常的にこの駅を利用している老若男女の姿も多い。

名古屋城や栄の繁華街など中心市街地側の桜通口に聳える駅ビルはもとより、〝駅裏〟の太閤通口側も駅前の地下には「エスカ」と名乗る地下街が広がっている。

駅前通りを渡った先にはビックカメラやホテル、飲食店がずらり。何も知らなければ、どちらが古くからの〝表玄関〟なのかはわからない。さすが、二三〇万都市のターミナルである。

ただ、少し太閤通口側を歩けば、桜通口とは違う雰囲気を感じ取ることができるはずだ。

「尾張名古屋は城で持つ」と謳われた名城・名古屋城を中心に、江戸時代から碁盤の目に整えられた名古屋市街。一八八六（明治十九）年に開業した名古屋駅は、その市街地からだいぶ西に外れた場所に置かれた。

そのため、中心市街地とは反対の西側（太閤通口）は、文字通りの〝駅裏〟だった時代が長い。遊郭街が駅の西に置かれたのもそれが理由だし、新幹線建設に伴う用地取得では、かなり苦労をさせられたという。

いまの太閤通口側には、ビジネスホテルや大手予備校、アニメショップなどもあり、だいぶマイルドになっている。しかし、ほんの数十年前までは、かなり殺伐としていたことは間違いない。具体的には書かないが、ところどころにそうした時代の残滓もまだ、残っている。

新幹線の名古屋駅は、もしかするとそういう前時代的なエリアと中心市街地を結びつけ、中和させる役割を果たしたのかもしれない。

そして、いま太閤通口を歩くと、駅前の一角でリニア中央新幹線の工事をしているのが目に入る。工事囲いの向こうに響く槌音は、〝駅裏〟が完全に終わろうとしていることを、教えてくれるのである。

東海道新幹線　14

岐阜羽島

GIFU-HASHIMA

DATA
岐阜県羽島市福寿町平方
396.3km（東京）
1964年10月1日開業
高架2面4線

駅前に仲睦まじく伴睦夫妻

むかし、国会で「武士の情け」と言った国鉄総裁がいた。第五代国鉄総裁、石田禮助だ。

何が武士の情けなのかというと、時の運輸大臣・荒舩清十郎の要望を受けて、荒舩の選挙区・深谷に急行を停車させたことについてだ。

〝我田引鉄〟などと言われる例は数え切れないが、その中でもこれほどまでに清々しい我田引鉄はなかろうと思う。そして、いくら運輸大臣の要望とはいえ、それを聞き届けて国会の質疑で認めてしまった石田総裁もなかなか潔い。良いか悪いかは、また別の問題である。

この荒舩先生は、戦後自由党の代議士となり、保守合同で自由民主党が誕生してからは睦政会という派閥に属していた。睦政会を率いていたのは大野伴睦である。

大野は戦前、立憲政友会に属する代議士となり、戦後は吉田茂の側近として辣腕を振るった。官僚出身者がほとんどだった吉田周辺にあって、数少ない党人派として重宝され、保守合同後も一貫して自民党の幹部として重きを成した。出身は、岐阜県。岐阜出身でいちばん総理大臣に近づいた男、などとも呼ばれるのだとか。

そんな大野伴睦とその妻の像が、岐阜羽島駅の駅前広場に建っている。出身選挙区の新幹線駅前に、歴史に名を残した政治家の像があるのは、不思議ではない。

不思議ではないのだが、やはりこの像を見た誰もが感慨を抱く。「ああ、大野伴睦のおかげでこの駅ができたんだねえ」と。

そう思うのも無理もない。何しろ、岐阜羽島という新幹線駅はほとんどまったく何もない駅なのだ。

もちろん新幹線の駅だからそれなりのしつらえは整えている。

駅そのものも立派な高架駅だし、駅前広場もそこそこ広い。傍らには名鉄羽島線の新羽島駅の小さな駅舎。東横インやルートインといった、定番のビジネスホテルも建ち並ぶ。

南口に「超☆海洋深層水100%マハロ」などという不思議な看板が、何より目立つところに掲げられているのも気になるところ。岐阜県羽島市に本社を置く、高陽社が販売している水らしい。本業はネットワークビジネスなのだとか。

ポツポツとオフィスビルやマンションなどが並ぶ中を進んでいけば、名神高速道路の岐阜羽島インターチェンジがある。

ただ、そうした中でも特筆すべき何かがあるかと問われれば、「何もない」としか表現できない。駅から十分も歩けば一面の田園地帯になる。こんなところになんで新幹線の駅があるのか、疑問に思うのもとうぜんである。

新幹線には、ほかにも岐阜羽島駅のような駅前風景を持っている駅はある。これまで旅をしてきた、新富士駅などはまさにその筆頭といっていい。

ただ、新富士駅も掛川駅も三河安城駅も、どれも後になってから請願駅として開業した駅だ。駅の周りになにがあろうとなかろうと、「地元がお金を出してくれたから駅をつくりました」と言い訳が立つ。

ところが、である。岐阜羽島駅は、一九六四（昭和三十九）年に東海道新幹線が開業したのと同時に生まれたオリジナルの駅なのだ。開業から五十年以上経ったいまでもさほど都市化が進んでいないのだから、開業当時など何をかいわんや、である。

政治駅なのか、それとも

そんな駅の目の前に、大野伴睦夫妻の像があれば、誰もが大野伴睦のおかげでできた駅だと思うのはとうぜんのことだ。

岐阜羽島駅が大野伴睦の働きかけで生まれたする〝政治駅〟説は、大野伴睦の政治力以上に、岐阜羽島駅のその立地と駅前風景が作用して広まったのにちがいない。

しかし、現実はそれほど単純ではないようだ。

岐阜羽島駅の性質を考えるには、まずは古くからの東西の大動脈のルートを辿る必要がある。

江戸時代までの旧東海道は、そもそも最初から岐阜（美濃）なんて通っていなかった。それどころか名古屋の中心部にも入らず、熱田から海を渡って桑名まで。以後は鈴鹿山脈を越えて草津を目指した。美濃にはもうひとつの大動脈・中山道が通っていたが、そちらも岐阜羽島駅付近ではなくいまでいう岐阜市内や大垣市内を抜けていた。

明治になって完成した鉄道の東海道本線は、鈴鹿越えの急勾配を嫌って岐阜・大垣経由のルートを選んだ。つまり、東海道と中山道のいいとこ取りをした形だ（東西幹線は中山道ルートで計画されたうんぬんという話はここでは横に置きます）。

ただ、新幹線となるとそうはいかない。できる限り直線的に先の都市を目指さねばならない。その点、鈴鹿越えが効率的に見えるが、着工から開業まで五年ほどしか猶予がなかったことから断念される。

かといって、岐阜市内を経由していたらだいぶ遠回りだ。できることなら、名古屋から直線的に関ケ原に向かいたい。それを叶えたのが、現在の岐阜羽島駅経由、岐阜県南部をかすめて通るルートであった。

そうなれば、岐阜県内にも駅をひとつ置かねば収まらない人たちがいる。岐阜市や大垣市といった、岐阜県内の主要な都市の人たちだ。

彼らの訴えに耳を傾ければ、おそらく在来の東海道本線と同じようにわざわざ岐阜市街地付近を経由することになっていただろう。それでは新幹線のメリットが損なわれることは明白だ。

直線的なルートでも大垣市内の南方を通るから、そこ

岐阜羽島駅前の大野伴睦夫妻像。葉巻を手に何かを見つめて指を指す。大野伴睦だけでなく、夫妻の像というあたりに地元の人たちからの愛が感じられる

に新大垣駅的なものを置く手もあろう。ただ、そうなると岐阜市と大垣市の間でいらぬ綱引きが始まりかねない。

そこで、岐阜市も大垣市も含まれる旧岐阜一区選出の大物・大野伴睦先生の出番となる。岐阜羽島という、岐阜・大垣のどちらからも離れている場所に駅を置くことで、どちらの顔も立つ。そして、岐阜県内にも新幹線駅を、という実も得られる。ついでにいえば、大野伴睦先生の影響力を誇示することもできる。

もちろん国鉄サイドも文句はない。雪の多い関ケ原を控えた場所に、通過線を備えた駅を置く必要性は高かったからだ。かくして、八方が丸く収まる、絶妙な解決策として、岐阜羽島駅が生まれたのだ。

政治の世界は表に出ないことが多いから、本当のところはわからない。ただ、間違いないのは、大野伴睦先生の政治力で、必要のないところにむりやり駅を作らせた、などという単純な話ではない、ということだ。

総理候補にも挙げられたほどの大物政治家は、選挙区のターミナルに急行を停めた荒舩正十郎とは格が違う。政治と鉄道の関係は、一筋縄では理解できない。その象徴が、岐阜羽島駅なのだ。

DATA　滋賀県米原市米原
445.9km（東京）
1889年7月1日開業
地上2面3線

関ケ原を抜けて関西へ

新幹線も在来の東海道本線も、名古屋から先は旧東海道の鈴鹿越えではなく、旧中山道沿いのルートを辿る。その途中、避けては通れぬのが天下分け目の関ケ原。この関ケ原に、新幹線は悩まされ続けている。

関ケ原には、雪が降るのだ。東海道新幹線の走る沿線で、冬に大雪が降るのは関ケ原くらいしかない。日本海で発生した雪雲が、脊梁山地に遮られることなく抜けてゆく〝雪雲の通り道〟が関ケ原なのだ。

東海道本線や東海道新幹線が勾配を嫌って関ケ原を通るのと同じように、雪雲も険しい山を避けて関ケ原。関ケ原の雪に新幹線が悩まされるのは、必然なのである。

新幹線とて無策ではないものの、上越新幹線や北陸新幹線のように万全の雪対策を施しているわけではない。だから、一年に何回かは関ケ原の大雪でダイヤが乱れる。

冬場、新幹線に乗るときはあらかじめ関ケ原の天候をチェックして、場合によっては飲み物や食べ物を多めに持ち込むことを強くおすすめしたい。いまはもう、車内販売もなくなりましたしね。

かくして〝難所〟の関ケ原を抜ければ、いよいよ新幹線は関西に入る。最初のターミナルが、米原駅だ。

東海道本線においてはJR東海とJR西日本の境界駅にもなっている米原駅は、東から見ていわば関西の玄関口である。関西の鉄道の主役を張る「新快速」も米原駅まで乗り入れる。

肝心の米原駅だが、この駅もまた何があるかと言われると困る駅のひとつだ。駅の西側、山沿いには中山道と北国街道の分岐点があり、宿場町だった時代の面影も残る。

また、駅の東口広場の端っこには、江戸時代に彦根三湊のひとつに数えられた米原湊の跡を示す碑も置かれている。米原駅南西には琵琶湖畔の田園地帯が広がっているが、その大部分はかつて米原湊が設けられていた入り江の跡だ。琵琶湖の航路が輸送の根幹を担っていた時代の名残である。

明治に入って鉄道が通り、琵琶湖の航路の役割が低下しても、そのまま入り江は残された。干拓されたのは昭和になってからのことだ。

その頃の米原は、東海道本線と北陸本線が分岐する交通の要衝、「鉄道の町」になっていた。機関区だけで多いときには六〇〇人、車掌区や通信区などを合わせれば、二〇〇〇人ほどが米原駅で働いていたという。彼らの家族や関連職種も含めれば、一万人規模の鉄道の町だ。

しかし、いまの米原駅を歩いても、そうした時代の痕跡は消え失せている。東海道新幹線の開業はもとより、一九七五（昭和五十）年の湖西線開業などにより、米原の交通の要衝としての役割が低下し、国鉄最末期の一九八六（昭和六十一年）には機関区が廃止された。

その跡地は再開発で……と言いたいところだが、それもまだ進んでいない。米原駅東口の広大な空き地は、そのほぼすべてがかつての機関区の跡だ。

空き地の間を線路に沿って歩いてゆくと、鉄道技術研究所の風洞技術研究センターが見えてくる。高速車両の風洞実験を行う施設で、新幹線車両もいくつか展示されている。その脇には、レーシングカーの設計開発を行う童夢という会社もある。鉄道の町でなくなって久しい米原だが、スピードを追求するエンジニアにとっては聖地のひとつ、なのかもしれない。

東海道新幹線　16

京都

KYOTO

DATA
京都市下京区東塩小路高倉町
513.6km（東京）
1877年2月6日開業
高架2面4線

東海道新幹線最大の観光駅

コロナ禍がひと段落して、観光客も増えた東海道新幹線。座席を回転させて、向かい合って旅のひとときを過ごす観光客の姿も目立つようになった。彼らの嬌声にうるさいなあと思うことも、正直なくはない。ただ、立場が変わることもあり得るわけだから、文句をいうのは筋違い。楽しい旅をしてくださいな、と思うように精一杯心がけることにしている。

で、「のぞみ」に乗る観光客の多くは、だいたい京都駅で降りる。言うまでもなく、京都は日本最大の観光都市だ。日本人だけでなく、外国人観光客も大挙して京都にやってくる。空港を持たない京都にとって、新幹線はほとんど唯一のアクセス手段である。

京都駅で新幹線を降りると、ホームからコンコース、そして改札外の通路まで、恐ろしいほどの人で溢れ返っている。新幹線改札の向かいの近鉄のりばに向かう人も多いし、駅ビルやJR在来線のある烏丸口方面への通路はますます盛ん。烏丸口の目の前には京都のシンボル・

京都タワーがそびえ立ち、少し歩けば東本願寺や西本願寺の境内も近い。

ならば新幹線に近い南側、八条口に出ようとしても、こちらにだってJR東海の商業施設があるのだから、人通りは絶えない。どちらかというと〝裏口〟の感のある八条口とて、少し歩けば国宝の五重塔がシンボルの東寺（教王護国寺）をはじめ、神社仏閣や市街地が延々と続いている。そもそも、京都の中心部である〝洛中〟の範囲は京都駅より少し南の九条通が南限だ。

さらに、京都駅から西に向かって少し歩けば、かつての貨物駅跡地に梅小路公園。水族館や京都鉄道博物館があり、京都の新しい観光スポットとして定着している。

このように、どこからどうみても京都駅は観光都市・京都の玄関口であり、同時に京都観光の拠点なのだ。

最近の京都は、あまりにたくさん観光客がやってくるおかげで、オーバーツーリズムに苦しんでいるという。とりわけ中心市街地の繁華街や路線バスなどは、過剰な混雑で市民生活にも支障が出ているらしい。

といっても、もともと京都は小さい町だ。中心市街地と言ったら四条河原町付近の一帯くらいに限られるし、市内交通も路線バスの占めるウェイトが大きい。

いま、京都を訪れる観光客は年間五〇〇〇万人を大きく上回る。小さな盆地に広がる京都の町に、それだけの人を捌くだけの余力はもともとなかったのだ。

京都がこれほど爆発的に人のやってくる観光都市になったきっかけは、新幹線にある。

もちろん昔から修学旅行先の定番だったりして、京都が観光地として揺るがぬ地位を築いていたのは間違いない。ただ、バブルの時代には京都にも高層ビルの計画が次々に生まれ、古都の雰囲気を守りたい人たちとの間で対立があったという。

そんな最中の一九九三（平成五）年、JR東海による「そうだ、京都行こう。」のキャンペーンがスタート。それがきっかけになって観光客が増え始め、高層ビル計画は雲散霧消。古都の景観を守り続けることに大きな価値が見いだされたのだ。

つまり、いまの京都の魅力は新幹線とそのキャンペーンのおかげで保たれて、同時にオーバーツーリズムの遠因にもなった。新幹線も半世紀以上走っていれば、残してきたものは功罪含めて色とりどり、なのである。

東海道新幹線　17

山陽新幹線　1

新大阪

SHIN-OSAKA

DATA
大阪市淀川区西中島
552.6km（東京）
1964年10月1日開業
高架5面8線

終着駅か、途中駅か

東海道新幹線の旅は、新大阪駅で終わりを迎える。といっても、東海道新幹線は山陽新幹線と直通運転を行っている。だから、実態としての新大阪駅は、終点というより途中駅といった趣のほうが強い。

ちなみに、東京から大阪まで新幹線で移動しようとするとき、山陽新幹線に直通する列車よりも新大阪停まりの列車の方が希望の座席を取りやすい、というのはちょっとした豆知識。名古屋〜広島、みたいなお客がいないぶんだけ、座席が空きやすいというあんばいだ。

まあ、釈迦に説法のような気もするし、最近では東京〜新大阪間のお客だけでもほとんど満席状態が常態化している。あまり役に立たない豆知識かもしれない。

ともあれ、新大阪駅は東海道新幹線の終着駅だ。開業したのは一九六四（昭和三十九）年十月一日（地下鉄御堂筋線の新大阪駅がその一週間ほど前に先行開業している）。新横浜駅や岐阜羽島駅と並んで、新幹線開業と同時に生まれた駅のひとつである。

……などと、何を当たり前のことを言っているのかとご指摘を頂戴するかもしれない。しかし、よく考えてほしい。新大阪駅は、日本第二の都市である大阪のターミナル、玄関口だ。東京でいうなら、東京駅にあたる。

ところが、そんな大ターミナルだというのに、新大阪駅の場合は既存のターミナルに併設されたわけではなく、まったくの新駅として開業したのである。これ、改めて考えると、なかなかに興味深い。

新大阪駅が設けられた理由はシンプルだ。戦前の弾丸列車計画では、新大阪駅よりも少し北側の東海道本線東淀川駅付近にターミナルを置く計画だったという。つまり、戦前の時点から、大阪駅ではなく淀川北岸にターミナルを置くことが予定されていたのだ。

山陽方面への延伸を想定すると、大阪駅への乗り入れは淀川を二度渡る手間を要するし、周辺の都市化が著しい大阪駅への乗り入れは現実的ではない。だから、その北、淀川の北岸へ。

そもそも大阪駅も大阪の中心市街地から北に外れた場所に設けられた。新大阪駅の位置も、大阪という都市が北に向かって拡大していった過程のひとつとして捉えることができそうだ。

開業前後の頃は、まだ〝郊外〟に過ぎなかった新大阪駅付近も、半世紀以上が経ってすっかり〝大阪〟の一部になった。

駅の周囲にはオフィスビルが建ち並び、少し南に歩けば西中島の歓楽街。さらに北の地下鉄東三国駅周辺にも繁華街が広がる。

周囲には、東淀川・東三国・西中島南方・南方・崇禅寺などの小駅が衛星駅のごとく点在し、新大阪駅周辺の都市化の支えになっている。いまや、新大阪駅にやってくる人は、新幹線に乗る人ばかりではない。新大阪駅は、名実ともに大阪を代表するターミナルになったのだ。

しかし、それでも新大阪駅の主役は、東海道新幹線だ。駅舎一階の階段脇に、車輪のモニュメントが置かれている。中央には蒸気機関車のC五七形。その脇には九六〇〇形、そして〇系新幹線。開業二十周年を記念して、一九八四（昭和五十九）年に置かれたものだ（場所は移転している）。ひっそり佇むそのモニュメントには、新しい新幹線時代を支えてきたターミナルとしてのプライドが宿っているのかもしれない。

第2章

山陽新幹線

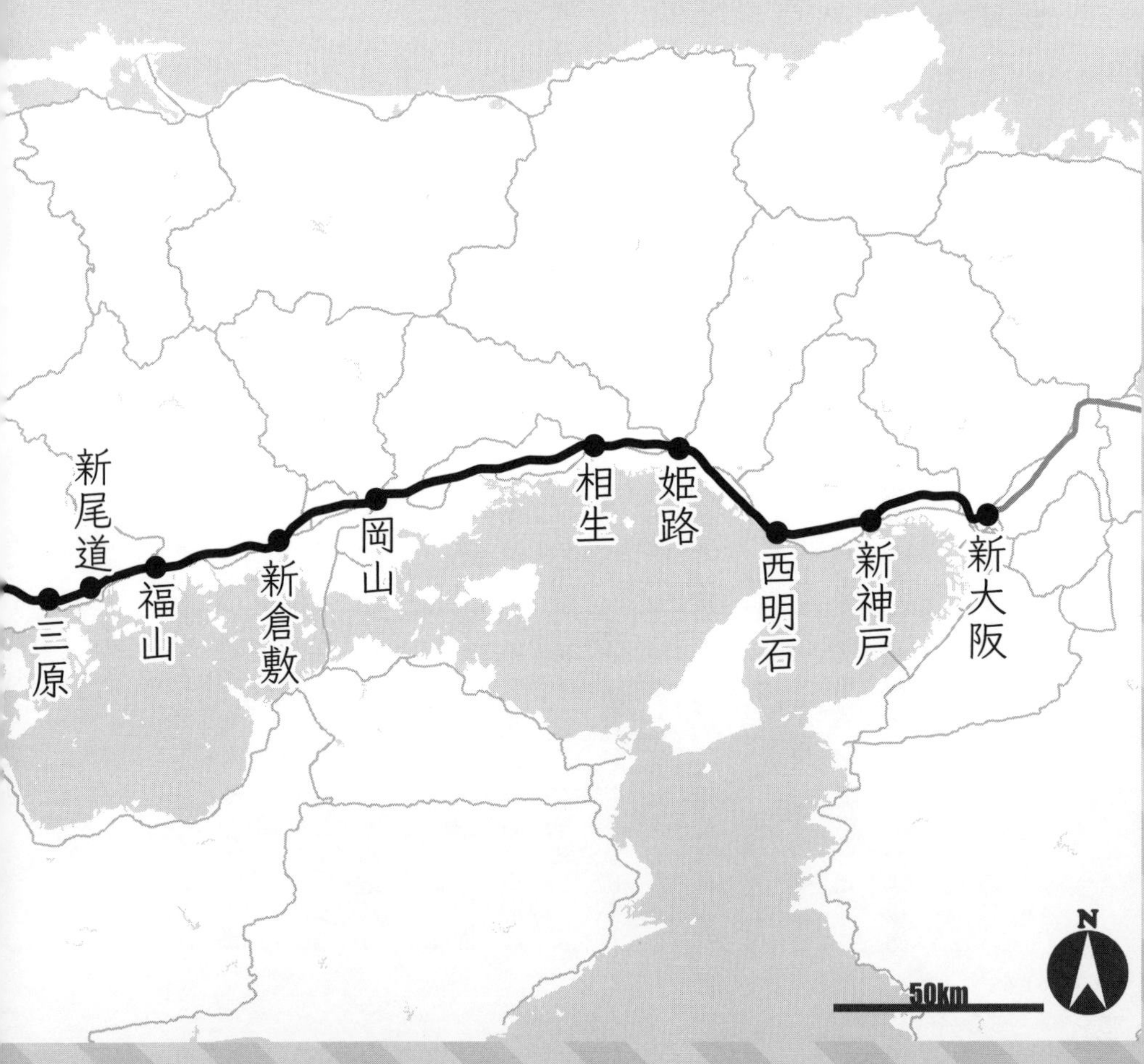

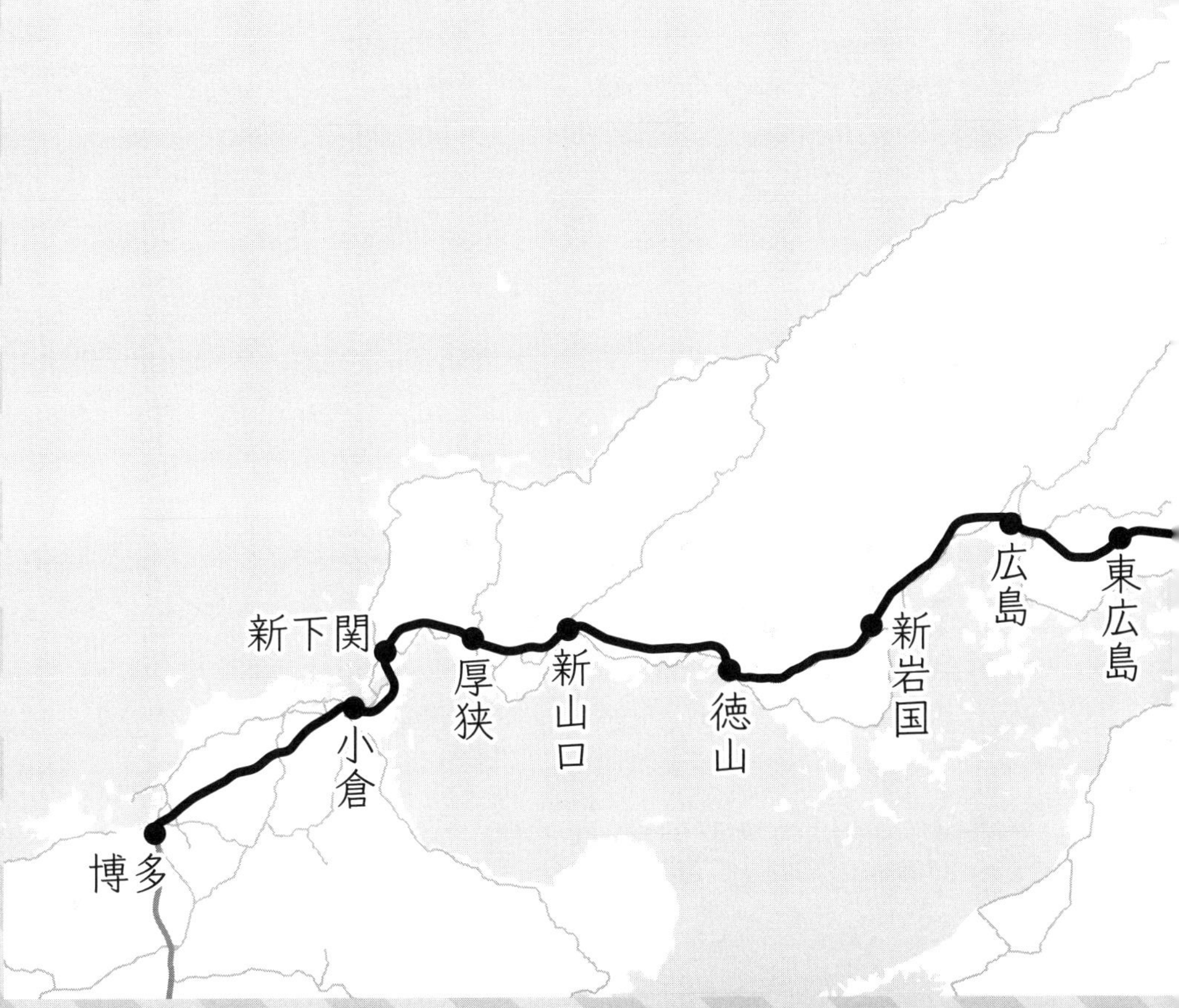
博多
小倉
新下関
厚狭
新山口
徳山
新岩国
広島
東広島

山陽新幹線　2

新神戸

SHIN-KOBE

DATA		
	神戸市中央区加納町	1972年3月15日開業
	36.9km（新大阪）／589.5km（東京）	高架2面2線

全列車が停車する駅なのに……

北陸新幹線の延伸区間を含め、全国には一〇三の新幹線駅がある。なんじゃこりゃ、と言いたくなるような駅もあるにはあるが、だいたいが広く名の知れた都市の玄関口だ。

ただ、そうした中でも全列車が停車する駅はそれほど多くない。一〇三駅のうち、二十七駅だけだ。山陽新幹線に限れば、新大阪・新神戸・岡山・広島・小倉・博多しかない。いずれも政令指定都市のターミナル、粒ぞろいといっていい。

が、そんな中でもちょっとだけ異質なのが新神戸駅だろう。〝新〟が付いていることもそうだし、そもそもお客の数が少ない。

新神戸駅の一日平均乗車人員は、一万人に満たない。新幹線単独駅なので、他のJR在来線のお客も算入される駅と比べるのもいささか公平性を欠く気もするが、それでも一万人以下というのはなかなかだ。新幹線駅、それも全列車が停車する指折りのターミナルなのに、JR

西日本全体で五十位にも入らない。

そういうわけで、新神戸駅はどうにも脇役のような存在に甘んじている。

最近では人口減少が大きな問題になっているらしい神戸市だって、約一五〇万の人口を抱える政令指定都市。岡山や広島などと比べても遥かに多い。新神戸駅はその玄関口だというのに、脇役でいいのだろうか。

新神戸駅が脇役な理由は、ふたつあると思う。

ひとつは先述のとおり、JR在来線と接続しない単独駅であることだ。一九八五（昭和六十）年に市営地下鉄が乗り入れて神戸の中心市街地との連絡は果たされたが、それでもJRの在来線と接続していないことは、新神戸駅にとって大きな弱点になっている。

そしてもうひとつは、大阪と神戸の近さと交通の充実ぶりだ。

大阪駅から神戸の中心市街地のターミナル・三ノ宮駅まで、「新快速」ならば三十分もかからない。私鉄でも阪急電車や阪神電車が阪神間を連絡している。町としての個性は大阪と神戸でまったく異なっているが、経済圏・生活圏としては事実上一体化しているといっていい。

そうなると問題になってくるのは、新神戸駅が単独駅であるということだ。

たとえば、阪神甲子園球場。タイガースでも高校野球でもどちらでもいいが、東京・名古屋方面から観戦に行こうとすると、甲子園球場に近い新神戸駅よりも新大阪駅のほうがよほど便利に感じられるのだ。

実際はたいした違いはない（阪神電車に大阪駅で乗り換えるか、三ノ宮駅で乗り換えるかしか変わらない）。

とはいえ、なんだかんだで新大阪止まり（つまり東海道新幹線内）の列車も少なくないし、不慣れな人にとっては巨大ターミナルの新大阪駅のほうが安心感がある。ついでに言えば、ちょっと安い。

かくして、わざわざ〝単独駅〟の新神戸駅を利用するほどのことはない、という結論になってしまう。ぼくも何度も東京からタイガース戦の観戦に足を運んだことがあるが、新神戸駅を使ったのは一度だけ。それも、帰りに三宮で神戸牛を食べた帰路だけである。

誰もが彼もが同じようなことを考えるとは限らない。が、少なくとも阪神間の距離の近さと交通の利便性の高さが、新神戸駅を脇役に追いやっていることはまちがいない。

新神戸駅は、立地においても脇役感が否めない。

新大阪からやってきた新幹線は、大阪平野を横断して武庫川を渡ると、阪急今津線の上を跨いですぐにトンネルに入る。一万六二五〇メートルの六甲トンネル。その名の通り、六甲山地を貫く。

新神戸駅は、ちょうど六甲トンネルを抜けたところにある駅だ。明かり区間は駅の範囲に限られていて、またすぐに布引トンネルの中にはいってしまう。

つまり、新神戸駅はトンネルとトンネルの間にむりやり押し込められたような、そんな駅なのだ。

六甲山地の山裾の狭いところに設けられたから、駅スペースも最小限。相対式ホーム二面二線という構造は、新幹線全列車停車駅の中では最小規模だ。

さらに、トンネルの闇がホームの上にまでかぶさってきているのか、どことなく薄暗い。港町のイメージを持つ神戸の玄関口にしては、山の力が勝っている。言い換えれば、新神戸駅のイメージは、港町・神戸ではなく、六甲山地。すなわち山の町・神戸のシンボルなのかもしれない。

海と山に囲まれた神戸の町

新神戸駅にやってきたお客は、だいたいがそのまま地下に降りて地下鉄に乗り換える。畢竟、新神戸駅での滞在時間は短くなる。帰路もせいぜい土産や弁当を買うくらいだろうか。

ただ、トンネルに挟まれたホームのイメージと、そこから乗り継ぐ地下鉄のイメージばかりで新神戸駅を語るのは間違いだ。

新神戸駅から地下鉄ではなくそのまま外に出てみると、そこはもう、思い描いていた神戸そのものだ。

駅の真下には生田川が流れていて、まっすぐ南、つまり神戸の中心市街地を貫いて神戸湾に注ぐ。生田川沿いは桜の名所なのだという。

駅前には商業施設も入っているＡＮＡクラウンプラザホテル神戸が聳え、阪神高速のインターチェンジ。川沿いには南京町らしいしつらえの東屋があり、近づいてみると「連翼亭」という。中国天津市と神戸市の友好都市提携二十周年を記念して一九九三（平成五）年に建立さ

右に見えるのはANAクラウンプラザホテル神戸。奥には高層ビルも見える。神戸市街地を見下ろす六甲山地の山肌の市街地だ

れたらしい。

連翼亭のすぐ南側には神戸芸術センターが建ち、北の通りを西に行けば北野の異人街も近い。南西に向けて大通りを下ると、そのまま三宮の繁華街にも直結している。地下鉄に乗り継いでもいいが、歩いたところで三ノ宮まで二十分程度だ。

反対に、山の方に歩みを進めてみてもいい。新神戸駅のすぐ北の山の中には、神戸を代表する景勝地・布引の滝がある。高架下を潜って山を登って二十分といったところだろうか。

布引の滝一帯には展望台もあるし、新神戸駅のすぐ脇から出ているロープウェイに乗ったら布引ハーブ園もすぐそこだ。

だから、新神戸駅は脇役ではあるけれど、立派な神戸のターミナルのひとつなのだ。南に目を向ければ神戸の町並みが眼下に広がり、六甲山地の裾野に広がる港町であることが体でわかる。北に目を向ければ神戸のシンボル・六甲山地。これだけ〝神戸らしい〟ものに囲まれた新神戸駅は、恵まれている。一目散に地下鉄に乗り換えては、あまりにもったいないのである。

山陽新幹線　3

西明石

NISHI-AKASHI

DATA
兵庫県明石市小久保
59.7km（新大阪）／612.3km（東京）
1944年4月1日開業
高架2面4線

川崎重工の門前駅

新神戸駅を出てすぐに再びトンネルに入ったら、しばらくは暗闇の中の旅が続く。新幹線なのであっという間ではあるが、いくつもの長いトンネルを抜け、ようやく地上に顔を出したと思ったら、ほどなく西明石駅に着く。

西明石駅は、在来の山陽本線とちょうど交差する場所に設けられている駅だ。その名の通り、明石の町の西側にある。似たような構造の駅を挙げるとすれば、東海道新幹線の三河安城駅だろうか。

新幹線の駅舎と在来線の駅舎は跨線橋で結ばれていて、その真下には駅前広場が設けられている。駅構内にも商業施設が入っていて、このあたりは十人並みの郊外の小駅といったところだ。形としては、郊外の駅に新幹線が乗り入れた、というのが正しい表現だろうか。

西明石駅のある明石市は、最近人口が増えていて注目されている。泉房穂前市長が教育や子どもへの医療などに手厚い政策を打ち出し、それが奏功したという。現実にはインフラ改修が後回しになっているといった問題も指摘されていて、すべてが丸く収まっているわけでもないようだ。ただ、少なくとも明石市が子育てをしやすい町であることはまちがいない。

そんな右肩上がりの町の趨勢が、西明石駅前にも出ている……と、わかりやすく言えればいいのだが、本当のところはよくわからない。明石の中心市街地はお隣の明石駅で、活気という点ではそちらの方が勝っている。

西明石駅の主役は、新幹線ではなく在来線だ。停車するのは「ひかり」「こだま」がほぼすべて。「のぞみ」は早朝深夜の一往復だけ設定されているに過ぎない。

いっぽう、在来線の西明石駅は「新快速」も停車する主要駅扱いである。西明石駅において、新幹線は顔こそ大きいけれど、脇役に過ぎない。

そして、在来線西明石駅の主たるお客は、駅の南東に広がる川崎重工で働く人たちだ。

川崎重工明石工場は、もともと川崎航空機といい、軍部の傘下で戦闘機などを生産する軍需工場だった。

西明石駅が開業したのは一九四四（昭和十九）年。まさに戦時中の折で、軍需工場に通勤する人のための駅として生まれたものだ。

ただし、それ以前から西明石駅東側一帯には明石操車場、つまり車両基地が置かれていた。いまでもJR神戸線の日中の各駅停車は、一時間八本中四本が西明石駅発着で、鉄道ネットワークの拠点になっている。

いわば、西明石駅は車両基地の脇に工場線用の乗降場を設けた、といったところからはじまったというわけだ。

一九七二（昭和四十七）年には新幹線の西明石駅が開業している。これには特段大きな理由はないだろう。中心市街地に近い明石駅付近の駅を置くことは、線形の上から不可能に近い。

その点、在来線とちょうど交差する地点であった西明石に駅が置かれたことは不自然ではない。川崎重工が○系新幹線の製造を担っていたから配慮して、などというのはいささかうがち過ぎた見方であろう。

それから半世紀。西明石駅は取り立てて大きな変化もなく歩んできた。一九八六（昭和六十一）年には「新快速」のすべてが停まるようになったくらいだろうか。ちなみに二〇二一（令和三）年のダイヤ改正では、一時三十八分西明石着の電車が廃止され、〝日本一遅い終電〟の終着駅の立場を失っている。

山陽新幹線　4

姫路

HIMEJI

DATA
兵庫県姫路市駅前町
91.7km（新大阪）／644.3km（東京）
1888年12月23日開業
高架2面5線

観光都市か、工業都市か

姫路といったら、姫路城である。

姫路城は、姫路駅の北にある。幸いにして姫路駅は新幹線も在来線も高架になっていて、特に一段高い新幹線のホームからは姫路城天守閣がよく見える。

「白鷺城」の名の通り、駅前目抜き通りの向こうに白く輝く国宝の城。一九九三（平成五）年に日本で初めて世界文化遺産登録された史跡のひとつだ。

なので、姫路駅は、姫路城をはじめとする観光客の駅という性質を持つ。駅の周囲にはビジネスホテルから観光客向けのシティホテルまでがひしめく。姫路城は、玄関口の姫路駅にとっても大きな存在である。

いっぽうで、姫路駅を玄関口とする兵庫県姫路市は、人口約五十二万人、兵庫県第二の都市だ。播磨地方における中心都市で、古くは播磨国の国府も置かれていた。つまり、千年単位でこの一帯の中心を担い続けているということになる。そのターミナルに新幹線駅が設けられたのも、当然のことといっていい。

だから、姫路駅は観光客がどうのこうのという以上に賑わっている。駅は商業施設が併設された立派なターミナルビル。駅前広場には「キャッスルガーデン」と名付けられたスペースがあり、賑わいの拠点になっている。

さらに駅前の一角からはアーケードの商店街が北に延びる。大手前通りという名の目抜き通りの入り口には山陽百貨店。その裏手には山陽電鉄の山陽姫路駅がある。

姫路に乗り入れる鉄道は、新幹線とJRの在来線に加えて山陽電鉄がある。いずれも神戸方面と姫路を連絡する大動脈路線。沿線においていくらかの棲み分けができているとはいえ、競合関係にあることに違いはない。

長距離輸送が任務の新幹線を横に置いても、二路線が競合・共存できるという点からも、この姫路という都市の規模の大きさがうかがえるというものだ。

いまの姫路の最大の産業は、工業だ。姫路城に引っ張られて観光都市というイメージを抱いてしまうが、むしろ明治以来の工業都市といっていい。

明治時代、最初に姫路で開かれたのは紡績業。江戸時代から盛んだった木綿栽培を背景に、一八七八（明治十一）年に官営姫路紡績所が設立された。以後、明治から大正にかけて、複数の紡績工場が建ち並んだ。

ちなみに、この時代の姫路城には陸軍歩兵第十連隊・第三十九連隊が置かれていた。都市の中心部に広大な敷地を擁する藩政時代の城跡は、軍事施設に転用されることが多かった。

いまや世界遺産の姫路城も例に漏れず、ややもすれば天守閣が破却される可能性もあったというわけだ。

それでも姫路市民を中心に姫路城保存への熱意は保たれ、明治の終わり頃には大修理が行われた。大正初期からは陸軍が使用していない本丸跡などを中心に城山公園として整備され、一九三一（昭和六）年には天守などが国宝に指定されている。

そして、昭和に入ると鉄鋼業が台頭する。一九三九（昭和十四）年に日本製鐵の広畑工場が進出。他にも海沿いに鉄鋼関連の工場が増えた。その背景には、軍事的なニーズの高まりがあったようだ。

戦後もこれら海沿いの鉄鋼関連工場は維持されて、一九六五（昭和四十）年には播磨工業整備特別地域の指定を受ける。姫路は、その中核としての役割をいまに至るまで担い続けている。

こうした歴史の中にあって、姫路駅の役割の大きさは語るまでもなかろう。

姫路駅は、一八八八（明治二十一）年に私鉄の山陽鉄道によって開業した。姫路の城下町の南端、市街地に近接して駅が置かれている。

これは、すでに姫路城内に歩兵第十連隊が設置されていて、兵員・物資輸送の担い手としても期待されたためだろうか。駅のすぐ南側は郊外の田園地帯だったが、工場の進出などもあって昭和初期までには市街地化がはじまっている。

なお、一八九四（明治二十七）年には播但鉄道（現在の播但線）、一九三〇（昭和五）年には姫津線（現在の姫新線）が姫路駅に乗り入れている。これにより、姫路駅は兵庫県西部、播磨地方における最大の交通の要衝としての地位も確かなものにした。

鉄道ネットワークにおける姫路駅の重要性はいまでもいささかも衰えていない。阪神地域における東海道本線・山陽本線の愛称「JR神戸線」が適用されているのは、大阪～姫路間。全列車停車とはいかないが、姫路に停まる「のぞみ」も多く設定されている。

えきそばと穴子めし

このように、姫路という都市と、そのターミナルの姫路駅の存在はあまりに大きい。

そして、その姫路駅はいくつもの〝独自の文化〟を生み出してきた駅でもある。

ひとつは、駅弁だ。

姫路駅開業の翌年、一八八九（明治二十二）年、経木の折詰め「幕の内弁当」の販売が始まった。これは、日本で初めての本格的な折詰めの駅弁なのだという。販売したのは、竹田木八が創業した「まねき」。いまでも、「まねき」は姫路駅で駅弁や駅そばを営業している。

駅そばもまた、その個性が広く知られた姫路の名物のひとつだ。使っている麺が普通のそばとは異なり、かん水の入った中華麺。ダシはうどんやそばでもあるような和風ダシだから、簡単に言えば「うどんのダシでラーメンの麺を食べる」といったところ（実際にはダシにもかなりの工夫があるのだとか）。

戦後まもない時期に、保存性を高めるためにかん水を

姫路駅前から大手前通りを見る。左には山陽百貨店。奥には小さく姫路城の天守閣が見える

使ったのが「まねきのえきそば」のはじまりだという。いわば苦肉の策だが、それが長らく姫路駅を行き交う人々に愛されて、いまや唯一無二の名物になったというのだからおもしろい。

姫路駅では新幹線の改札脇のほか、在来線の五・六番のりばにはキハ五八系をかたどった店舗で運営されている。新幹線に乗る前に駆け込み一杯もいいし、在来線との乗り継ぎ時間に食べるのもいい。

まあ、阪神梅田本店などにも店舗があるというから、関西に住んでいれば意外と食べるチャンスは多いのかも知れない。

そして忘れてはいけないのは、駅前の一角に店を構える同じくまねき食品の「たけだの穴子めし」だ。肉厚の穴子を白焼きにしてから濃厚なタレで炊き上げた、できたての逸品。ぼくは人に勧められて食べてからすっかりハマってしまい、いまでは神戸付近で取材があったらわざわざ姫路まで足を伸ばすこともあるくらいだ。

だからこうして姫路駅を歩いてみると、この駅で最大の見どころは、姫路城もいいけれどどうやら〝食〟にあるのではないかと思うのである。

山陽新幹線　5

相生

AIOI

DATA
兵庫県相生市本郷町
112.4km（新大阪）／665.0km（東京）
1890年7月10日開業
高架2面2線

造船の町の新幹線の意義

鉄道が好きな人ならば、「相生」の読み方を知らぬ者などいないに違いない。言うまでもなく、「あいおい」と読む。山陽本線と赤穂線が分岐する、要衝の地だ。そして、「こだま」と新大阪〜岡山間各駅停車の「ひかり」しか停まらないものの、新幹線の駅もある。

相生駅のある相生市は、造船で名高い都市だ。深く陸地に切り込み、水深が六〜七メートルという天然の良港・相生湾を持ち、江戸時代には風待ち港。一九〇七（明治四十）年には播磨船渠のドックが建設された。

播磨船渠は播磨造船所に引き継がれ、一九六〇（昭和三十五）年に石川島重工業と合併、現在のＩＨＩに繋がっている。つまり、相生は天下のＩＨＩのルーツの地、というわけだ。

だから、相生の町は長らくＩＨＩの企業城下町だった。いまでもＩＨＩ系列の造船所が相生湾内に置かれていて、そこで働く市民は多い。

そんな町のターミナルだから、相生駅もたいそう立派なものだろうと思っていた。何しろ、事実上「こだま」しか停まらないといっても、新幹線の駅がある。その上、大企業の城下町。そんな町のターミナルなのだから。

しかし、である。期待に胸を膨らませて相生駅にやってくると、まずがっかりして、そして呆然とすることになりかねない。そう、相生駅前には、ほとんど語るべきものが何もないのだ。

駅の北側（つまり新幹線側）はすぐに山が迫っていて、駅前広場の余地はない。南側には、造船の町らしく錨のモニュメントが置かれた広場があり、駅の正面には東横イン。ただ、その隣にヤマザキYショップがあるくらいで、飲食店やコンビニの類いすら見当たらないような駅前だ。

もともと造船の町だけあって、相生の中心市街地は海の近く、造船所の周辺に広がっている。スナックが建ち並ぶプチ歓楽街もあるようだ。それが駅とは離れている、というだけのことである。

そういう駅に、新幹線の駅ができたらだいたい政治との関わりを疑われる。相生市は、自民党三木派の大番頭・河本敏夫の出身地。田中角栄や大野伴睦と同じく、ナゾの新幹線相生駅として、河本の働きかけが疑われることもあったようだ。

しかし、実際には新幹線相生駅には深慮遠謀があった。それは、夜行新幹線の計画だ。

いま、新幹線は騒音問題によって深夜〇時から朝六時まで運行していない。ただ、当時は夜行の新幹線を走らせようという構想があった。

夜行列車のネックは保守点検の時間が確保できなくなること。そこで、夜間は単線運転にして片方を保守に充てるというのが国鉄の計画だった。相生駅は、そのために必要になる列車交換・待機駅として設けられたのだ。

……と、こうして話を聞けば確かに納得できるような気もするが、どうにも腑に落ちない。新幹線が建設された時代はいまよりも造船業のウェイトが大きく、配慮があったとしても不思議ではないと思う。そこに河本先生が関わっていたかどうかは、それこそ闇の中である。

なお、夜行新幹線は国鉄の経営難もあって、夢と潰えて実現することはなかった。今後も可能性は乏しいだろう。でも、もし夜行新幹線があれば、それなりに需要はありそうな気がするが、いかがだろうか。

山陽新幹線　6

岡山

OKAYAMA

DATA

岡山市北区駅元町
180.3km（新大阪）／732.9km（東京）
1891年3月18日開業
高架2面4線

桃太郎に会いにトンネルで

中国地方は山だらけだ。標高こそ低いが、なだらかな山が延々と続く。目立って険しいのは日本海と瀬戸内海を分ける大分水界が貫く中央部だが、瀬戸内海にそのまま落ち込むような山地も少なくない。新幹線の相生〜岡山間は、まさにそのような山地を抜ける旅である。

相生〜岡山間を結ぶルートは、新幹線以外にも二つある。ひとつは、正統派。山の中の山陽本線を抜ける道筋だ。途中には智頭急行線を分ける上郡などがある。

もうひとつは、赤穂線経由の海沿いの旅。赤穂浪士でおなじみの播州赤穂藩城下町や奇祭として知られる西大寺会陽の西大寺などを通る。

なお、鉄道以前の時代、西国街道は山陽本線と赤穂線の折衷ルートのようなところを通っていた。相生からしばらくは山陽本線沿いで、途中には有年・三石に宿場があった。三石からは山陽本線を離れて赤穂線沿いに移る。赤穂線の備前片上駅の町は、旧西国街道片上宿を受け継いでいる。

そして肝心な新幹線は、山陽本線と赤穂線のおおよそ真ん中をほぼ一直線に岡山へ。片上付近では赤穂線と並走するものの、大半をトンネルで突っ切ってしまう。

古くは山道、近代以降も勾配との戦いの中で二つの鉄路が開かれた。新幹線は、そうした先人たちの苦闘などなかったかのようにトンネルで抜けられるのだから、科学技術の進歩にはめざましいものがある。

岡山駅に新幹線が乗り入れたのは、一九七二（昭和四十七）年三月十五日のことだ。山陽新幹線新大阪～岡山間が開業し、その終点だった。

山陽新幹線が博多まで延伸するのは三年後の一九七五（昭和五十）年のことだから、三年間は岡山駅が新幹線の終点だったことになる。岡山駅名物「桃娘」が新幹線に乗り込んで車内販売をしたという。

岡山駅において、新幹線はいちばん東側に高架のホームを持つ。岡山の中心市街地は駅の東側に広がっている。だから、新幹線が市街地寄りに乗り入れた形だ。

実は、そういう駅は珍しい。新幹線の駅を置くためのスペースは、駅の表玄関よりも裏側で確保するほうが容易だからだ。

ただ、岡山駅の場合は西側はすでに完全に市街地になっていて、車両基地などは駅の南側にあった。そのため、西側に新幹線を通す余地はなかったのだろう。そこで、貨物駅などが置かれていた東口を利用した。結果、新幹線と町の中心が実によく結びついた、効率的な駅ができあがったのである。

岡山駅の東口に出ると、目に留まるのは桃太郎。駅前通りも「桃太郎大通り」と名乗り、とにかく桃太郎推しの町なのだ。

桃太郎伝説発祥地は岡山であるという説はすっかり人口に膾炙している。実際には諸説あるようだが、六〇年代以降岡山が盛んにアピールしたことで定着した。そこには、一九七二（昭和四十七）年に開業した新幹線の存在も関係しているのだろうか。

岡山駅は、在来線においても要衝の地だ。山陰方面には「スーパーいなば」「やくも」、四国には「しおかぜ」「南風」「うずしお」と、乗り入れる在来線特急も多い。これらの特急は、新幹線との接続で本領を発揮している。この点からいえば、桃太郎はともかく岡山駅が中国地方最大のターミナルであることはまちがいない。

山陽新幹線　7

新倉敷

SHIN-KURASHIKI

DATA
岡山県倉敷市玉島爪崎
205.5km（新大阪）／758.1km（東京）
1891年7月14日
高架2面2線

良寛和尚と玉島の町

倉敷は、岡山県を代表する観光地のひとつだ。それについて、ここでくどくど説明する必要はないだろう。

なにより、新幹線の旅で訪れるのは倉敷ではない。新幹線は美観地区に近い倉敷駅などはスルーして高梁川を渡り、新倉敷と名乗る駅に向かう。

新倉敷駅が、およそ倉敷の玄関口などとはいえないということも、倉敷が観光地であることと同じくらい有名な話だ。新幹線で倉敷を訪れようとするならば、全列車が停車する岡山駅で在来線に乗り継ぐ方が便利だ。

だいいち、新倉敷駅にはごく一部の「ひかり」を除いて「こだま」しか停まらない。各駅停車駅だ。あげくに倉敷の中心市街地からは高梁川を挟んで遠く離れているというのだから、玄関口の役割はまったく果たせていない。新幹線の駅では珍しくない〝新○○駅〟の中でも、これほど名に偽りのある駅はないのではないかと思う。

ただし、これは新幹線だけが悪いわけではない。そもそも倉敷という町に問題があるのだ。

現在の倉敷市は、一九六七（昭和四十二）年に旧倉敷市と玉島市、児島市が合併して生まれた。その範囲はまりに広く、高梁川の西側から海沿いの水島臨海工業地帯、さらには瀬戸大橋の通る児島半島南部にまでに及ぶ。

新倉敷駅は、その中でも旧玉島市に属する。一八九一（明治二十四）年に開業したときは、玉島駅と名乗っていた。

玉島は、江戸時代には高梁川と瀬戸内海の舟運結節点として賑わった港町だ。その中心は、玉島駅、現在の新倉敷駅から約三キロ離れた場所にある。歩くと四十分ほどだから、玉島の玄関口というにも現実的ではなかった。だから、開業してからも長らく玉島駅前に市街地が形成されることもなかった。

そうしたところにやってきたのが新幹線だ。一九七五（昭和五十）年に山陽新幹線が開通すると、玉島駅から装い新たに新倉敷駅へと改称した。倉敷駅に併設する案もあったようだが、用地買収に手間取ることが予想されたため、周囲に何もなかったこの地に新幹線駅が生まれたのである。

新幹線の新倉敷駅と在来線は、跨線橋で繋がっている。高架の地上三階に新幹線ホーム、地上にあるのが在来線ホーム。在来線側の南口側には新幹線開業後に形成された市街地が広がる。

駅前の大通りをまっすぐ行った先に見える高架は、国道二号の玉島バイパス。その周辺にはロードサイド系の商業施設も集まっている。駅前よりもバイパス沿いの方が賑わっているあたりは、この辺りの町の暮らしの中では鉄道よりクルマが優位ということなのだろう。

そして倉敷といいながら、駅前広場のオブジェは錨。古き港町・玉島をイメージしたものだろう。このあたりからも、新倉敷駅の役割が〝旧玉島市の玄関口〟であることがうかがえる。

駅前広場から駅舎に入る出入口には、江戸時代後期の曹洞宗の僧侶・良寛が童と遊ぶ像が静かに置かれている。良寛は、二十二歳の時に玉島を訪れ、円通寺で約二十二年にわたる修行の日々を過ごしたという。

玉島も、昭和に入って埋立地が形成されて工業地帯になった。いっぽうで、いまも古き港町の面影も残る。新倉敷という、名がまったく体を現していない駅名もまた、こうした背景を抱いているのである。

DATA
広島県福山市三之丸町
238.6km（新大阪）／791.2km（東京）
1891年9月11日開業
高架2面2線

城跡を通る新幹線

新倉敷駅から福山駅にかけては、岡山県西部の小都市が続く。金光教の本拠として知られる浅口市や、カブトガニ生息地の干潟を持つ笠岡市など。在来の山陽本線はこうした町を確実に結んで走るが、新幹線は内陸部をひとっ飛びに西にゆく。

そして、三三〇三メートルの明知トンネルを抜けると、岡山県から広島県に入る。標高二〇〇メートルに満たないなだらかな丘陵でも、トンネルを使って直線的に走ることができる新幹線は、やはりパワーがある。

そうしてぬるっと県境を跨いで最初の駅が、福山駅だ。福山駅は「のぞみ」もその一部が停車する、山陽新幹線の中でも比較的大きなターミナルだ。毎時一本ペースで「のぞみ」が停まる駅は、全列車停車駅を除けば姫路駅や新山口駅くらいしかないから、立派な主要駅のひとつといっていい。

その証拠に、福山駅自体も実に賑やかなターミナルだ。改札口を抜けるとすぐ脇にはスターバックスコーヒーがあり、自由通路を挟んだ向かいには駅商業施設の「さんすて福山」も。

さらに駅の南口に出ると、まっすぐ南に目抜き通りが延び、百貨店の天満屋が店を構える。それ以外にもホテルや商業施設が所狭しと建ち並んでいる。

反対の北口に出れば、すぐ目の前には福山城。江戸時代までは福山藩の藩庁が置かれたお城で、いわば福山の町の中心だった場所だ。

中国地方には、広島藩の浅野氏や長州藩の毛利氏など、強大な力を持つ外様大名が揃っていた。福山藩は、それらを抑えるために置かれた譜代の藩だ。

江戸時代の半ばからは阿部氏が入り、阿部氏十代のうち四人が老中を務めるなど幕閣を主導している。幕末期の阿部正弘は、日米和親条約を締結した際の老中首座として名を残す。

つまり、福山の町のルーツは毛利や浅野の抑えを担った福山藩の城下町にある、というわけだ。

一八九一（明治二十四）年に山陽鉄道の駅として福山駅が開業した当時、中心市街地は駅の東側（つまりお城の東側）を中心に広がっていた。

そのとき、山陽鉄道とその福山駅は、お城の一部を東西に貫く形で建設されている。いま、駅のすぐ北側に福山城があるのは、こうした経緯によるものだ。

一八七三（明治六）年の廃城令によって廃城となった福山城は、大蔵省に移管されたのちにほとんどの用地が民間に払い下げられた。残っていた建物の多くは取り壊され、その一部が鉄道用地に転換されたのだ。福山駅開業後も、駅の拡張などに伴って外堀の埋め立てなどが進んでいった。

文化財の保護なんて考えもしなかった時代。というか、明治の初めごろの福山城は明治政府から見れば明確に〝敵〟であった幕閣の城だったのだ。だから、城跡をそのまま大切に残そうなどとは考えもしなかったのだろう。

それでも、天守などの施設はそのまま残され、一九三一（昭和六）年には天守が国宝に指定されている。熊本城などの例を引くまでもなく、お国の意向は別にして、町の人々にとってお城は地域のシンボルそのもの。だから、福山においても天守など残った福山城施設を守りたいという思いもあったようだ。

かくして、福山城は完全に破却されることなく、福山駅の北側にそのまま残された。その間、福山の町は鉄道という近代化のシンボルを武器のひとつとして、工業地帯として発展する。戦前における主たる産業は、製糸・紡績業だったという。

戦時中には米軍による空襲を受けて、市街地の約八割が焼失する。

ただ、一九六五（昭和四十）年に日本鋼管福山製鉄所の誘致に成功。市街地南東から隣県の岡山県笠岡市にかけての海沿いに、広大な工場が生まれた。以後の福山市は、ほぼ完全に日本鋼管（現在のＪＦＥスチール）の企業城下町として発展を遂げてきた。当時世界最大規模の銑鋼一貫製鉄所の存在は、町を飛躍させる大きなエンジンになったのである。

ともあれ、福山駅は城跡に設けられた駅である。新幹線の時代にはすでに文化財として城を保護することが求められていた。そのため、用地の関係から在来線の高架の上に新幹線の高架を通すという、三重層構造の駅になっている。

新幹線のコンコースから直接改札外に出られない福山駅の構造の秘密は、福山城にあったのである。

福山は広島か、岡山か

と、福山市の歴史をおさらいしたところで、福山駅に戻ろう。福山駅と駅前の賑わいは、さすがの四十五万都市。ＪＦＥスチールの存在はいまだに健在だし、福山城や鞆の浦などの観光地も抱える。広島県第二の都市にして、押しも押されもせぬ県東部の中心都市だ。

が、気になることもある。どうにも福山の町を歩いても、広島らしさに乏しいのだ。

いや、もちろん広島であることは疑う余地がない。広島カープを応援しようという雰囲気もあるし、お好み焼きの店もある。ただ、あの広島の広島感とは明確に違う。これはどういうことなのだろうか。

福山は、同じ広島でも広島市とは山を間に挟んで隔てられている。そして、お隣の岡山県笠岡市とは、ＪＦＥスチールの敷地を共にしていることからもわかるように、密接な関係がある。

さらにいえば、広島市は旧安芸国だが、福山市は旧備後国だ。備後国は、かなりさかのぼれば岡山市の備前国、

福山駅の北口駅前広場から西を見ると、すぐそこに福山城跡。もともとは福山駅の構内も城の一部に含まれていた

倉敷市の備中国などとともに、吉備国を構成していた。

つまり、福山を中心とする広島県東部、旧備後一帯は備前・備中の岡山県との結び付きがいまだに強い、というわけだ。明治初期、一時的に福山が岡山県に含まれていたこともある。

ちなみに、鉄道においても山陽本線の運転系統は福山駅よりも西、糸崎駅で岡山側・広島側が分かれている。国鉄時代の鉄道管理局境も糸崎駅だ（いまでは岡山支社と広島支社の境界は県境に移されている）。

このあたり、実にややこしいのだが、よくよく考えれば旧令制国の境界も近代以前から半ば形骸化していたし、県境も人の都合で決められたに過ぎない。そんなものと、実際の経済圏や人の動きは関わりのないことだ。新幹線が、県境どころか遥か地域を跨いで移動することを容易にしたいまの時代ならなおのこと。

だから、「のぞみ」も停まる福山駅は、広島だとか岡山だとかは関係なく、ひとつの独立した都市と捉えるのが正しいのではないか。そのあたり、強大な外様大名を前にして踏ん張っていた譜代の福山藩の思いも、密かに受け継がれているのかもしれない。

山陽新幹線　9

新尾道

SHIN-ONOMICHI

DATA

広島県尾道市栗原町
258.7km（新大阪）／811.3km（東京）
1988年3月13日開業
高架2面2線

観光都市の玄関口や否や

尾道は、瀬戸内の諸都市の中でも異彩を放つ観光都市である。造船業という基幹産業を持ち、レモンやネーブルなど日本一の生産量を誇る農産物もある。だから、戦前には県都・広島に並び立つほどの商工業都市という側面を有していた。

とはいえ、広く膾炙している尾道のイメージはというと、やはり観光にあるのではないか。

観光都市としての尾道もまた、いくつもの顔を持つ。坂の町、というのは文字通り尾道の市街地が坂だらけということから来ている。北に中国山地、南に尾道水道があり、否応なしに山肌に民家や神社仏閣が建ち並ぶ。だから、尾道を散策しようとすれば、急坂は避けられない。苦労はあるが、それがまた旅の魅力をかき立てる。

文学の町でもある。林芙美子や志賀直哉といった文豪が居を構え、『放浪記』（林芙美子）や『暗夜行路』（志賀直哉）といった尾道が舞台の作品を発表している。

そして、映画の町。尾道は、数多くの名作の舞台になってきた。よく取りあげられるのは大林宣彦監督の『尾道三部作』だが、古くは小津安二郎監督の『東京物語』も尾道が舞台だ。

加えて、尾道駅の東側に広がる商店街など中心市街地は、昭和レトロの面影を色濃く残す。眼前の尾道水道には建ち並ぶ造船所も見え、瀬戸内の島々の風景も『瀬戸の花嫁』そのものの世界観。そうしたことも相まって、観光都市としてまったく揺るがぬ地位を築いている。

しかし、である。年間七〇〇万人近い観光客がやってくる尾道にして、新幹線の新尾道駅はその観光輸送にほとんど貢献をしていない。

たとえば、新尾道駅に停まる列車はほとんどが各駅停車の「こだま」ばかり。一日平均の乗車人員も一〇〇〇人前後に低迷している。在来線の尾道駅は五〇〇〇人を超えているから、その差は大きい。

これは、まずもって新尾道駅が市街地から離れた北部に設けられた単独駅であることが大きい。そして、「のぞみ」も停車するお隣の福山駅とは二十キロほどしか離れていない。福山駅で「のぞみ」から在来線に乗り継ぐほうが、新尾道駅を使うよりよほど便利なのだ。

そしてもうひとつ、これが肝心な問題のような気もするのだが、新尾道駅は〝尾道らしさ〟に欠けている。

そもそも市街地から離れた場所にあるから、坂の町らしさも文学の町らしさも、そして映画の町らしさも感じられない。駅前広場から尾道水道が望める在来の尾道駅とは明らかに違う。平たくいえば、新尾道駅は「尾道に来たぞ」という気持ちにさせてくれないのだ。

それどころか、駅前にはコンビニひとつない。市街地と結ぶバイパス沿いを歩けばスーパーマーケットや飲食店の類いもあるにはあるが、といった程度だ。

駅構内には観光案内所があって、待合スペースもある。しかし、そこにいたのは筆者のほかに一人だけ。がらんどうの構内は、新尾道駅の現状を如実に表している。

一九八八（昭和六十三）年に請願駅として開業した新尾道駅。同じく備後地域にはすでに福山・三原という二つの駅があった。だから、後発の新尾道駅が尾道の玄関口として定着するのは簡単ではなかったのだろう。

そう思えば、ひとけのない新尾道駅にも同情心が湧いてくる。観光都市・尾道がますます発展すれば、近い将来新尾道駅の真価が発揮される日が来るのかも知れない。

山陽新幹線　10

三原

MIHARA

DATA

広島県三原市城町
270.2km（新大阪）／822.8km（東京）
1894年6月10日開業
高架2面2線

小都市と新幹線のドラマ

関東地方から九州北部まで続く工業地帯を、太平洋ベルトという。ざっくりいえば、太平洋沿いと瀬戸内海沿い、そして九州北部にかけて、東西に細長く伸びている。

だから、というわけでもないのだろうが、太平洋ベルトには泣く子も黙る大都市がずらりと揃っている。

そして、揃っているのは大都市ばかりではない。大都市と大都市の間に、小粒ながら自前の産業を持つ独立都市が並んでいるのだ。

江戸時代には東海道・西国街道という大動脈が走り、外様や御三家の大藩から譜代の小藩まで、無数の城下町が連なっていた。明治に入ると東海道本線・山陽本線が通り、それぞれが独立した都市となって発展してきたということなのだろう。

おかげで、東海道・山陽新幹線の沿線にはいくつもの小都市がある。岡山や広島といった都市ならだれも新幹線の駅を置くことに異論はないだろうが、それ以外の駅をどこにどう設けるか。

小粒な都市同士は横並びのようでいて、互いに競争意識を持っていたりする。だから、あちらを立てればこちらが立たず。政治家の力を借りたら話はますますややこしい。きっと、当時の担当者はかなり頭を悩ませたのではないかと思う。

そうした駅のひとつが、この三原駅だ。

三原という町は、三菱重工の工場があって、いわば三菱の企業城下町だ。だから駅の周囲にはビジネスホテルなどが並んで飲み屋街などもあり、それなりの規模を持っている。

鉄道においても山陽本線から呉線が分かれる要衝の地であり、新幹線が停まったとしても文句を言われる筋合いはない。

ただ、すぐお隣には尾道という駅がある。尾道は、古くからの舟運で栄えた町であり、近代以降も造船都市としての地位を築いた。加えて観光地としても名高い。と、こうしてみると、三原と尾道はどちらが新幹線駅を置くにふさわしいかは、まさに拮抗、甲乙つけがたいのである。

しかし、フタを開ければ新幹線開業と同時に駅が与えられたのは、三原であった。

実は、いっときは尾道に駅が置かれる可能性の方が高かったという。ただ、既存市街地に囲まれた在来線尾道駅に併設することは難しく、単独駅となる見込みだった。

そこをついて逆襲したのが三原だ。

三原市は、当時の長尾正三市長の旗振りのもと、市民の新幹線誘致を求める署名はあたりまえ、建設予定地の地権者の用地売却合意まで取り付けて国鉄に陳情した。

そうなれば、在来線駅に併設できる三原駅が優勢になる。もとよりどっちもどっちだったわけで、最終的に三原駅に軍配が上がったのである。

新幹線の三原駅を降りて市街地と反対の北口に出ると、そこはもう三原城の天守跡。石垣の一部を削り取って、半ばむりやりに新幹線を通している。文化財の保護よりも、新幹線のほうが優先されたのだろう。

とはいえ、三原駅も停車する列車のほとんどは「こだま」ばかり。市を挙げての誘致運動も、新幹線の主役になれるのは粒ぞろいの大都市ばかり。だとしても、新幹線の駅を求める――。これは、独立性の高い小都市だからこそ抱かざるを得ない思いなのだろうか。

DATA
広島県東広島市三永
309.8km（新大阪）／862.4km（東京）
1988年3月13日開業
高架2面2線

広島の東、西条盆地の真ん中に

新幹線には〝新〟を冠する駅がやたらと多い。既存の駅に併設できない場合、新たなターミナルとして新幹線駅を設けることが多いから、当然といえば当然である。

反面、目立って少ないのは〝東西南北〟だ。方角を冠する新幹線駅は、西明石駅の他にはここ東広島駅以外にない（もちろん東京駅は別ですよ）。

西明石駅は、もともと在来線の西明石駅があった場所に新幹線が加わった形だ。だから、純粋に新幹線駅として設けられた〝方角駅〟は、東広島駅ただひとつといっていい。

しかし、お客の立場からすると、新幹線駅で東西南北は避けてもらいたいというのがホンネである。

新幹線の駅は、停車列車の差こそあれど、それぞれが立派な都市の玄関口だ。だから、東広島駅、などと言われると、どうしても戸惑う。広島の東ってことだろう、くらいはわかるが、逆に言えばそれくらいしかわからない。広島の東って、いったいどこなのでしょうか……。

答えを明かすと（というよりは読者諸兄は先刻承知だろうが）、東広島駅の〝東〟にはさしたる意味はない。むしろ東京駅と同じ部類で、「東広島」という都市の玄関口であることを意味している。東広島駅は、広島県東広島市三永に位置する、広島市の広島駅とはまったく別の独立したターミナルである。

ならば、東広島駅はどんな駅なのか。

停まる列車は、三原駅や新尾道駅などと同じくほとんどが「こだま」。つまり、各駅停車の駅だ。昼間は一時間に一本しか停まらない。ちょうど山陽本線と呉線の中間部、西条盆地の南に位置している。

この駅の変わっているところは、駅の構造だ。

新幹線は高架の駅がほとんどで、改札口やコンコースは高架下に設けられている。これはいかなる小駅であろうが大ターミナルであろうが、おおむね共通している。

ところが、東広島駅は違うのだ。

下り列車の停まるホームからは高架下に降りるのではなく、普通の地上駅のように南側の改札口に直結している。反対に、上り列車のホームから改札口までは、高架下の通路を抜けて上り列車のホームの脇に出る、といったあんばいだ。

言葉ではなかなか伝わりにくいのが悩みどころだが、出入口が片側にしかなく、地下通路で連絡している相対式ホームの駅をイメージしてもらえれば正しい。

駅の南側に面してひとつだけの改札口もそれほど大きなものでもなく、一日に一〇〇〇人ほどしか使わないという利用実績を反映したかのような規模の駅だ。改札口周辺だけを切り取れば、天下の新幹線駅とは思えない。

そして、南側にしか改札がないということは、すなわち東広島駅からは駅の北側に直接アクセスすることができない、ということでもある。

それではさすがに困る人もいるのではないかと思うところだが、実際に行けばわかる。東広島駅において、市街地といえるものは南側にしか存在しない。

ホームからも望める駅北側には、駅開業前と変わらぬ田園地帯。その真ん中に、白地に赤字の「727」（業務用化粧品メーカーの広告らしいです）。夏場に訪れれば、風にそよぐ田んぼと赤字の727、そしてどこまでも青い空。まるで新海誠作品に出てきそうな、色鮮やかな世界が広がっている。

広島大学の玄関口

ともかく、それくらいに東広島駅の北側には町はないということだ。だから、南側に小さな改札があるだけでも何の不都合もないのだろう。

では、駅の南側には何があるのだろうか。

改札を抜けると、警備員のおじさんが「バスはこちらでーす」と大きな声で案内をしていた。案内というより、のんびりしているお客を急かしているのだろう。

おじさんが案内しているバスを見ると、若い人たちが次々に乗り込んでゆく。満員とはいかないまでも、それなりにお客がいるようだ。東広島駅で降りたお客のほとんどは、そのバスに乗り込んで駅前から消えていった。

バス一台で済むくらいのお客しか降りない新幹線駅というのも寂しいが、それはともかくこのバスの行き先は広島大学だ。東広島駅のある東広島市、西条盆地は広島大学のキャンパスが広がる学園都市。駅からキャンパスまでは歩ける距離ではないから、バスがある。

つまり、東広島駅は、バスへの乗り継ぎは要するものの、広島大学への玄関口という役割を持っているのだ。

なお、広島大学へは、在来の西条駅（こちらが東広島市の中心市街地に近い）からもバスでアクセスできる。日常的には在来線を使う人のほうが多いようだ。

東広島駅が一九八八（昭和六十三）年に請願駅として開業した目的も、広島大学の東広島への移転を進めていたことが背景にあった。広島大学周辺一帯は、賀茂学園都市として整備され、先端産業も進出。いまでは東広島市の中核を成す施設になっている。

そうした背景のもとで生まれた東広島駅周辺も、駅の南側には小さな市街地が生まれている。駅前にはビジネスホテルが二つ並び、その脇から南に向かって坂を登ればニュータウン。周囲には小さな工場も集まっている。さらに山の上には東広島呉自動車道も通る。

もちろん、これだけでは新幹線駅の駅前市街地としては小規模に過ぎる。そもそも、東広島の中心市街地は件の通り在来線の西条駅周辺だ。日本三大酒処のひとつにも数えられる日本酒の産地で、いまも駅のすぐ近くには酒蔵が建ち並ぶ。旧西国街道の宿場町があったのも、西条駅の市街地のほうだ。

「727」の看板が青空と緑にそよぐ田んぼに生える東広島駅の北側。ホームからもこうした風景を見ることができる

旧西条町は一九七四（昭和四十九）年に八本松町・志和町・高屋町と合併して東広島市が発足。二〇〇五（平成十七）年の平成の大合併ではさらに周辺五町を併合して現在の東広島市が完成した。

その中でも西条は一貫して東広島市の中心市街地であり続け、広島のベッドタウン、そしていまでは酒蔵を中心とした観光都市としての側面も持っている。

しかし、そんな西条にあって、新幹線の東広島駅はまったく玄関口としての機能を持っていないに等しい。場所が離れているという大前提がある上、路線バスによる連絡も充実しているとは言い難い。東広島駅前を発着するバスも、西条駅のバスも、どちらも目指すところは広島大学だ。だから、やはり東広島駅の役割は、広島大学へのアクセスの便を高めることにある。

それだけのためにわざわざ駅を、と思うかもしれない。しかし、本領を発揮したことがある。二〇一八（平成三〇）年、夏の豪雨で山陽本線が長期間運休になると、新幹線で代行輸送を行ったのだ。あってよかった東広島駅。都市としての機能を維持するためには、やはり複数の交通モードを確保しておくことは重要なのである。

DATA
広島市南区松原町
341.6km（新大阪）／894.2km（東京）
1894年6月10日開業
高架2面4線

四時間の壁の真実

東京から新幹線で行くか、それとも飛行機を使うか。それが拮抗するのが、ちょうど広島なのだという。

東京駅から広島駅まで、新幹線では「のぞみ」に乗って四時間弱かかる。飛行機ならかなり早そうな気もするが、実際には広島空港が広島市内からかなり離れていることもあって、実質的には四時間ほど。新幹線も飛行機も、所要時間はほとんど変わらない。

そのため、東京から広島に行く人は、新幹線と飛行機のどちらを選ぶか迫られることになるし、利用者数においても拮抗するのである。

よく、これをもって新幹線の「四時間の壁」がうんぬんされることがある。新幹線の所要時間が四時間を切れば、飛行機より新幹線を選ぶ人が増える、というものだ。

調べてみると、「四時間の壁」という言葉が登場したのは比較的新しく、二〇一〇（平成二十二）年の夏頃のこと。九州新幹線全線開通を控え、新大阪～鹿児島中央間が三時間台で結ばれることが報じられた。その際に、

「四時間の壁」を各メディアが取りあげたのだ。

ただ、当時の記事をあさってみると、四時間の壁をことさらアピールしたかったのはJRサイドのようだ。その証拠に、各紙とも「JRによると」と注釈付きで四時間の壁を取りあげている。

いまやすっかり一般に膾炙している「四時間の壁」。これは、新幹線延伸によって飛行機からお客を奪いたいと考えたJR各社が戦略的に使用したのではないか……と推察するのは、うがち過ぎだろうか。

ちなみに、縁あって広島を訪れる機会が多いが、ぼくは新幹線一択である。鉄道がらみで仕事をしているから、というのは表向きの理由で、本当のところは飛行機が怖いから。飛行機の安全性の高さは重々承知しているが、理屈とは別のところで怖いものは怖いのだ。

それはともかく、拮抗しているのだから新幹線で広島にやってくる人も多い。

なにしろ、広島は中国地方最大の都市。約一二〇万の人口を抱え、一九八〇（昭和五十五）年には日本で十番目の政令指定都市に指定されている。

戦国時代に毛利元就が広島城を築き、城下町を整備したのが広島のはじまりだ。江戸時代を通じて浅野氏が治め、近代に入ると軍都としても発展した。

戦時中には原爆投下の惨禍を経験したが、戦後の復興もめざましく、いまも太田川が瀬戸内海に注ぐデルタ地帯に市街地が広がる中国地方の中心都市だ。

ただし、新幹線（在来線も）の広島駅と中心市街地はやや距離がある。それを結んでいるのがこれまた広島名物、広電の路面電車だ。中心市街地とターミナルが離れている場合、徐々に中心市街地が衰退してターミナル周辺が新たな中心に取って代わるケースが多い。

その点、広島はいまだに旧来からのバランスが保たれている。これは、ひとえに路面電車のおかげであろう。

いま、広島駅を降りると、新幹線の改札前には駅商業施設が口を開けて待っていて、その中ではお好み焼きから牡蠣まで、広島名物を堪能できる。在来線側（つまり南側）は新しい駅ビルの工事中で、工事囲いの間を縫って広電のりばに行かねばならない。

二〇二五（令和七）年には駅ビルが竣工し、広電は駅ビルの中に乗り入れるようになるらしい。そのとき、中心市街地とターミナルのバランスは変化するのだろうか。

山陽新幹線 13

新岩国

SHIN-IWAKUNI

DATA
山口県岩国市御庄
383.0km（新大阪）／935.6km（東京）
1975年3月10日開業
高架2面3線

赤字ローカル線と新幹線

広島までやってくると、山陽新幹線の旅も終わりに近づいたという、なんとなくそんな気分になってしまう。しかし、駅の数という点ではまだまだ先は長い。山口県内の新幹線駅は五つ。広島県内と並んで、山陽新幹線では最多である。

そのうち、いちばん最初の駅が新岩国駅だ。

岩国といえば、錦帯橋をはじめとする観光都市であり、同時に米軍基地を抱える〝基地の町〟でもある。ついでにいえば、岩国はレンコンの産地として名高い。一般的なレンコンの穴は八つだが、岩国のレンコンは九つの穴を持っているそうだ。

ただ、新幹線の新岩国駅は岩国の中心市街地とはかけ離れた場所にある。岩国の市街地は在来の岩国駅周辺や、錦帯橋もある岩国城下町一帯に広がる。それに対して、新岩国駅は周囲を山に囲まれた錦川のほとり、まったくの町外れに位置しているのだ。

新幹線開業前後の古い時代の地図を見ると、新岩国駅付近にはほとんど何もないことがわかる。一九七五（昭和五十）年、山陽新幹線の博多延伸（全線開通）と同時に新岩国駅も開業している。つまり、まったく何もない場所に、いちおうの〝岩国の玄関口〟として新岩国が生まれたわけだ。

それから半世紀近く経った新岩国駅はどうなっているのだろうか。

さすがに何もないと言うことはなく、駅前周辺には比較的歴史の浅そうな住宅地が広がっている。駅の裏手も同様だ。駅の開業に伴って区画整理が行われ、小さな町が生まれたのだろう。

さらに、駅の東側の山の中にはいまや山陽自動車道が通り、錦川の対岸には国道二号。駅近くの県道は抜け道になっているようで、十人ぐらいの改造バイクの集団がパラリラパラリラ轟音を鳴り響かせながら通り過ぎていった。

ただし、町という町は駅前周辺のごく狭い範囲に過ぎない。「こだま」しか停まらないという点を含めて考えれば、新岩国駅で降りるべき理由は見当たらない。

いちおう、駅前からバスに乗って十五分ほどで錦帯橋にも行くことができるから、新倉敷駅などとは違い、岩国の玄関口として一定の役割は果たしている。

また、比較的新しい町の中を歩いていくと、駅西側の山肌に、ちょっと古めの建物が建ち並ぶ道があった。新岩国駅周辺には、ただひとつこの古い道沿いだけが、駅開業以前からあったのだ。

この道は、旧西国街道だ。町の名は御庄という。宿場町などが置かれていたわけではないが、錦川の渡しを控え、川止めの折などは参勤交代の大名が滞在することもあったという。

だから、というわけではなかろうが、新岩国駅開業以前からほとんど同じ場所にローカル線の駅があった。岩日線の御庄駅。いまでは第三セクターの錦川鉄道に引き継がれ、駅名も清流新岩国駅に改めている。

ただ、開業時点では同じ場所に駅があったのに、国鉄は駅名を合わせず、接続駅としても認めていない。

岩日線という超のつく赤字ローカル線を、天下の新幹線との接続駅にすれば、廃線にすることが難しくなると考えたから……というのがもっぱらの説。本当のところは、いかがであろうか。

DATA
山口県周南市御幸通
430.1km（新大阪）／982.7km（東京）
1897年9月25日開業
高架2面2線

有楽町と代々木公園

この本の取材とは別に、何度か徳山駅には訪れたことがある。最近では、周南市内にある津田恒実メモリアルスタジアムでのＪＲ西日本硬式野球部の試合を見に行った際に、徳山に泊まっている。

スタジアムの名前になった津田恒実とは、八〇年代に球界を席巻した、広島カープの炎のストッパー。現役時代に脳腫瘍に倒れて若くしてこの世を去った、伝説のピッチャーだ。

カープの本拠地だった広島市民球場のブルペンには、津田の活躍を記念した「津田プレート」が取り付けられており、リリーフ投手は登板の度にこのプレートに触れてからマウンドに登った。いまではマツダスタジアムに引き継がれている、カープの伝統だ。

そして、この津田プレートは、周南の津田恒実メモリアルスタジアムにも設置されている。カープが寄贈した、正真正銘の津田プレートである。

周南市の野球場に津田の名前が与えられたのは、彼が現在の周南市出身だからだ。

津田が生まれた場所は当時の南陽町、のち新南陽市を経て周南市になった。ほぼ全域が瀬戸内工業地帯に含まれ、瀬戸内海沿いには周南コンビナートが広がる大工業都市である。

周南市が誕生したのは二〇〇三（平成十五）年で、いわゆる〝平成の大合併〟によって生まれた。それ以前は徳山市・新南陽市・熊毛町・鹿野町に分かれていた。徳山駅は、旧徳山市、そして現在の周南市の代表的なターミナル、というわけである。

徳山の市街地を歩くと、誰もがあることに気がつく。銀座、代々木、千代田、晴海、有楽町、原宿、新宿……と、まるで東京じゃないかとツッコミたくなる町の名前があちこちに転がっているのだ。

日本中あちこちにある、「銀座」と名乗る商店街。これは言うまでもなく、東京の銀座にあやかったものだ。東京の銀座の由来は江戸時代初めに銀貨の鋳造所が置かれたことにちなむが、近代以降東京の中心繁華街として発展した。それが全国にも広がったのが、〝銀座〟商店街というわけだ。

徳山の銀座も、その例に漏れない。徳山駅を出て駅前広場から右に折れると、すぐに「徳山銀座通り」という商店街に入る。戦後、周南コンビナートの発展を背景として松下百貨店などの大型商業施設を核として成長。ヤミ市を発祥とする繁華街などとも結び付き、山口県下でも有数の市街地が形成された。

ただ、東京由来の地名はこの銀座くらいなもので、それ以外はちゃんとした別の理由があるのだという。

たとえば、「有楽町」は古くからの歓楽街で、自然発生的に有楽街と呼ばれたのがはじまりだとか。

また、「代々木」は徳山藩時代から呼ばれていた代々小路が由来だ。徳山にも代々木公園があるのだが、一九六二（昭和三十七）年に設けられた。東京の代々木公園は一九六七（昭和四十二）年開設だから、実は徳山の方が先輩である。

よくよく考えれば、大手町など城下町時代の町割りを引き継ぐ地名は全国あちこちにあって、決して珍しくはない。そこに近代以降の地名の潮流も加わっただけのこと。なんでもかんでも東京にあやかったと言ってのけるのは、都会人の傲慢にほかならない。

連絡船、ここにはじまる

しかし、徳山駅前も変わりつつある。

いくら大工業地帯を抱えているといっても、地方都市は地方都市。近鉄松下百貨店が二〇一三（平成二十五）年に閉店したのを筆頭に、〇〇年代には中心市街地の大型商業施設が相次いで姿を消した。

変わって郊外に大型商業施設の出店が進み、典型的な中心市街地の空洞化という問題に悩まされている。

そんな中、二〇一八（平成三十）年には徳山駅前に新たなシンボルが誕生した。周南市徳山駅前賑わい交流施設のオープンである。その中核施設は、周南市立徳山駅前図書館。カルチュア・コンビニエンス・クラブ（ＣＣＣ）が指定管理者の、いわゆる〝ツタヤ図書館〟だ。

ツタヤ図書館は、その第二号として海老名市の図書館の指定管理が決まった前後、二〇一五（平成二十七）年頃にさかんに話題になった。ツタヤの在庫処理に使われているとか、ひと世代前のガイドブックが平気で並んでいるとか、不評を買ったわけだ。

ツタヤ図書館に対する批判はいつしか下火となって、いまではさして珍しいものではなくなっている。第一号の武雄や海老名、周南のほかには和歌山市、延岡市、丸亀市などで採用されている。

地域の図書館は郷土史関連の資料が充実していることもあって、足を運ぶ機会が多い。一度だけ、とある町のツタヤ図書館にも行ったことがある。郷土資料をあさろうとしたのだが、そもそも蔵書の分類がツタヤ独自の「ライフスタイル分類」とやらになっているおかげで、たいそう探しにくかったのを覚えている。

そもそも図書館の使い方は人それぞれ。最近ではツタヤだろうがなかろうが、新刊本を複数冊仕入れて貸し出している図書館もあるという。出版文化のことを思えば、新刊をほいほい貸し出すのはあまり歓迎できることではない。いずれにしても、図書館のあり方をもう少し真剣に考えた方がいい時代に来ているのだろう。

ともあれ、徳山駅前のツタヤ図書館は、スターバックスコーヒーが併設されていることもあって、なかなか賑わっていた。図書館としての功罪を別にすれば、賑わいを取り戻すための施設としては悪くないのかもしれない。

徳山駅北口(みゆき口)の駅前広場には、駅舎と直結している周南市立徳山駅前図書館。スターバックスコーヒーも入っている、いわゆるツタヤ図書館だ

中心市街地側は、「みゆき口」という。駅の立地する地名・御幸通りにちなんだネーミングだ。そして反対の新幹線側は、「みなと口」という。ふたつの出入口を結ぶ自由通路は、徳山出身の詩人・まどみちおの代表作にちなんで「ぞうさんのさんぽみち」と名付けられている。

みなと口は、その名の通り駅前から三分も歩けば港がある。沖合の大津島や大分県は杵築半島の竹田津までを結ぶ航路が発着しているターミナルである。

徳山を巡る航路の歴史もまた、興味深い。

古くから瀬戸内海は多くの船が行き交う重要航路で、明治以降は大阪～馬関(下関)航路が就航していた。しかし、一八九七(明治三十)年に山陽鉄道が徳山駅まで延伸すると、馬関航路は事実上終焉。変わって徳山～門司間の航路が開設された。徳山以西の延伸までの〝鉄道連絡船〟というわけだ。

徳山～門司航路には山陽鉄道が運営したものもあり、一九〇一(明治三十四)年に馬関(下関)まで鉄道が開通すると、それは関門航路に置き換わった。関門トンネル開通までの関門連絡を担った鉄道連絡船。その原点は、徳山の港にあったのである。

DATA
山口県山口市小郡令和
474.4km（新大阪）／1027.0km（東京）
1900年12月3日開業
高架2面2線

寂しい駅から玄関口へ

松本清張の短編ミステリーに『張込み』という作品がある。何度も映像化されている名作だが、その冒頭で二人の刑事が西に向かって旅をする。そのうち下岡という刑事は、小郡駅で降りて支線に乗り換える。「小郡という寂しい駅で下岡は降りた」――。

『張込み』が発表されたのは一九五五（昭和三十）年。新幹線など影も形もなかった頃だ。その頃の小郡駅は、「寂しい駅」だった。それが、一九七五（昭和五十）年の新幹線開業、そして二〇〇三（平成十五）年の新山口駅への改称を経て、すっかり生まれ変わった。いまや新山口駅は寂しい駅でも何でもなくて、「のぞみ」も一時間に一本は停車する、山口県を代表するターミナルだ。

……と、言いたいところではあるのだが、断言するのにはややはばかりがある。

もちろん、新幹線も通っているわけで新山口駅は立派な駅だ。駅の南側、つまり新幹線側には大きな広場が設けられていて、それをビジネスホテルなどが取り囲む。

南口と自由通路を介して繋がっている北口には、「北口駅前広場〇番線」と称する広場がある。南口のいかにもターミナル然とした駅前広場とは違った、緑豊かな駅前広場だ。駅前広場の向こうにはＫＤＤＩ維新ホールという文化施設。北に向かって市街地が続いている。

この点だけを見れば、充分に立派なターミナルといっていい。しかし、他の県を代表する新幹線ターミナルたちと並べてみると、駅周辺の市街地の規模感においてはいくらか見劣りしているような気がしてならないのだ。

これはいったい、どういうことだろうか。

そもそもの新山口駅は、一九〇〇（明治三十三）年に小郡駅として開業した。駅名は新幹線が開業しても変わらず、二十一世紀に入ってようやく新山口駅に改めた。

一九七五（昭和五十）年に山陽新幹線が開業した際にも、新山口駅への改称を求める動きがあったという。しかし、それは実現せず、従来と同じ小郡駅が使われた。それもそのはずで、二〇〇五（平成十七）年の合併までは、小郡駅は山口市ではなく小郡町にあったのだ。

小郡の歴史は古い。古代、東大寺領として開発が進められ、江戸時代には西国街道の小郡宿も置かれていた。ただ、その旧小郡宿の中心は駅前とは少し離れた北側にある。駅でいえば、山口線の周防下郷駅のほうが近い。

近代以降の小郡は、むしろ山陽本線と山口線・宇部線が分岐する〝鉄道の町〟として発展してきた。一九二八（昭和三）年に三田尻（現・防府）から機関庫が移転したことが契機になっている。

以来、小郡駅と小郡機関区は、鉄道の町として、そして山口線を介して県都・山口の玄関口としての役割を担ってきたのだ。こうした歴史がゆえ、小郡という名をおいそれと新山口に改めることに対し、小郡の人々は抵抗があったのだろう。改称を強く求めたのは、山口の人々だったという。

いまでも新山口駅に隣接する下関総合車両所新山口支所には、ＳＬの転車台なども置かれていて、〝鉄道の要衝〟としての存在感は衰えていない。二〇〇五（平成十七）年に小郡町と山口市が合併したことで、駅名変更には支障がなくなり、いまは誰もが県都・山口の玄関口であることがわかる名になった。そして、「のぞみ」が停まるようになったのも、駅名変更と同じ二〇〇三（平成十五）年からである。

DATA
山口県山陽小野田市大字厚狭字沖田
509.5km（新大阪）／1062.1km（東京）
1900年12月3日開業
高架2面2線

新幹線最後の請願駅

新幹線の厚狭駅が開業したのは、一九九九（平成十一）年三月十三日のことである。地元の人たちの要望を受けて、請願駅として設置されたものだ。

厚狭駅には在来の山陽本線の駅があり、さらに北に向けて美祢線が分かれる交通の要衝という位置づけである。美祢線は、かつては貨物輸送で隆盛を誇ったこともある。

山口県を代表する観光地・秋芳洞でおなじみのカルスト台地は産業面からすれば石灰石の産地であり、海沿いのセメント工場への石灰石輸送で賑わった。厚狭駅は、いわばそうした輸送の中継地点という役割を持っていた。

しかし、貨物輸送はすでに廃止されてしまい、さらに悪いことに二〇二三（令和五）年七月の大雨で被害を受けた美祢線は、復旧の見通せない運休のただ中にある。

美祢線は平成以降も貨物輸送によって収支のバランスを取っていた希有な路線だった。それが貨物輸送を失ったいま、このまま復旧せずに廃止になったとしても、なんら不思議はない。

そんな状況であるから、厚狭駅も交通の要衝としての面影は薄い。中国地方の一介の小駅というのが、厚狭駅に対する正しい評価ではないかと思う。

実際に厚狭駅を訪れてもそれは明らかだ。

新幹線の通る南側こそ立派な構えの駅舎と駅前広場があるが、それ以外はおよそ新幹線の駅前とは思えない田園地帯が広がるばかりだ。

在来線駅の北側は、山陽小野田市厚狭地域の市街地に通じている。公共施設や金融機関などもあり、中心市街地としての形はある。ただ、大きな町が形成されているとは言い難く、やはりこちらも中国地方の小駅の駅前といって差し支えないだろう。

駅前広場には、厚狭地域に伝わる伝承である「三年寝太郎」にちなんだ寝太郎の像がある。とはいえ、三年寝太郎といわれたところでピンと来る人がどれだけいるのか。少なくとも、厚狭駅に新幹線とは、似つかわしいとはお世辞にも言い難いのである。

そんな厚狭駅に、いったいなぜ新幹線がやってきたのだろうか。

厚狭駅への新幹線駅設置が決まったのは、一九九六（平成八）年だ。美祢線の貨物列車は二〇一三（平成二十五）年まで走っていた。だから、定かなところは不明だが、貨物輸送の拠点としての存在感が、厚狭駅への新幹線駅設置を求めた大きな背景にあるのではないか。

結局、厚狭駅に新幹線が乗り入れても、お客の数に大きな変化はなかった。近年の乗車人員は一日平均一六〇〇人程度で推移する。

山陽新幹線の駅の中では新岩国駅や新尾道駅、東広島駅の方が少ない。ただ、これらはいずれも新幹線の単独駅。在来線駅と併設されている駅の中では最小だ。

おかげで、新幹線の新駅設置が取り沙汰されると、きまって厚狭駅が引き合いに出されてしまう。「厚狭駅のように効果が見られない駅がある」といった具合だ。

厚狭駅がまるで失敗例のように取りあげられるのも違和感がある。厚狭駅は、地元がおカネを出して地元の要望でできた新幹線駅だ。停まる列車は「こだま」だけで、全体への影響も小さい。

だから、厚狭駅が成功か失敗かを決めるのは、おカネを出した地元の人たちだ。第三者があれこれ言うものでもないのである。すみません。

山陽新幹線　17

新下関

SHIN-SHIMONOSEKI

DATA		
	山口県下関市秋根南町	1901年5月27日開業
	536.1km（新大阪）／1088.7km（東京）	高架2面3線

一ノ宮から玄関口へ

山陽新幹線の駅は、在来線の既存ターミナルと併設されていないケースが多いような気がする。全列車停車駅では新神戸駅がそうだし、他にも西明石、新倉敷、新尾道、新岩国。新山口駅がその例に含めていいかどうかは難しいところだが、県都の玄関口である山口駅と対にして捉えるならば、既存ターミナルとは別の新設ターミナルといっていい。

もちろん岡山や広島があるだろうと言われたら、その通りですごめんなさいと平伏するほかない。だが、山陽新幹線はやはり特別だ。なにしろ、神戸とここ下関という、山陽地域においては象徴的な都市において、新設のターミナルを持っているのだ。

新下関駅は、在来の下関駅から直線距離で約七キロも離れている。停車する新幹線はほとんどが「こだま」。事実上、各駅停車の駅だ。

ただし、駅の開業そのものは古い。一九〇一（明治三十四）年、山陽鉄道厚狭～馬関（現・下関）間が開業したのと同時に、一ノ宮駅として設置された。

一ノ宮という駅名は、近くに住吉神社という長門国一宮があったことによる。大阪の住吉大社や博多の住吉神社と並び、日本三大住吉のひとつに数えられる古社で、本殿が国宝、拝殿が重要文化財に指定されている。

といっても、住吉神社や一ノ宮駅の周りには当時からほとんど市街地は形成されていない。住吉神社周辺の小さな門前町のための駅、というのが当時の役割だ。参拝客輸送も駅を置いた目的のひとつだったと思われる。

一ノ宮駅は、山陽鉄道国有化後の一九一六（大正五）年に長門一ノ宮駅に改称。それから長らく、そのままの駅名で歴史を刻んだ。

それが、山陽新幹線の開業によって急転直下、下関の玄関口という役割を得たのである。

北から南へと高架で駆け抜ける新幹線に対し、在来線は東西に走る。つまり、新幹線と在来線が十字に交差している形だ。

その南東側には住吉神社や竜王山、南西側には火ノ見山が聳える。どちらも標高一五〇メートルに満たない低山で、新幹線はその間をトンネルに入って抜けてゆく。そのまま関門海峡も抜けるから、新下関駅が新幹線にとって本州と別れの駅、ということになる。

駅開業当時は田園地帯だった駅周辺は、現在では市街地に生まれ変わった。近くには高校や大学のキャンパスや団地、高層マンションなども見られる。

そして新幹線の駅と在来線の駅は、当時国鉄で初めて設けられたという動く歩道で結ばれている。

動く歩道は歩くにしてはちょっと長めの通路に設けられるのが常だ。すなわち、新下関駅において、新幹線と在来線の乗り換えには少々時間がかかる。何度か乗り換えをしたことがあるが、大きな荷物を抱えていたからギリギリの乗り継ぎになった。新下関駅で乗り換える予定を組む際には、時間に余裕を持つことをおすすめしたい。

現実の新下関駅は、下関の玄関口として使うには少々不便だ。大阪方面から下関を訪れるなら、新山口駅で在来線に乗り継ぐか、海峡の向こうの小倉駅まで行って戻るか。少々お高くなるが、後者の方が現実的だろう。

海峡の向こうの北九州市と下関市は、事実上一体の経済圏。下関の人々にとっては、事実上小倉駅が下関の玄関口として、捉えられているのかもしれない。

DATA
北九州市小倉北区浅野
555.1km（新大阪）／1107.7km（東京）
1891年4月1日開業
高架2面4線

昭和の繁華街と999

新下関駅を出ると、新幹線はすぐに長いトンネルに入る。その距離は一万八七一三メートル。新関門トンネルといい、下関市東部の丘陵地帯から関門海峡、そして九州は企救半島も貫いて、小倉の市街地に至ってようやく地上に顔を出す。

この間、在来の関門トンネルはわずか三六一四メートル。太平洋戦争中にようやく完成した。それからたったの三十年後には二万メートルに迫ろうかという長いトンネルで抜けてしまう。

むなしいような、技術の進歩にあっけにとられるような。いずれにしても、本州から九州に入るその瞬間も前後も、新幹線はほとんど暗闇の中を走っている。

そうして九州では最初のターミナル・小倉駅。ここまで来れば在来線はすでにＪＲ西日本からＪＲ九州に変わっているが、新幹線は変わらずＪＲ西日本のままだ。そのあたりはお客には関係ないし、もともと在来線と新幹線の間は連絡改札で隔てられているから、実態としてはあまり違いはない。

小倉駅は、ホームから改札を抜けて自由通路を行ったり来たりする限りでは、何の変哲もないターミナルだ。小倉駅をターミナルとする北九州市は、約九十一万人の人口を抱える九州第二の都市である。

小倉駅南西側には旧小倉藩の小倉城跡があり、紫川を挟んだ東側、つまり駅の南側にはアーケードの商店街を中心とした繁華街が広がる。

国道一九九号を挟んだ南側も繁華街で、百貨店の小倉井筒屋があるのはこのあたり。さらに南に行けば、北九州市民の台所・旦過市場に続く。さすがに駅の近くは現代的な繁華街だが、旦過市場付近は昭和レトロの世界だ。

また、駅のすぐ西側の線路沿い、京町・船頭町と呼ばれる一帯は九州でも指折りの風俗街だ。こちらにも昭和の香りが濃厚な、昔ながらの歓楽街が残っている。

この風俗街のはじまりは、一八八三(明治十六)年に置かれた遊郭にある。旭町遊郭といい、昭和初期には約二五〇〇人の娼妓がいたという。

ただ、この頃の小倉はいまとは少々違う姿をしていた。そもそも駅の場所がいまよりもだいぶ西、現在の西小倉駅付近に位置していた。さらに、線路の北側はすぐに海。埋め立てが本格化したのは、昭和に入ってからのことだ。小倉駅が現在の位置に移転したのは、戦後の一九五八(昭和三十三)年である。

そもそも北九州市が発足したのも一九六三(昭和三十八)年のこと。つまり、いまの小倉の町の形が固まったのは、実はそれほど古い話ではないというわけだ。小倉駅周辺の繁華街は、従前の小倉市の中心地。工業地帯として発展した八幡や若松などを含めた、北九州工業地帯を背景に生まれた繁華街である。

現在の小倉駅舎(駅ビル)は、一九九七(平成九)年から使われているものだ。改札口の先、自由通路のど真ん中には北九州モノレールが乗り込んできているが、これも一九九八(平成十)年からだ。

駅南口のペデストリアンデッキに立つと、立派な駅ビルからモノレールが飛び出してくるという、実に近未来的な光景に出会うことができる。モノレールには『銀河鉄道999』のラッピング。山陽新幹線の発車メロディも『銀河鉄道999』。意外なところで、小倉の町と山陽新幹線は深く結びついている。

山陽新幹線　19
九州新幹線　1

博多

HAKATA

DATA
福岡市博多区博多駅中央街
622.3km（新大阪）／1174.9km（東京）
1889年12月11日開業
高架3面6線

移転と拡張、九州のターミナル

歴史的な文脈でいうなら、九州の玄関口は門司港ということになろう。下関と関門航路で結ばれて、門司港からは鹿児島本線を幹として九州各地に広がっていった。ただ、現実的には九州の鉄道の中心にして事実上の玄関口になっているのは、博多駅といっていい。言うまでもなく博多駅は九州で最大のターミナル。お客の数はもとより、ターミナルビルのＪＲ博多シティを中心に駅の周りには大繁華街が広がっている。

また、福岡の空の玄関口・福岡空港は博多駅から地下鉄に乗って五分ほどの近さだ。だから、空港に降り立ってから地下鉄でひとまず博多駅にやってくるという、そういう人も多いにちがいない。

新幹線で九州入りするならば、ますます博多駅の玄関口としての存在が際立ってくる。いずれにしても、博多駅は名実ともに九州の鉄道・交通ネットワークの中心にして、事実上の玄関口を成しているのである。

新幹線の博多駅に降りる。

博多駅は山陽新幹線の終点であると同時に、九州新幹線の起点も兼ねている。なので、JR九州とJR西日本の共同使用駅という形だが、管理はJR西日本。在来線はもちろんJR九州の管理なので、改札外のきっぷ売り場はJR西日本とJR九州の二社に分かれている。

JR九州側、つまり在来線側はJR博多シティがそびえ立つ大ターミナルの〝顔〟だ。博多口という、駅名をそのまま頂いた出入口の名を持ち、広大な駅前広場は待ち合わせスポットにもなっている。広場の傍らはバスターミナルと、マルイの入ったKITTE博多。周囲にはオフィスビルが建ち並ぶ。

博多口から西に向かえば歓楽街・中洲を挟んで天神へ。繁華街としては天神の方が規模が大きく、博多はオフィス街としての役割を担う。

このあたりには福岡市の複雑な地域事情がからむ。江戸時代には全域がもちろん福岡藩黒田氏の領内だったが、地域としては天神のある福岡と博多駅のある博多に分かれていた。当時は博多が商人の町、福岡が武家の町だ。

明治に入ると、一八八九(明治二十二)年に福岡市が発足する。このとき、福岡市にするか博多市にするかで揉めている。その際に、市名を福岡、駅名を博多とすることで落着したという。本当のところは定かではない部分もあるが、当時の鉄道駅の名前はかなりのインパクトを持っていたことがうかがえる。

いずれにしても、博多駅があるのは博多地区だ。ただし、駅周辺が市街化するのは一九六〇年代以降である。というのも、もともと博多駅は旧市街地に近い西側に置かれていたからだ。現在地に移転したのは一九六三(昭和三十八)年。輸送量の急増に伴い、拡張の必要に迫られての移転だった。

このとき、将来的なさらなる拡張に備え、駅東側にスペースの余裕を確保していた。それが、一九七五(昭和五十)年開業の新幹線博多駅に転用される。駅移転時にはどこまで新幹線のことを想定していたか。東海道新幹線と博多駅移転は、ほぼ同じ時期に計画されている。

博多口がJR博多シティを中心とした最新のターミナルであるのに対し、新幹線側は筑紫口と名乗る。駅前は博多口と同じく大市街地ではあるが、どことなく裏口感も漂う。この雰囲気に、東へ移転、拡張した博多駅の歴史が潜んでいるのだろうか。

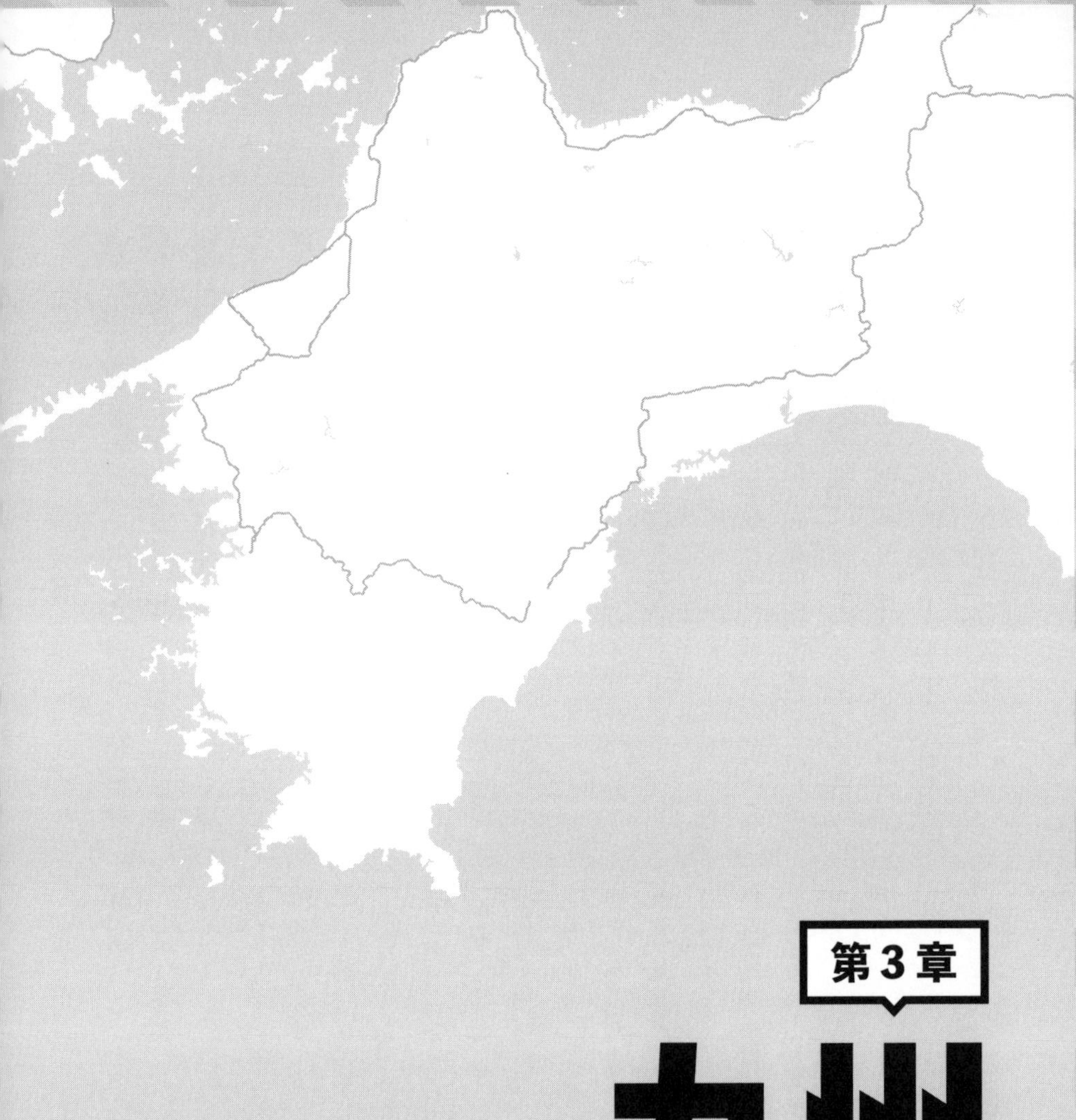

第3章

九州新幹線

博多
新鳥栖
久留米
筑後船小屋
新大牟田
新玉名
熊本
新八代
新水俣
出水
川内
鹿児島中央

九州新幹線　2

新鳥栖

SHIN-TOSU

DATA　佐賀県鳥栖市原古賀町
28.6km（博多）／650.9km（新大阪）
2011年3月12日開業
高架2面4線

鳥栖の玄関口か、それとも

博多駅から高架のまま南に進む九州新幹線は、二〇一一（平成二十三）年三月十二日に博多〜新八代間が開通して全線開業した、比較的歴史の浅い新幹線路線だ。

二〇一一（平成二十三）年三月十二日は、東日本大震災の翌日である。そのため、予定されていた開業記念のイベントはすべて中止になってしまった。記念イベントのために松島基地から出張っていたおかげで、航空自衛隊のブルーインパルスが難を逃れたという、不幸中の幸いというか、そういうエピソードも残っている。

ともあれ、九州新幹線の開業は、まさに九州を変えたといっていい。それまでは在来線の鹿児島本線。それが夢の超特急の新幹線に置き換わり、時間距離はとてつもなく短縮された。

個人的な例を持ち出して恐縮だが、博多のホテルから午前中に鹿児島で取材をこなし、午後には熊本、そして夕方に福岡空港から帰京した、などということがあった。

在来線時代ならとうてい不可能なスケジュールだ。新幹線様々である。

とはいえ、さすがにこれだけの長距離移動が連続すると疲れも溜まる。せっかく鹿児島や熊本に行っても、ご当地グルメを食べる間もなく移動を急かされる。新幹線が通って便利になったからといって、すべてが満たされるわけではないのが、難しいところなのだ。

さて、九州新幹線は山陽新幹線の終点である博多駅を起点として、そのまま南に向かう。

ほどなく新幹線は博多総合車両所の脇を通る。博多総合車両所は山陽新幹線の博多開業と同時に設けられた新幹線の車両基地だ。その脇には、在来線扱いの博多南駅もある。

つまり、博多総合車両所までは九州新幹線開業以前からの線路の上を走っているということになる。博多南駅のすぐ近くの高架には、JR西日本とJR九州の境界が示されている。その点では、一点の曇りもない〝九州新幹線の旅〟は、車両基地脇の会社間境界を過ぎてから、ということになるのかもしれない。

そして九州新幹線で最初の駅は、新鳥栖駅だ。

新鳥栖駅は、九州新幹線で唯一の佐賀県内の駅でもある。西九州新幹線が開業するまでは、佐賀県で唯一の新幹線駅でもあった。交わる相手は在来の長崎本線。新幹線開業以前に駅はなく、新幹線と長崎本線の接続のために新たに設けられた駅だ。

こうした事情からも充分に想像できることではあるが、新鳥栖駅の周りには取り立てて語るべきものはない。

高架の新幹線駅舎の下に在来線のシンプルな相対式ホームがあり、北西側がメインの駅前広場。いちばん目立っている施設は九州国際重粒子線がん治療センターだ。通称は〝サガハイマット〟といい、重粒子線を用いたがんの治療を行う（文字通り過ぎますが）病院である。

このあたりはいかにも最先端といったところだが、反対の駅南西側には朝日山という歴史にも名を残す小さな山がある。

古代には烽《のろし》を上げる狼煙台があったとされ、中世には大内氏や少弐氏が朝日山を巡って争った。ひたすら平坦地が続く佐賀平野において、四方を見渡せる朝日山を押さえるかどうかが重要だったのだろう。

すなわち、新鳥栖というターミナルは古くから佐賀平野における枢要の地に設けられた駅なのだ。すぐ東は筑後、北には筑前で、肥前の入り口にもあたる。それが現代に至って佐賀県の玄関口になっているというのは、あながち偶然というわけでもあるまい。

このあたりを掘り下げて考えるには、そもそも鳥栖という町の性質をクローズアップしなければならない。在来線の鳥栖駅は、鹿児島本線から長崎本線が交わるターミナル。新幹線開業前は、というより開業後のいまでも九州を代表する交通の要衝になっている。開業は一八八九（明治二十二）年で、九州では最初の駅のひとつだ。

開業から二年後には現在の長崎本線が佐賀駅まで延伸し、そのときから久留米・熊本方面と長崎方面が分かれる駅になった。一九二五（大正十一）年には鳥栖操車場が設けられ、鉄道の町としての性質を強めてゆく。

鳥栖の駅前に広がる中心市街地は、この〝鉄道の町〟を基礎として発展した。

中心部を旧長崎街道が通ってはいたものの、宿場があったのは北の田代と南の轟木。鳥栖の市街地は、二つの旧宿場町を統合した鉄道駅の門前町という性質を帯びて、形作られたのである。

うどんを食べて長崎へ

だから、鳥栖という町の本質は、熊本・鹿児島方面と長崎方面を分ける交通の要衝という点にある。いまも在来線特急の存在感は衰えていないので、在来の鳥栖駅は一九〇三（明治三十六）年完成という古い駅舎を使い続けながらも、要衝としての役割を担い続けている。

そして、新たに生まれた新幹線の新鳥栖駅も、その本質を受け継いでいる。

在来の鳥栖駅に対して新鳥栖駅というから、鳥栖という町の玄関口という意味合いで受け取る向きが多いだろう。もちろんそれもある。ただ、むしろこの駅にとって重要なのは、長崎方面への分岐点という役割だ。

もしも新鳥栖駅が設けられなかったら。新幹線沿線から長崎方面を目指す人たちは、わざわざどこかで在来線に乗り継ぐ手間を強いられる。新鳥栖駅の存在は、ただの〝新〟の駅にあらず。九州の鉄道ネットワークを支える根幹の駅のひとつなのである。

……などというと、別に在来線でもいいじゃないか、

新鳥栖駅の南西、駐車場の向こうには朝日山が聳える。平坦な佐賀平野においては数少ない丘陵地。戦乱の時代には、朝日山を巡る戦もたびたび起きていた

博多と鳥栖って結構近いし、などと言われてしまう（実際にそういう意見を頂いたこともある）。

確かに、博多駅から佐賀・長崎方面を目指すなら、特急「かもめ」（「リレーかもめ」）で充分だ。博多〜鳥栖間は特急に乗って約二十分。新幹線では十五分ほどだから、差はほとんどない。新鳥栖駅で乗り換えるくらいなら、博多駅から乗る方が楽ちんである。

しかし、それは博多から佐賀・長崎を目指す人限定のお話である。直通運転をしている山陽新幹線方面から長崎旅行を企てたら、博多駅よりも新鳥栖駅で「リレーかもめ」に乗り継ぐ方が簡単だ。何しろ、新鳥栖駅の構内は極めてシンプル。どののりばだろうかと案内板をにらめっこする必要もない。

それに、新鳥栖駅の構内には、かしわうどんでおなじみ中央軒の立ち食いうどん店がある。Jリーグ・サガン鳥栖でプレーしていたフェルナンド・トーレスも食べたことがあるという名物うどん。新鳥栖駅で新幹線から在来線に乗り継ぐならば、合間時間でかしわうどんを食べられる。それだけでも、新鳥栖駅は大きな存在だといってもいいのである。

九州新幹線 3

久留米

KURUME

DATA

福岡県久留米市城南町
35.7km（博多）／658.0km（新大阪）

1890年3月1日開業
高架2面2線

春色の汽車に乗って

新鳥栖駅と、その次の久留米駅までは営業キロにして七・一キロしか離れていない。実キロではわずか五・七キロで、これよりも短い新幹線の駅間は東北新幹線の東京〜上野だけだ。

東京〜上野間は三・六キロしか離れていないのだが、これは東京という大都市にあってターミナルを分散させるという目的による。駅間距離が六・八キロの東海道新幹線東京駅と品川駅も同様だ。

だから、新鳥栖〜久留米間は、新幹線において事実上最も駅間距離の短い区間といっていい。

新鳥栖駅を出てほどなく鹿児島本線と並び、新幹線はそのまま筑後川を渡って佐賀県鳥栖市から福岡県久留米市へ。車窓からは、アサヒシューズの古めかしい工場が見え、そのまま久留米駅に到着する。

この間、たったの五分。在来線鳥栖〜久留米間は肥前麓駅を挟んで八分ほどかかる。これほどの短距離であっても、新幹線はさすがに速い。

しかし、いくらなんでも県境を跨いでのこの駅間距離は短すぎる。新幹線はできるだけ距離を開けて駅を置き、その間を高速で走ってこそ本領を発揮するものだ。新鳥栖駅と久留米駅は、どちらか一方でも良かったのではないかという気がしてしまう。

ただ、ていねいにそれぞれの駅の役割を見れば、どちらも必要不可欠な駅だということがわかる。

新鳥栖駅の役割は、前の項でも見たとおり佐賀・長崎方面への分岐点だ。将来的には西九州新幹線が分かれる、〝新幹線の要衝〟になることも予定されている。

いっぽうの久留米駅は、福岡県久留米市の玄関口だ。久留米市の人口は約三十万人。福岡県では福岡市・北九州市に次ぐ第三の都市で、九州全体でも第九位に入る。福岡県では唯一の中核市でもある。押しも押されもせぬ、福岡県筑後地方の中心都市なのだ。

だから、久留米駅に新幹線が停まるということに関しては、何ら不思議もない。もしも鳥栖が福岡県の都市ならば、いろいろ調整をしてどちらかにまとめられた可能性もあったかもしれないが、ありえないことを考えても時間の無駄である。

ともあれ、こうした事情で新鳥栖駅と久留米駅という、あまりにも近づいたふたつの新幹線駅が誕生したのだ。

久留米駅を降りて改札口を抜けると、駅の東西を結ぶ自由通路には軽快なメロディが流れている。耳を澄ましてみると、松田聖子の『赤いスイートピー』。しばらく待っていたら、チェッカーズの『涙のリクエスト』も流れてきた。そして坂本九の『上を向いて歩こう』と続く。

久留米駅の名曲メドレーは、久留米にゆかりのある音楽家が携わった曲で構成されている。松田聖子とチェッカーズは久留米出身だし、『上を向いて歩こう』を作詞した中村八大は久留米育ちだ。

そしてもう一曲、久留米で育った詩人の丸山豊が作詞した合唱曲『筑後川』も流れる。まだ駅の外に出てもいないのに、久留米がどんな町なのか、その一端を教えてくれるとは、なかなかよくできたサービスである。

駅前広場に出る。中心市街地があるのは久留米駅の東側。出入口の名は、「まちなか口」という。

ここにも久留米を象徴するあれこれが詰まっている。

何より衝撃的なのが、駅前広場のいちばん目立つところに置かれているドデカいタイヤだ。直径四メートル、重さは約四トン。もちろん久留米発祥の世界的タイヤメーカー・ブリヂストンにちなんだものだ。

ブリヂストンの源流は、石橋重太郎・正二郎兄弟が創業した日本足袋。先行したつちやたびとともに、大正時代にゴム底を採用した地下足袋を販売して成長。日本足袋はゴム製品の製造業にも乗り出し、一九三〇（昭和五）年には自動車用タイヤの試作に成功。それがブリヂストンに発展したというわけだ。

ちなみに、日本足袋はアサヒシューズ、つちやたびはムーンスターとして、いまでもブリヂストンと共に久留米の〝ゴム三社〟を構成している。

と、このあたりの説明は久留米駅前のタイヤオブジェの脇に書かれている説明書きの要約である。久留米の駅前に立つだけで、そんなことまでわかってしまう。

ほかにも、時間になると鳴動するからくり太鼓時計は、久留米生まれの発明家・からくり儀右衛門（田中久重・東芝の創業者）にちなむ。さらに小さいながらもラーメン屋台のオブジェもあり、「とんこつラーメン発祥の地」として胸を張る。久留米駅前は、まさに久留米のすべてが揃っている駅前といっていい。

城下町と二つのターミナル

といっても、これできびすを返して駅に戻っては片手落ちである。新幹線の久留米駅があるのは、久留米の中心市街地から見て西の端。駅のすぐ目の前には高層マンションもあるのだが、繁華街とは言い難い。

むしろ、久留米の中心繁華街は、市街地の東にある西鉄久留米駅のほうが近い。その間、まっすぐに歩けばおよそ三十分。途中にはアーケードの商店街があり、それを抜けたところに西鉄久留米駅、といったあんばいだ。

西鉄久留米駅は駅舎そのものにも商業施設が入っているし、東側には百貨店の岩田屋もある。市内各地や福岡空港などへの路線バスのターミナルも西鉄久留米駅前だ。お客の数も西鉄久留米駅はＪＲ久留米駅のおよそ倍。

つまり、新幹線も停まる久留米駅よりも、地域輸送を旨とする西鉄久留米駅のほうが、ターミナルとしての存在感を持っているのだ。

こうしたＪＲ駅と私鉄駅の関係は、他の多くの諸都市でも見られることなので不思議とまでは言えない。ＪＲ

久留米駅前には巨大なゴムタイヤ。ブリヂストンタイヤは久留米の町を支える世界的大企業だ。その発祥は、ゴム底を用いた地下足袋製造である

久留米駅は新幹線などによる広域的な久留米の玄関口、西鉄久留米駅は福岡県内を中心とした地域内拠点として、棲み分けが成立しているとも考えられる。

しかし、久留米の古い地図を見ると、少々違和感を抱く。というのも、江戸時代まで久留米の中心だった久留米城は、久留米駅のすぐ近くの筑後川沿いにあったのだ。そして、城下町はお城から見て南東方向に広がっていた。一九二四（大正十三）年の西鉄久留米駅開業時点では、まだまだ周囲は〝町外れ〟というほうがふさわしかった。

それが、戦時中の空襲を経て戦後復興が進む過程で、中心市街地・繁華街が西鉄久留米に寄っていったのだ。

ここには、城下町の構造が関係していそうだ。久留米駅周辺は武家エリア。反対に、城下町東部は町人エリアで、古くから商いが盛んな地域だった。

つまり、西鉄久留米駅は古くからの〝商業地〟の近くにできた駅。これが、ふたつの〝久留米駅〟の性質を分けた理由ではないかと思う。

いずれにしても、久留米は私鉄とＪＲ・新幹線というふたつのターミナルが共存しうる町。それだけ人の営みが盛んな都市なのである。

DATA
福岡県筑後市大字津島字東
51.5km（博多）／673.8km（新大阪）
1928年7月20日開業
高架2面3線

孫正義氏のおかげさま

新鳥栖駅と久留米駅は、ほとんど隣り合った駅である。ただ、それぞれ別の役割を果たしていて、どちらも欠くことのできない駅だ。そんな話は、久留米駅の項でも書いた。

ならば、筑後船小屋駅はどうなのだろうか。

久留米〜筑後船小屋間は十五・八キロだ。新幹線の駅は、だいたい三十キロ間隔で設けられることが多い。それからすれば、久留米から筑後船小屋までもだいぶ短い。

この間、九州新幹線は在来の鹿児島本線と完全に並行している。抽象的な意味での並行ではなく、まったく同じ場所を仲良く並んで走っているのだ。

途中、在来線には荒木・西牟田・羽犬塚という三つの駅がある。所要時間は新幹線では七分ほど、在来線では約十五分。どうやら、距離感でいえば新鳥栖〜久留米間とたいして変わらない。

そうなると、そろそろこの駅の存在意義はどうなんだという話になってもおかしくないところだ。

完全に在来線と並行している区間だから、筑後船小屋駅でも新幹線の高架駅のすぐ西側に在来線の地上駅舎が建っている。間に小さな駅前広場があって、それぞれ駅舎は別のものを使う。

駅のすぐ南側には矢部川が流れ、駅周辺は公園として整備されている。矢部川を少し東にさかのぼれば駅名の由来になっている船小屋温泉、また『鬼滅の刃』の聖地とされている溝口竈門神社もある。

また、駅から七キロほど西には江戸時代に柳河藩の城下町として発展した〝水郷の町〟柳川。そこそこの観光名所は揃っているといった具合だ。

とはいえ、筑後船小屋駅のある場所は、全体的に見れば筑後平野の田園地帯。何もないとはいえないが、わざわざ久留米駅から十五キロほどの場所に新幹線駅を置くほどのこともないのではないかとも思う。

そんなだから、政治家との関係が疑われてしまう。

筑後船小屋駅のある筑後市や矢部川を挟んだ南側のみやま市などは、衆院選の選挙区では福岡七区。自民党が圧倒的な強さを見せてきた〝保守王国〟で、かつては幹事長や運輸大臣を務めた古賀誠の牙城だった。

筑後船小屋駅が古賀誠の選挙区なのはたまたまなのか、それとも……。真実は藪の中だが、多少は訝しまれても仕方ない。そもそも、新幹線は政治の力がなければ開業などおよそ不可能だ。だから、少しくらいの手心があったとしても、それこそ仕方がないのではないかと思う。

そして、大事なのは結果だ。どんな立派な大義を持って生まれた駅も、それをうまく使いこなせなければ宝の持ち腐れ。政治駅の疑念があっても、ターミナルとして発展するならそれは成功といっていい。

筑後船小屋駅などは、まさに成功の事例である。

いま、筑後船小屋駅のすぐ目の前に広がっているのは、福岡ソフトバンクホークスの練習場。「ＨＡＷＫＳベースボールパーク筑後」という。二軍どころか四軍までを擁し、分厚い選手層のホークスを支えている練習場だ。

この練習場は、筑後市が手を上げてライバルを競り落とし、誘致に成功。二〇一六（平成二十八）年に開場した。決め手のひとつは、筑後船小屋駅の存在だったという。いくらファームの練習場とはいえ、集客力もなかなかのもの。この練習場の存在が、〝政治駅〟うんぬんなんて遠くに吹き飛ばしてくれている。

九州新幹線　5

新大牟田

SHIN-OMUTA

DATA	福岡県大牟田市大字岩本 69.3km（博多）／691.6km（新大阪）	2011年3月12日開業 高架2面2線

すべては団琢磨のおかげで

筑後船小屋駅のナゾが、古賀誠という大物政治家の存在で説明されるとすれば、新大牟田駅も同じではないか。

新大牟田駅は、その名の通り大牟田市の玄関口。その大牟田市も、筑後市などとともに古賀の福岡七区に含まれている。

いちいち調べたわけではないが、複数の新幹線駅を持つ選挙区というのはめったにないはずだ（少なくとも西九州新幹線の武雄温泉駅・嬉野温泉駅はともに佐賀二区、新大村駅と諫早駅が長崎二区である）。

実際はどうなのかなど、いまや誰にもわからない。それに知っている人がいたとして、どれだけ尋ねても教えてくれるはずがない。なので、これ以上は考えるだけムダなのでやめておこう。

ここで言えるのは、福岡県筑後地方においては、新幹線にしては短すぎる十五キロ間隔で三つの駅が並んでいるということだ。そして、そのうち筑後船小屋・新大牟田の二駅は、ほぼ「つばめ」しか停まらない事実上の各駅停車駅である。

新大牟田駅が設けられたのは、在来の鹿児島本線・西鉄天神大牟田線の大牟田駅から北東に約四キロ離れた場所だ。東から九州山地が迫り来て、それと有明海に挟まれた平野部がぐっとすぼまってくるあたり。駅の南側で新幹線は三池トンネルに入る。

そういう山の気配が強い一帯にあるのが新大牟田駅だ。だから、駅の周りは何があるわけでもない。いちおう区画整理はされていて、西側は住宅地の入り口になっている。大牟田の中心市街地と連絡する県道を挟んだ南側は広大な空き地だが、産業団地として造成された区域なので、そう遠くないうちに市街地が形成されるのだろう。

そんな新大牟田駅において、何よりも目に留まるのは巨大な石像だ。駅前広場の一角に、実物大よりも遥かに大きな紳士の像たそびえ立っている。

この人、誰ですか……と近づいてみれば、団琢磨という人らしい。いったいどんな人なのか。

団琢磨さんは、大牟田という町を築き上げた、地域にとっての大恩人である。岩倉具視の使節団に同行して渡米、マサチューセッツ工科大学鉱山学科で学び、鉱山技師として明治半ばから三池鉱山の開発に携わった。三池鉱山が三井財閥に払い下げられると団も三井に移り、三井鉱山の成功を背景に三井財閥のトップにまで上り詰めている。

これだけでも充分にスゴいのだが、団さんのもっとスゴいところは、いつまでも炭鉱一本槍ではやっていけないと考えて事業の多角化を進めたことだ。

明治から昭和にかけて、三池炭鉱の存在は大牟田の経済を支え、都市としての発展を促した。炭鉱が閉山すると、重化学工業に転換して現在も福岡県を代表する工業都市として君臨している。その原動力になったのが、団が主導して建設された三池港をはじめとする施設の数々だ。つまり、団琢磨がいたから、いまの大牟田があるといっていい。

大牟田には、三池港をはじめ、宮原坑や三池炭鉱専用鉄道敷跡が世界文化遺産の構成資産になっている。おかげで観光都市という側面も持っているのだが、それもこれも団琢磨のおかげである。

新大牟田駅前の団琢磨像。それが実物大よりも遥かに大きいのは、彼への敬意の表れなのだろうか。

九州新幹線　6

新玉名

SHIN-TAMANA

DATA

熊本県玉名市玉名
90.4km（博多）／712.7km（新大阪）
2011年3月12日開業
高架2面2線

オリンピックと条里制

　三池トンネルの中で、新幹線は福岡県から熊本県に入る。ほんの一瞬だけ地上に顔を出すが、またすぐに玉名トンネルに入り、標高約五〇〇メートルの小岱山の直下を貫く。そうして着くのが玉名平野の北の端、菊池川のほとりに位置している新玉名駅だ。

　筑後船小屋駅が筑後平野の田園地帯、新大牟田駅が工業都市の外れと続き、新玉名駅は農業都市として知られる玉名市の郊外、これまた田園地帯の真ん中の駅である。筑後船小屋駅・新大牟田駅と新玉名駅は、まるで三兄弟のような関係である。

　どの駅も、だいたい何もないようなところに駅ができた。停まるのは各駅停車の「つばめ」がほぼすべて。在来の鹿児島本線の駅が併設されていて、駅前に福岡ソフトバンクホークスの練習場があるあたり、筑後船小屋駅が長男であることは間違いない。

　次男・三男がどちらかは、まあどっちもどっちなので決めないでもいいだろう。新大牟田駅と新玉名駅、どちらも新幹線の単独駅であり、お客の数は一日平均で六〇〇人前後。県境を挟んで、まるで双子のようだ。

駅周辺の様相でみれば、新大牟田駅に軍配が上がる。新玉名駅前は、それなりに立派な駅前広場となぜかケーズデンキとホームセンターのグッディが向かい合って建っているほかは、一面の田園地帯にすぎない。

駅の北口に出て遠くを見ると、くまもと県北病院の立派な建物が見える。複数の病院を統合して二〇二一（令和三）年に開設された地域の拠点病院だ。

病院ができたのは新玉名駅のおかげという面もあるのだろうが、だいたい当地の人はクルマで移動するのがほとんどだから、新幹線駅に近いことはさしたるメリットでもなさそうだ。

このように、新玉名駅は田園地帯にぽつんと佇んでいるといって差し支えのない駅である。

いっぽうで、中心市街地との距離感においては新玉名駅の方が優勢だ。

新大牟田駅と大牟田の中心市街地は約四キロ。対して、新玉名駅と玉名の中心市街地（在来線玉名駅近くに広がる）は約三キロだ。たかが一キロとはいえ、玉名の場合

はほぼ直線的に移動することもできるから、町の玄関口としての機能は新玉名駅のほうがいくらか勝っている。

町としての規模は玉名の方が圧倒的に小さい。大牟田市は人口約十一万人、玉名市は六万二〇〇〇人。工業都市として名の轟く大牟田に対して、玉名と言われてピンとくる人は少ないのではないか。

田園地帯の新玉名駅前で、玉名とはどんな町なのかがわかるヒントを探して歩いた。すると、駅前広場の一角にありました。新大牟田駅前の団琢磨さんほど大きくはないけれど、小さな金栗四三像。

金栗四三は、いわずと知れた大河ドラマ『いだてん〜東京オリムピック噺〜』で中村勘九郎が演じた、日本初のオリンピック選手のひとりだ。思い返せばドラマの中でも金栗の故郷・玉名が描かれていた。

それに、玉名駅前には玉名平野遺跡群の一部がある。この場所は古代から地域の中心で、条里制の町が作られていたという。温泉地として開けるのも早く、海沿いは日明貿易の拠点として栄えたこともある。歴史の古さ、ということにおいては、三兄弟のなかでは新玉名駅が圧倒的に一位なのである。

九州新幹線　7

熊本

KUMAMOTO

DATA		
	熊本市西区春日	1891年7月1日開業
	118.4km（博多）／740.7km（新大阪）	高架2面4線

くまモン先生の頭と出会い

九州新幹線には「みずほ」「さくら」「つばめ」という三種類の列車が走っている。

いちばんの速達列車が「みずほ」で、次いで「さくら」。これらは山陽新幹線にも直通している。当てはめるなら、「みずほ」が「のぞみ」、「さくら」が「ひかり」といったところだ。

「つばめ」はいわば「こだま」。各駅停車の列車であり、基本的には九州新幹線内で完結する（山陽新幹線内には新下関発の下りと小倉駅着の上り「つばめ」がそれぞれ一本ずつある）。

そして、これらすべての列車が停まる駅。それは、九州新幹線内では三駅だけだ。起点の博多駅、終点の鹿児島中央駅、そして真ん中、熊本駅だ。

十一駅しかないなかでの三駅だから、多いのか少ないのかは微妙なところではある。そもそも、九州新幹線が通っているのは主に福岡・熊本・鹿児島の三県だけ。新鳥栖駅前後で佐賀県を通っているが、わずかにかすめているだけに過ぎない。

いずれにしても、熊本駅は九州新幹線のすべての列車が停まる、路線内では随一の大ターミナルだ。人口は七十万人を超える、九州第三の都市である熊本県熊本市の玄関口だ。同時に、阿蘇方面や天草諸島をはじめとする県内各地にも誘う、〝火の国〟熊本の玄関口でもある。

だから、熊本駅は九州新幹線のターミナルとしてもひときわ立派なものだ。

高架の新幹線ホームそのものは二面四線。高架下のコンコースに降りると、まず待ち受けているのがそう、アイツ。くまモンだ。巨大なくまモン先生の顔だけが地面に埋まっているという、なかなかのインパクト。

新幹線で熊本駅にやってきた人が、最初に目にするのがこのくまモン先生というのは、よくできているというかなんというか。

そして、改札口のすぐ脇には、熊本では定番の大平燕《タイピーエン》も食べさせてくれる立ちソバ店。そして、自由通路を挟んだ向こうには「肥後よかモン市場」という商業施設がある。土産店や熊本の名物を食べさせてくれる飲食店などが入っている。

さらに、駅の外に出るとますます熊本駅のターミナルとしての規模の大きさを実感させられる。

駅東口、すなわち「白川口」と呼ばれる側の駅前広場の一角に「アミュプラザくまもと」。シネマコンプレックスまで入った大型商業施設で、熊本地震から五年後の二〇二一（令和三）年四月にオープンした。

熊本駅に新幹線がやってきたのは、二〇一一（平成二十三）年の全線開業時。その当時の熊本駅は、一九五八（昭和三十三）年に竣工した三代目駅舎を改修した上で使い続けていた。

その後、二〇一五（平成二十七）年に新駅舎への建て替えが発表され、「アミュプラザ」ともども駅周辺の再開発がスタート。高架下の「肥後よかモン市場」が二〇一八（平成三十）年に、そして二〇二一（令和三）年に駅ビルもオープンしたというわけだ。

こうして熊本駅前は、いまの姿になった。この間には駅前広場の整備も進んで、九州第三の都市の玄関口にふさわしい形を整えたのである。

そんな駅前から、路面電車の熊本市電が通っている大通りを渡って東に歩くと、すぐに白川沿いに出る。

阿蘇山を源流に熊本平野を流れて有明海に注ぐ白川は、熊本を代表する川だ。白川沿いを北に向かって歩いて行くと、熊本の中心市街地に続く。

もちろん歩く必要はなく、熊本市電に乗れぱいい。熊本の中心市街地は、駅前から市電に乗って十五分ほど離れた場所に広がっている。熊本のシンボル・熊本城も、熊本駅から二十分ほど。熊本駅は、中心市街地から離れて東に白川、西には花岡山が聳える、わずかな平地に置かれたターミナルだ。

現在の熊本の町は、一五八八（天正十六）年に加藤清正が熊本城を築いたところからはじまった。七十万都市・熊本の原点だ。

清正が整備した熊本城下町では、お城の東側に武家屋敷、南西側に町人エリアが設けられた。いまの地図に当てはめてみると、通町筋など中心繁華街は武家屋敷で、「新町」と呼ばれる鉄道沿いの一帯が商業地だったということになる。

この町割りは、江戸時代初めに加藤氏が改易されて細川氏が入ってからも受け継がれた。しかし、近代以降、熊本は二度の戦火に見舞われて、形を変えることになる。

二度のいくさが熊本を変えた

最初のいくさは、西南戦争だ。

明治の始めに鎮西鎮台が置かれて新政府の軍事上の拠点になっていた熊本城は、西南戦争で西郷隆盛率いる薩摩軍の猛攻に晒された。薩摩軍が熊本城を落とすことは叶わなかったが、城下町は焦土と化す。そして、戦後改めて町の形が整えられることになった。

そのとき、かつて武家屋敷だった城東側は軍用地になった。明治末に軍用地の一部が郊外に移転。その跡に生まれたのが、現在の熊本の中心繁華街である。

さらに、熊本は太平洋戦争でも空襲で大きな被害を受けて、再び町が焦土に帰す。戦後の立ち直りは早く、戦前からの新市街、市電の走る電車通り沿いに鶴屋百貨店が進出したのを皮切りに、あっというまに繁華街へ。そうして、もともとは武家町、そして軍用地だった熊本城東側に、現在の熊本繁華街が形作られたのだ。

いくらか興味深いのは、そうした歴史にあって、熊本駅というターミナルがほとんど登場しないことだ。

熊本駅のすぐ東側、白川のほとりから中心市街地方面を見る。阿蘇に源流を求める白川は、“水の町”熊本を支えてきた大河川である

そもそも熊本駅周辺は狭隘の地で、開発の余地に乏しかったことが関係していたのだろうか。ちなみに、一八九六（明治二十九）年に夏目漱石が熊本に赴任した際は、熊本駅ではなく池田駅、現在の上熊本駅に降り立っている。お城の北側、〝町外れ〟に位置する上熊本駅も、当時は立派な熊本の玄関口のひとつだったのだ。

戦後の経済成長期にも熊本の中心繁華街が熊本駅に寄りつくことはなかった。市電によって機動的に市街地と結ばれていたこと、また熊本という都市が自己完結型の独立性の高い都市であり、他都市への依存度が低かったことも、ターミナルと中心市街地が離れ、それでいて中心市街地の賑やかさも保たれたいまのありようにつながったのかもしれない。

それでも、新幹線が通ってアミュプラザも完成、熊本駅も町の中心としての形を整えつつある。他の多くの都市がそうであるように、熊本も駅を中心にした町へと変わってゆくことになるのだろうか。

九州新幹線の「つばめ」は、ほとんどが熊木駅までの運行だ。ここからは、事実上各駅停車の役割を担う「さくら」の旅。いよいよ九州の南部に新幹線は入ってゆく。

九州新幹線　8

新八代

SHIN-YATSUSHIRO

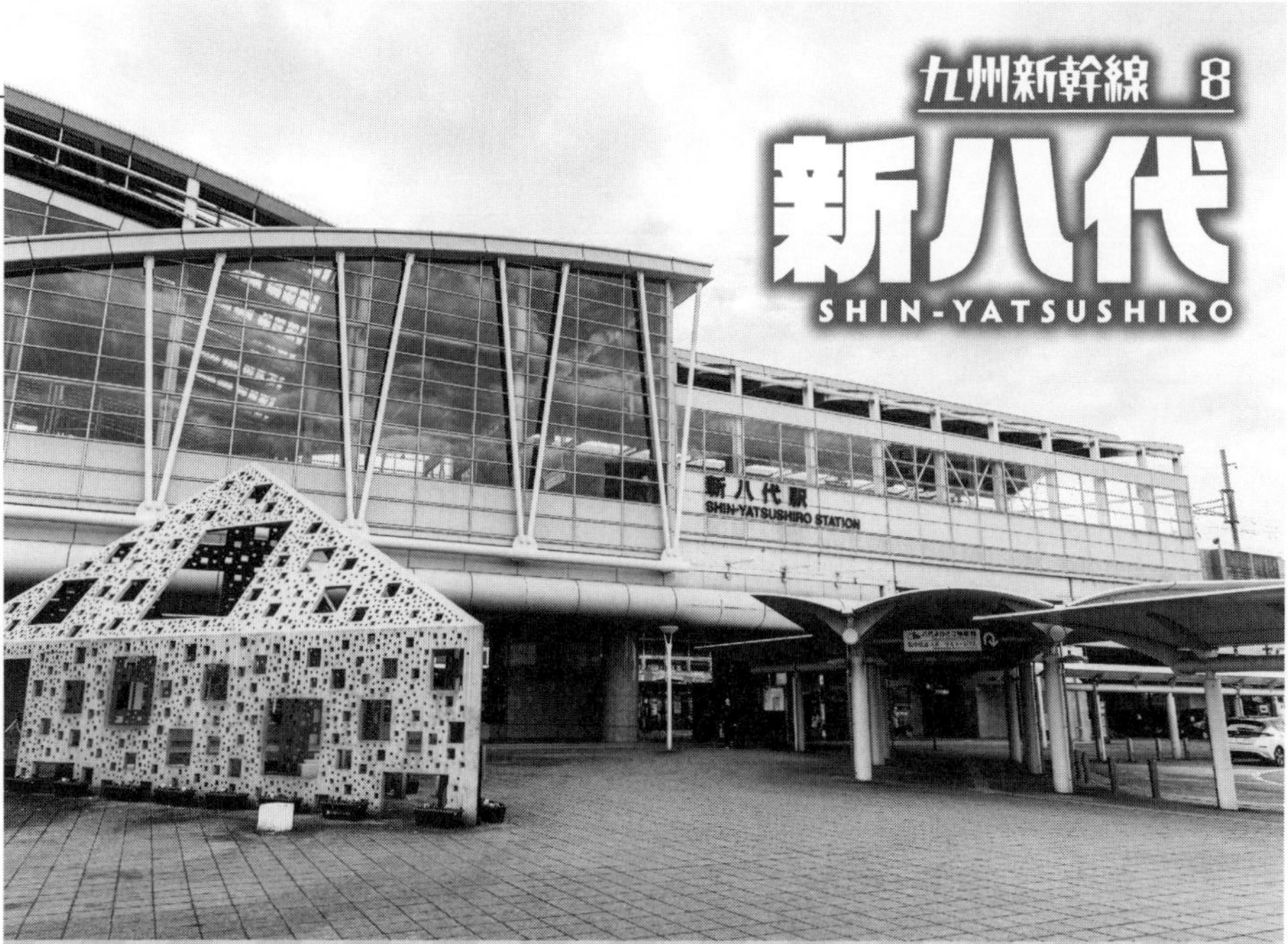

DATA
熊本県八代市上日置町
151.3km（博多）／773.6km（新大阪）
2004年3月13日開業
高架2面2線

リレーつばめとFGT

プロ野球で一人の野手が首位打者・本塁打王・打点王のタイトルすべてを獲得すると、「三冠王」と呼ばれる。二〇二二（令和四）年にヤクルトの村上宗隆が三冠王に輝き、〝村神様〟などと呼ばれたのは記憶に新しい。もちろん村上は、令和に入って初めての三冠王だ。

では、もう少しさかのぼってみると、どうだろうか。昭和の昔には王貞治や落合博満、ランディ・バースらが複数回の三冠王を獲得している。しかし、平成の時代にはひとりしか三冠王はいない。二〇〇四（平成十六）年、当時の福岡ダイエーホークス、松中信彦である。

なぜここでいきなり三冠王の話をしたのかというと、松中の出身地が熊本県八代市だから。そして、新幹線で新八代駅を降りると、「松中信彦スポーツミュージアム」の案内がでかでかと掲げられているのだ。

ここで松中信彦スポーツミュージアムについてあれこれ語ることはさすがにしない。元プロ野球選手にはよくある記念館の類いだ。

むしろ問題なのは、新八代駅に降りたって、いちばんに目に付くのがそれでいいのか、ということだ。まあ、実際に新八代駅の周りを歩けばさもありなん。駅前広場にビジネスホテルの東横インが建っているくらいで、あとはまったく何もない。いくつかの飲食店や公園などもあるにはあるが、あえて語るほどのものでもなかろう。

だから、どうしたって松中信彦スポーツミュージアムの存在が目立つ。駅からは歩いて五分ほど。八代よかとこ物産館のすぐ脇に併設されている。

新八代駅は、九州新幹線が全線開通するまで、始発駅だった。駅の開業は二〇〇四（平成十六）年三月十三日。九州新幹線新八代〜鹿児島中央間の先行開業に伴って生まれた。始発駅、そして在来の鹿児島本線との接続駅としての開業だ。

その当時は、在来線から新幹線の高架へと駆け上がるアプローチ線が設けられ、在来線特急「リレーつばめ」と新幹線「つばめ」の対面乗り換えが行われていた。いまでは西九州新幹線武雄温泉駅で採用されているのと、ほとんど同じ仕組みだ。新幹線部分開業による乗り換えの手間を少しでも軽減する狙いである。

そして、この構造を利用して行われたのが、フリーゲージトレインの試験走行だ。新八代駅構内に軌間変換装置を設置し、アプローチ線を介して実施された。西九州新幹線での導入を目指していたという。

ただ、この走行試験は結果として奏功しなかった。いまでも新八代駅付近に残るアプローチ線の高架は、「リレーつばめ」時代、そしてフリーゲージトレインに見た夢の残滓なのである。

さて、取り立てて何もない田園地帯の中の新八代駅は、新幹線における八代という町の玄関口でもある。

八代は熊本県南部の中心都市。秀吉の時代に小西行長の領地となり、江戸時代には加藤氏・細川氏と続く熊本藩の一部に組み込まれている。南に控える薩摩藩に対する守りを担う役割も果たしていたようだ。

現在の八代は、製紙業を中心とした工業都市。新八代駅から八代の市街地は、在来線に乗り継いでひと駅だ。

そして、新八代駅から高速バスに乗り継げば、九州を横断して宮崎へ。福岡から宮崎への陸路最短ルートだという。新八代駅は、新幹線に恵まれなかった東九州の玄関口という役割も持っているのである。

九州新幹線　9

新水俣

SHIN-MINAMATA

DATA
熊本県水俣市初野
194.1km（博多）／816.4km（新大阪）
2004年3月13日開業
高架2面3線

トンネルを抜けて水俣川のほとりへ

長らく九州新幹線とともに旅をしてきた在来の鹿児島本線とは、八代でお別れだ。ここからは、鹿児島本線が第三セクターに転換された肥薩おれんじ鉄道との旅を続けることになる。

といっても、八代平野から国見山地に入るところで、新旧二つの大動脈はまったく違う道を選ぶ。国見山地が不知火海《しらぬいかい》ギリギリまで迫っているからだ。

肥薩おれんじ鉄道は、海岸沿いの際をゆく。海にせり出す山を短いトンネルやカーブで交わしながら進む。その少し内陸側を、長いトンネルを使って通っているのが南九州自動車道だ。

南九州自動車道、そして国道三号が通っているあたりは、かつての薩摩豊前街道の系譜を引く大動脈だ。薩摩のお殿様が陸路で参勤交代に赴く折は、この道を通って旅をした。峠の連続で、主要な宿場は峠ごとに設けられていたようだ。

鉄道は海沿いを、旧街道は山の中。そして、そんな先人たちの苦労を知ってか知らずか、新幹線は国見山地の中をトンネルで一気通貫に抜けてゆく。

新八代駅の南側で球磨川を渡ると、そこから先はときどき地上に顔を出しながら、長大トンネルの連発だ。六九九五メートルの田上トンネルがいちばん長い。

いくつもの長いトンネルを抜けると、新水俣駅に着く。熊本県南西端、水俣川の河口に広がる小さな工業都市・水俣市の玄関口だ。

水俣の中心市街地があるのは肥薩おれんじ鉄道の水俣駅に近い。しかし、新水俣駅はまだ山あいの、おれんじ鉄道が平地に出る直前の場所に設けられている。水俣の平地部があまりに狭いから、新幹線駅を在来の水俣駅に併設することが困難だったのだろう。

だから、新水俣駅周辺は狭隘の地だ。新幹線の高架のすぐ脇におれんじ鉄道の線路が通る。もともとは初野信号場が置かれていて、新水俣駅開業とともに乗り換え駅として駅に昇格した。

おれんじ鉄道の線路を跨いだ東側には水俣市営の団地が広がる。新幹線側の正面口の向こうには駅前広場と国道三号。傍らにセブンイレブンがあるが、駅前広場にお尻を向けている。駅前コンビニというよりは、国道を行き交うクルマのためのコンビニなのだろう。

国道を西に向かって歩いて行けば、水俣の市街地に繋がる。が、さすがに歩くには遠すぎる。それよりも、駅のすぐ近くで目に留まるのが、工事中の高速道路だ。

目下、南九州自動車道は水俣インターまで供用中。そこから先の延伸工事が新水俣駅のすぐ近くで行われている。新幹線と在来線をまとめて交わす工事だから、なかなかの難工事に違いない。

水俣という町は、新幹線駅もできるくらいだからと過大評価してしまうが、江戸時代には宿場も置かれなかった不知火海沿いの寒村だった。

都市化のきっかけは、一九〇八（明治四十一）年に建設されたカーバイド工場だ。のちにチッソの水俣工場となって発展。一時期は、水俣の市税収入の約五割をチッソ関連が占めていたという。

いっぽうで、工場排水が水俣病を引き起こしたのは教科書でも学んだとおり。町の発展をもたらした工場が、公害の原因に——。表現しがたい人間の業のようなものを、この町は抱えているのだ。

九州新幹線　10

出水

IZUMI

DATA

鹿児島県出水市上鯖淵
210.1km（博多）／832.4km（新大阪）
1923年10月15日開業
高架2面2線

薩摩隼人が目を光らせて

肥後にとっての薩摩に対する前線の守りが八代だとすれば、出水はその反対。薩摩にとって肥後からの守りの前線基地という役割を担っていた町だ。

新水俣駅を過ぎても九州新幹線は変わらずに長いトンネルの中を走る。在来の肥薩おれんじ鉄道は袋駅を過ぎたところで熊本県から鹿児島県に入るが、この県境では新幹線も地上に顔を覗かせている。

とはいえ、最速で時速二六〇キロで走る新幹線。県境を跨ぐ瞬間を目にしようというのはなかなか現実的ではない。いずれにしても、県境を跨いで最初の駅が、出水駅。鹿児島県では北西の端の町である。

出水という町は、米ノ津川が不知火海に注ぐ海沿いに開けた出水平野に位置している。肥薩おれんじ鉄道は、この出水平野を東西に横断して海沿いの阿久根方面に向かう。いっぽう、新幹線は平野の東の端っこにある出水駅を出ると、脇目も振らずに南に進む。出水山地を貫くトンネルである。

と、ここでも〝並行在来線〟である肥薩おれんじ鉄道と九州新幹線は、なんとも言えない関係性を見せてくれる。並行在来線というからには、もっと完全に並行していてほしいところだが、実際にはかなり離れた場所を通ることも多い。数少ない連結点のひとつが、出水駅というわけだ。

新幹線は出水駅の東側に高架でホームを持つ。改札があるのは高架下。西側のおれんじ鉄道に乗り継ぐには、階段を登っておれんじ鉄道の線路を跨ぐ通路を抜け、西口の駅前広場に出てから小さな駅舎にアクセスすることになる。

これが、もしも同じＪＲの鹿児島本線のままならば、自由通路上にそれぞれの改札口が設けられていたり、連絡改札があったりと、乗り継ぎはもう少し便利になっていたのだろうか。

おれんじ鉄道の駅が西側にあることからわかるように、この駅の〝正面〟は西口だ。新幹線開業以前は出入口も西口ひとつ。いまは新幹線の改札を抜けるとそのまま新しい東口に出ることができる。

なので、ひとまず東口に出てみると、出水という町を象徴するような駅前広場があった。中央島には武家屋敷を思わせる門扉やモニュメント、そしてツルの像。出水は、薩摩武士とツルの町なのだ。

鹿児島県、かつての薩摩国に暮らした人々は「隼人」と呼ばれ、古代ヤマト王権に対してしばしば対抗、臣従を良しとはしなかった。その中にあって、出水は川内などとともに比較的早い時期にヤマト王権の勢力が及んだ地域として知られている。

江戸時代にはもちろん薩摩藩。国境の要所として、いわゆる外城にあたる出水麓が置かれていた。出水の薩摩藩士たちは実直冷静質実剛健、「出水兵児」と呼ばれる精鋭だったという。

いまでも、出水の町にはそうした時代の面影が残っている。というより、江戸時代に築かれた出水麓が現在の出水の市街地のルーツである。

その場所は駅の南側、米ノ津川を渡った先だ。

出水駅の西口（つまり新幹線ではなくおれんじ鉄道側）から少し歩くと国道四四七号へ。そこで左に折れて米ノ津川沿いを進み、おれんじ鉄道を潜った先で右へ。広瀬橋で米ノ津川を渡れば、出水の中心市街地である。

もちろん、駅周辺にはホテルもあるし、国道よりも一筋駅に近い道沿いなども商店街になっている。駅開業を契機として開けた市街地なのだろう。

ただ、歴史的には米ノ津川の南岸が出水の中心だ。県道三七三号線が当地のメインストリート。飲食店から商店までが建ち並ぶ。脇に入れば出水郵便局の向かいにプラッセだいわという地場のスーパーマーケット。

そしてさらに南に進んでゆけば、重要伝統的建造物群保存地区に指定されている出水麓に出る。江戸時代には出水兵児が暮らした基地であり、往時の武家屋敷がいまもそのままに残る。出水駅からは歩いて二十分ほどだろうか。出水市を代表する観光スポットである。

出水の町は、この出水麓一角から発展した町だ。鉄道が米ノ津川の北の出水駅から中心市街地を避けるように西に向かっているのは、さらにこの先、川内、鹿児島へとレールを伸ばすためだったのだろう。

いまはおれんじ鉄道線になっているこの沿線、出水平野には西出水・高尾野・野田郷などの小駅がある。それぞれ小さな町を抱えているが、全体としては田園地帯。毎年冬にツルが飛来するのも、この沿線だ。

一万羽のツルが踊る

出水のツル越冬地は、二〇二一（令和三）年にラムサール条約湿地にも登録された、国の特別天然記念物。薩摩藩の時代から手厚く保護され、近代に一時姿を消したものの、狩猟法制定によって復活。ツルを見物するための馬車が運行されたり、見物施設が設けられたりと、当地の名物になっていた。

しかし、一九四〇（昭和十五）年、ちょうどツルが飛来する田園地帯の真ん中に出水海軍航空隊の飛行場が設けられる。いまは田園地帯の真ん中のゴルフ場に生まれ変わったこの基地の影響もあって、飛来するツルが減ってしまったという。

戦後は特別天然記念物指定の効果もあって再びツルが増加。一万羽を超えるツルがシベリアから渡ってくる。渡来するツルの種類は少なくとも七種類。日本でこれほど多くの渡来数と種類を見ることができるのは、出水だけなのだとか。

あいにく、九州新幹線は出水麓の武家屋敷エリアの東

出水駅から南へ、米ノ津川を渡った先にある出水市の中心市街地。「だいわ」の看板は、地場の百貨店。このさらに奥に出水麓の武家屋敷の町並みが残る

側を抜けるとすぐに出水山地のトンネルの中へ入ってしまう。ツルが踊る田園地帯とは少し離れていて、よほど運に恵まれなければツルを見ることは難しい。

とはいえ、そうした場所を通っているのもツル渡来地を守ることに繋がっているのだと思えば悪い気もしない。それに、出水駅はおれんじ鉄道においては要衝の駅だ。一九二九（昭和四）年に機関区が設置されて以来、いまでもおれんじ鉄道の車両基地が併設されているターミナル。全体で一〇〇キロを超える長大な第三セクターのおれんじ鉄道線の中でおおよそ中間にあり、出水駅を始発とする列車も多い。

だから、ここで新幹線を降りたなら、おれんじ鉄道に乗り換えてみてはどうだろう。乗り換え時間に出水麓を見学し、車窓の向こうでツルが踊り、そして東シナ海を望む海沿いへ。

新幹線で出水〜川内間は十三分ほど。おれんじ鉄道に乗ったらおおよそ一時間かかってしまう。

新幹線と在来線の違いをまざまざと見せつけられるところだが、せっかく鹿児島まで来たのだから、それくらいのんびりした旅を楽しむのも悪くない。

DATA
鹿児島県薩摩川内市平佐町
242.8km（博多）／865.1km（新大阪）
1914年6月1日開業
地上2面2線

古代薩摩の中心のいま

二〇二三（令和五）年の大学共通テスト地理Bで、川内駅とその町をモデルとした「ある地方都市」を題材にした問題が出題された。

どんな問題なのか簡単に説明すれば、地図上の地点の中から〝チェーンの店舗が並ぶ郊外の幹線道路沿い〟、〝八〇年代までは田園地帯だったニュータウン〟、〝八〇年代までは百貨店があって賑わっていたが、いまは空洞化が進む中心市街地〟を選ぶというものだ。

共通テストでは、毎年実在の地方都市をモデルとする問題が出題されている。それだと取りあげられた都市の人に有利ではないか。

そう思って塾講師をしている知人に聞いてみたら、あながちそうでもないらしい。

というのも、そもそもその土地を知らなくても回答できる問題になっているし、答えられない人は地元の人でも答えられないのだとか。言われてみれば、自分の住んでいる町のどこがどんな特徴を持っているかなど、注意を払っていなければわからないものなのだ。

そんなわけで、川内駅のある鹿児島県薩摩川内市という町がどんな町なのかは、共通テストの問題を復習すればたちどころに理解できてしまう。

読者諸兄にそれを無理強いするのも申し訳ないので簡単にまとめれば、新幹線や在来の鹿児島本線・肥薩おれんじ鉄道のターミナルである川内駅から駅前通りを西に進んだ先、国道三号沿いに中心市街地が広がる。

国道沿いにはいまでも百貨店の川内山形屋があるが、裏道を含めてもどちらかというと閑散としている〝寂れた商店街〟。郊外にはニュータウンが造成され、平佐川沿いの県道沿いは典型的なロードサイドタウンが形成されている、といった具合だ。

確かに、こうした町の構造は川内に限らず、日本の地方都市ならどこも似たようなもの。地方都市をつないで走る新幹線の旅をしていると、もはや食傷気味といっていいくらいだ。

薩摩川内市の人口は約九万人。鹿児島県では鹿児島市・霧島市・鹿屋市に次いで多く、面積では県内最大だ。ただ、共通テストからも明らかなとおり、その本質はごく普通の地方都市。全国的に見れば、人口九万人というのもさして多くはない。

しかし、鉄道の面から見れば存在感は大きい。川内駅には、最速達の「みずほ」もその一部が停まるし、鹿児島本線の川内〜鹿児島間は経営分離されずにJR九州に留まった。歴史的にも一九一四（大正三）年の開業時には、「川内線」のターミナルであった。

二〇〇四（平成十六）年に新幹線の乗り入れがはじまると、お客の数も大きく増えた。五十分ほどかかっていた鹿児島への所要時間が十分ちょっとに短縮され、ベッドタウンとしての機能も持つようになったのだ。

そうした川内の存在感は、偶然というわけでもないようだ。古代、薩摩国の国府や国分寺が置かれたのは薩摩川内市内。つまり、古より薩摩の中心は鹿児島ではなく川内だったというわけだ。

川内駅の駅前広場には、奈良時代の歌人・大伴家持の像が立つ。家持は薩摩守に任じられてこの地に下った。出世ではなく左遷人事。当時から交通の要衝で薩摩の中心ではありながら、中央から見たら左遷人事で飛ばす先。このあたりに、地方都市の悲哀が垣間見える。

DATA　鹿児島県鹿児島市中央町　288.9km（博多）／911.2km（新大阪）　1913年10月11日開業　高架2面4線

観覧車が出迎える最南端のターミナル

川内駅から細かいトンネルをいくつも抜けて、薩摩半島を横断したら目の前に広がるは鹿児島湾。噴煙を上げる桜島が出迎える九州新幹線の終点、鹿児島中央駅だ。

といっても、西から東へ一直線に鹿児島市街地に到達するから、正面の桜島を車窓から望むのは難しい。実際に出迎えてくれるのは、鹿児島中央駅の駅ビルのてっぺんでくるくる回る観覧車、である。

観覧車のある駅ビルは、新幹線が開業したのと同じ年、二〇〇四（平成十六）年にできたものだ。

在来線と新幹線が交わるターミナルというのはわざわざ説明するほどのことはない。新幹線は西から、在来線は南北に通っているから、この駅では十文字に交差している。在来線は地上で新幹線は高架というあたりは、他の新幹線ターミナルと似たような構造だ。

改札口を抜け、目の前に土産物店が広がる自由通路を東に向けて進むと、もうそこはアミュプラザ。シネマコンプレックスも入っている商業施設で、階段を降りると傍らにはイベント広場。老若男女、人通りは昼夜を違わず絶えることはない。

駅前からまっすぐ東に延びる道路が「ナポリ通り」。なんでも、鹿児島は〝東洋のナポリ〟と言われているかで、それにちなんだネーミング。ナポリ通りのずっと先、甲突川の向こうには、桜島が聳えている。

……と、ここまで歩いてふと思う。鹿児島の中心って、本当に鹿児島中央駅でいいのだろうか、と。もうひとつ、鹿児島駅というターミナルもある。それに、鹿児島の繁華街は「天文館」というところじゃなかったか。そうしたターミナルや繁華街を差し置いて、〝中央〟を名乗る鹿児島中央駅とは何者なのか。

鹿児島の市街地のルーツは、いうまでもなく薩摩藩の城下町だ。繁華街・天文館の北側には鶴丸城の異名を取った鹿児島城の跡。その裏には、西南戦争最後の戦いの地になった城山も控える。

つまり、中心市街地を囲むようにして、二つのターミナルが並立しているというのがこの町の形といっていい。

鹿児島中央駅が、新幹線以前は西鹿児島駅と名乗っていたのは有名なお話だ。ただ、実は一九一三（大正二）年の開業時は所在地の地名から武駅といった。一九二七（昭和二）年に西鹿児島駅に改称している。

開業時、駅の北側を薩摩街道が通っていたものの、街道から離れた駅前は完全なる町外れ。それが、天文館を中心とした町の拡大、さらには交通網の充実が進むにつれて、市街地の中に飲み込まれていった。開発の余地のある土地が残されていたことが大きな理由だろう。山と海、そして貨物駅に囲まれた鹿児島駅周辺には、開発の余地はほとんど残されていなかった。

さらに、終戦直後には指宿枕崎線沿線から供給される物品を扱うヤミ市が立つ。これが、いまの鹿児島中央駅周辺の市街地の直接的なルーツといっていい。

お客の数で鹿児島駅を上回るようになったのは一九五九（昭和三十四）年から。ブルートレインをはじめとする特急列車のターミナルも西鹿児島駅に集約され、町の中心は西へ西へと移っていった。

こうした流れにトドメを刺したのが、新幹線開業と〝中央駅〟への改称なのだ。世にも珍しい、駅舎の上の観覧車。それは、名実ともに〝鹿児島の中心〟になったことを高らかに宣言する、シンボルなのかも知れない。

第4章

西九州新幹線

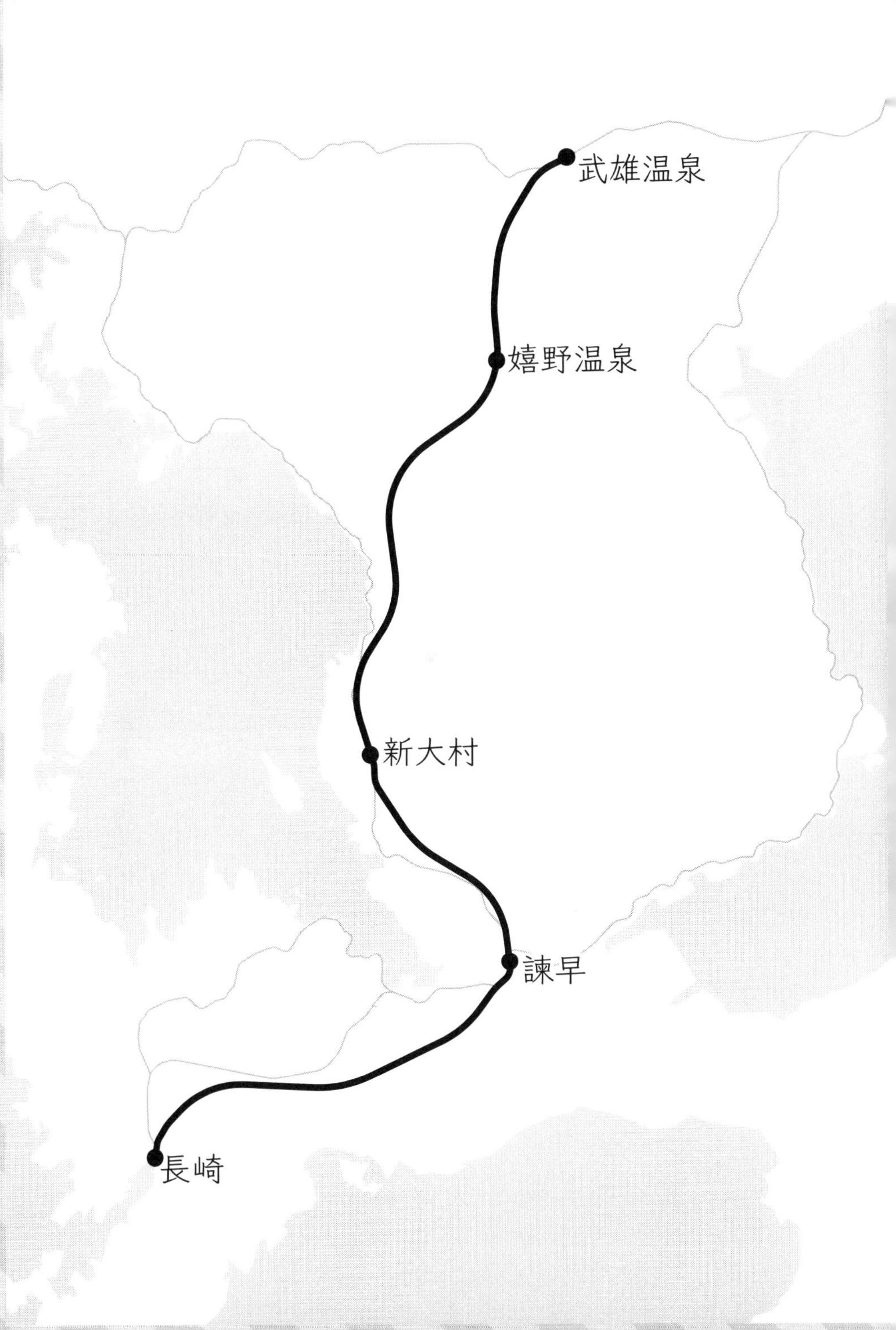
武雄温泉
嬉野温泉
新大村
諫早
長崎

西九州新幹線 1

武雄温泉

TAKEO-ONSEN

DATA
佐賀県武雄市武雄町大字富岡
0.0km
1895年5月5日開業
高架2面2線

未来の見えない新幹線

武雄温泉駅は、西九州新幹線の暫定的な起点駅である。暫定的というのは、将来は東に延伸して新鳥栖駅と結ばれる予定だからだ。

といっても、そのルートを巡ってはあれこれと議論が紛糾していて、見通しは立っていない。新幹線としての趣旨に従うならば、佐賀県の中心である佐賀駅を経由するのが筋だ。しかし、そうなると長崎本線は並行在来線としてまるごと経営分離されてしまう可能性がある。

また、県内を横断する大工事にあたって、佐賀県は莫大なコスト負担が求められる。いまでも在来線特急で博多～佐賀間は約四十分。新幹線に置き換わってもたいして時短効果は見込めず、負担するコストに比してメリットが小さい。

そうした事情に加え、当初はフリーゲージトレインを導入することで着工に及び腰だった佐賀県を説得した経緯もあったから、話はこじれた。

そういうわけで、西九州新幹線全線開業に向けた議論は泥沼の中に頭まで浸かってしまったのだ。少なくとも現時点で、武雄温泉駅が西九州新幹線の起点から途中駅になる見込みはまったく立っていない。

いま、博多から長崎に向かおうと思ったら、特急「リレーかもめ」に乗って武雄温泉駅に向かい、新幹線「かもめ」に乗り継ぐ。所要時間は約一時間三十分だ。

新幹線開業前は、博多〜長崎間を特急「かもめ」で約二時間。新幹線によって三十分ほど短縮された一方で、途中で乗り換えを要することになった。これをどのように評価するかは、かなり微妙なところだ。

同一ホームでの対面乗り換えとはいえ、武雄温泉駅での乗り継ぎが手間なのは間違いない。これまでは二時間寝ていれば良かったところが、眠い目をこすって乗り換えなければならない。これをもって不便になったという意見があってもいいだろう。

もちろん、三十分の時短もかなりのインパクトがある。ただ、新幹線として本領を発揮するためには、やはり空白の新鳥栖〜武雄温泉間が結ばれなければならぬ。それに、せっかく新しい新幹線に乗っても、たったの三十分の乗車時間では、なんだかもったいないではないか。

さて、そんな〝暫定のターミナル〟武雄温泉駅だが、構造としては先行開業時点の九州新幹線新八代駅とよく似ている。在来線特急と新幹線の対面乗り換えができるという点では、まったく同じといっていい。

しかし、違いもある。新八代駅とのいちばんの違いは、駅やそれが抱える町の規模、とでもいえばいいだろうか。

新八代駅は、田園地帯の真ん中に新幹線のために新規開業した駅だ。だから、駅周辺にはいまだに市街地といえるものは生まれていない。

ところが、武雄温泉駅は新幹線があろうとなかろうと、佐賀県内では主要なターミナルのひとつであった。

開業したのは一八九五（明治二十八）年。九州鉄道長崎線の武雄駅として開業し、約二年は終着駅でもあった。有明海沿いを走る現在の長崎本線が完成したのは一九三四（昭和九）年だから、それまでは博多〜長崎間の大動脈の中でも重要な位置を占めていた。

それはもちろん、武雄温泉という温泉地のおかげである。開湯は一二〇〇年前と伝えられ、豊臣秀吉の朝鮮出兵の折には負傷した兵士の湯治場になったという。江戸時代には長崎街道の宿場が置かれ、佐賀藩主鍋島氏の当主も盛んに足を運んでいる。

武雄温泉駅は、そうした古湯を中心に広がる温泉町の玄関口として開業したのだ。

いまの武雄温泉駅は、新幹線も在来線もともに高架で、高架下のコンコースから駅の南側に出ると立派な駅前広場が待っている。広場の向こうにはホテルがあり、さらに真新しく整備された大通りがまっすぐ南に延びる。その先には国道三十四号（武雄バイパス）。

バイパスから武雄川を渡った先には武雄のシンボルである御船山が聳える。御船山の南西麓には、武雄を治めた武雄鍋島家によって造営された庭園も残る。

そして、御船山の麓から北に向かって線路を潜った先にあるのが、武雄温泉街だ。

武雄温泉駅前の様相だけを見ると、まるで駅の南側が中心市街地のように感じられる。

しかし、本来の武雄の中心市街地は、温泉街のある駅の北。山と線路の間のわずかな土地に温泉街が広がり、長崎街道も通って市街地となった。いまも旅館や飲食店などが集まっているのはこのあたり。駅の南側が開発されたのは、戦後になってからである。

設計も誕生も東京駅と同じ

だから、武雄温泉駅を降りたら、立派な駅前広場のある南口には背を向けて、すぐ目の前に線路と並行する県道が通る北口に出ねばならない。北口の駅前広場は、県道を渡った先に小さなものがあるだけだ。

温泉街には県道を西へ。そのまま「武雄温泉入口」の交差点を右に折れてもいいが、どうせならほどよいところで県道より北側の裏道に入るといい。小さな飲み屋やスナックが集まる一角があり、武雄温泉が歓楽街温泉だった昭和の昔をしのばせる。

武雄温泉が歓楽街温泉の顔を持ち始めたのは戦前からだ。というのも、周囲には軍港都市の佐世保や杵島炭鉱があった。そこで働く将兵や炭鉱労働者の遊興の地、すなわち〝奥座敷〟として発展したようだ。

昭和初期に発行された、遊郭跡巡りのバイブル『全国遊郭案内』には、「貸座敷は七軒あつて、芸妓及娼妓は約百人居て、中には二枚鑑札の女も多く居る」とある。古湯でありながらも湯量が少ない武雄温泉が一定の地位

奥に見えるのは武雄温泉のシンボルの楼門。楼門の周囲には温泉旅館が建ち並び、手前には歓楽街温泉の面影を残す町並みが続く

を築き得たのは、こうした背景があったのだ。

大型の温泉旅館が建ち並び、かつての遊郭の面影を留める一角もある温泉街を抜けてゆくと、シンボル・武雄温泉楼門が見えてくる。武雄温泉新館とともに国の重要文化財で、一九一四（大正三）年に完成した。

楼門・新館を設計したのは辰野金吾だ。そう、東京駅丸の内駅舎を手がけたあの男。東京駅の開業も一九一四（大正三）年だというのは、なんという奇遇だろうか。そんな楼門をシンボルに持つ温泉地の玄関口が、一〇〇年以上の歳月を経て、新幹線のターミナルになった——。これもまた、ただの偶然といえば偶然なのだが、何か縁のようなものを感じてしまう。

いまの武雄温泉は、昭和の歓楽街温泉の残滓こそ見られるものの、基本的には温泉旅館と楼門を潜った先の新館や共同浴場が中心のこじんまりとした温泉地だ。

だから、新幹線が通ったところで爆発的にお客がやってくるようなこともあるまい。何より、すぐ裏には山があるから、開発の余地もあまりない。新幹線駅の温泉地にしては、いささか小ぶりな武雄温泉。でも、だからこそ味わい深い旅ができる駅なのかもしれない。

西九州新幹線　2

嬉野温泉

URESHINO-ONSEN

DATA　佐賀県嬉野市嬉野町大字下宿甲　10.9km（武雄温泉）　2022年9月23日開業　高架2面2線

温泉好きの日本人とシーボルト

日本人は温泉が好きだ。

海外の事情は『テルマエ・ロマエ』くらいしか知識がないのでわからないが、少なくとも日本人が温泉好きなことだけは間違いない。

江戸時代には『温泉番付』なるものがあったくらいだから、温泉好きはかなり古くからの日本人の国民性みたいなものなのだろう。

だから、鉄道もやたらと温泉ばかりを目指す。「○○温泉」と名乗る駅も、それこそ数え切れないくらいある。いちいち例を挙げるのもキリがないほどだ。「○○温泉駅」を訪れたら、実際には温泉街が多少離れていたとしても、わざわざバスに乗ったりして日帰り温泉を探してしまう。

しかし、新幹線で見ると、「○○温泉」と名乗る駅は妙に少ない。

新幹線で初めての〝温泉駅〟は、二〇一五（平成二十七）年に開業した北陸新幹線の黒部宇奈月温泉駅だ。

東海道新幹線や山陽新幹線、東北新幹線といった、新幹線の中でも主役級の路線には、ひとつたりとて〝温泉駅〟がないのだ。

新幹線は温泉旅行のための路線などではなくて、全国各地の主要都市同士を連絡することが役割なのだから、当然といえば当然といっていい。

ところが、二〇一五（平成二十五）年の黒部宇奈月温泉駅誕生以降、今度は温泉駅が増えている。二〇二二（令和四）年に開業した西九州新幹線では、武雄温泉駅と嬉野温泉駅が誕生。二〇二四（令和六）年春に延伸開業する北陸新幹線にも加賀温泉駅と芦原温泉駅がある。令和の新幹線は、〝温泉駅ブーム〟なのかもしれない。

さて、ここで嬉野温泉駅である。西九州新幹線嬉野温泉駅は、嬉野温泉の温泉街から少し北に離れたところに設けられた。

温泉街は嬉野盆地の塩田川沿いに広がる。奈良時代に著された『肥前国風土記』にもその名が見える古湯で、江戸時代には長崎街道の嬉野宿が置かれていた。ケンペルやシーボルトも嬉野を歩いており、その様子を書き残している。嬉野温泉街の公衆浴場が「シーボルトの湯」というのは、こうした縁によるものだ。

近代以降は武雄温泉と同じく、佐世保や杵島炭鉱を背景に遊興温泉として発展した一面も持つ。いまでも温泉街の外れには風俗街が残っているが、それは遊興温泉だった時代の名残である。

嬉野温泉駅はそんな温泉街からだと徒歩で三十分ほどの場所。国立病院機構嬉野医療センターという大きな病院を中心に、道の駅や公園などが広がる。嬉野温泉駅開業に合わせて整備された新しい駅前は、温泉街の玄関口らしさもほどよく感じられる。

かつては長崎街道が通っていた嬉野だが、近代以降は鉄道に恵まれなかった。嬉野を通るためには山越えが避けられず、海沿いルートが選ばれた。

ただし、一九一五（大正四）年には私鉄の肥前電気鉄道が塩田〜嬉野間を結んで開業している。塩田駅では祐徳軌道と接続し、武雄温泉と結ばれていた。どちらも一九三一（昭和六）年に廃止されている。嬉野温泉駅は、嬉野の人々にとって、なんと約九十年ぶりの鉄道駅。そのポテンシャルが発揮されるのは、まだまだこれからなのだろう。

西九州新幹線　3

新大村

SHIN-OMURA

DATA
長崎県大村市植松
32.2km（武雄温泉）
2022年9月23日開業
高架2面2線

片道きっぷの旅の終わり

西九州新幹線は、おおよそ旧長崎街道に並行している。旧街道に鉄道が並行するのは珍しいことではなく、東海道本線や東海道新幹線は旧東海道・中山道、山陽本線と山陽新幹線は西国街道に沿っている。沿っているというよりは、後継として役割を引き継いでいるといったほうが正確だろう。

ただ、長崎街道においては、武雄から大村にかけて並行した鉄道路線は西九州新幹線が初めてだ。街道の時代から鉄道の時代に変わって一五〇年。ようやく、鉄道不毛の街道筋に鉄道の恵みがもたらされた。

といっても、新幹線は嬉野温泉駅を出るとほとんどトンネルの中を走って県境を越えてしまう。

長崎県に入ってからも長短のトンネルをいくつも抜けて、大村線の松原駅のすぐ東側からは大村平野をゆく地上の旅へ。東を見れば多良岳が、西を見れば大村湾が広がる、風光明媚な車窓が楽しめる区間だ。

とりわけ日が沈む夕暮れ時の大村湾は橙色に輝いて実

に美しい。ほとんど波のない静かな内海だからこそ見ることのできる光景である。

そして、大村線と完全に並行して走ってしばらくすると、新大村駅に着く。

新大村駅は在来の大村線との接続駅だ。新幹線開業に合わせて誕生した完全な新駅である。この駅のふたつ北には、大村車両基地駅という、新幹線の車両基地に隣接する大村線の新駅も誕生している。

大村というと、大村湾に浮かぶ人工島の長崎空港がある町だ。つまり、長崎県の空の玄関口である。

江戸時代には大村藩大村氏の城下町。大村氏は鎌倉時代からこの地を治めており、実に六〇〇年に及ぶお殿様だった。近代に入ると歩兵第四十六連隊や海軍航空隊が置かれ、それはいまでも陸上自衛隊・海上自衛隊に引き継がれている。

そんな町に、新たに生まれた玄関口が新大村駅というわけだ。これまで、大村の玄関口はローカル色の強い大村線の大村駅が担っていた。佐世保から、もしくは長崎・諫早からのアクセスで、福岡などからは鉄道利用ではやや不便。それが、新幹線によって飛躍的に便利になった。

ところが、実はこの新大村駅、当初は設置する予定がなかったという。

それでも駅ができたのは、地元がおカネを出して請願駅として設置されたから。大村線の新大村駅や大村車両基地駅も同様だ。

新幹線の高架下の駅舎を出ると、高架の傍らに棒線駅の大村線ホーム。うっかりすると気がつかないくらいに存在感が薄い。駅前広場は真新しいがひとけは少なく、開発はまだまだこれからといった具合だ。

とはいえ、直線距離では長崎空港にもいちばん近い駅のひとつだし、少し歩けば陸上自衛隊や大村の住宅地が広がるエリア。新たなターミナルとしてのポテンシャルは、かなりのものがあるといっていい。

そんな新大村駅の駅舎の一角には、最長片道きっぷの旅の終点であることを示すコーナーがあった。以前は肥前山口駅（現・江北駅）が終点だったが、西九州新幹線の開業で新大村駅に移ったそうだ。

そのコーナーでは、最長片道きっぷの旅を成し遂げた人たちが表彰されていた。みなさん、スゴいですね。

西九州新幹線　4

諫早

ISAHAYA

DATA
長崎県諫早市永昌町
44.7km（武雄温泉）
1898年11月27日開業
高架2面2線

途中駅では唯一の全列車停車駅

西九州新幹線の列車は、「かもめ」一本槍だ。武雄温泉～長崎間の六六・六キロ、五駅しかないのだからあれこれと列車の種類を増やす必要もない。

ただ、停車駅は列車によって違っている。

いちばん多いのは、すべての駅に停車するパターン。次いで、途中駅をすっ飛ばして走る列車がある。速達タイプ、とでもいったところだろうか。そして、ほんのわずかながら、嬉野温泉駅だけを通過する列車も設定されている。

そんないくつかのパターンの列車にあって、すべてが停車するのが諫早駅だ。

特に長崎県に縁がなく、観光などで訪れたこともない知人に、「諫早駅は全部停まるんですよ」と話したところ、「干拓だから？」と的の外れた答えが返ってきた。

言われてみれば、縁がなければ諫早の名は諫早湾の干拓事業を巡るニュースで耳にするのが最初だろう。だから、干拓の町というようなイメージを抱いてしまう。

しかし、全列車が停まるというのにはそれなりの理由があるのだ。

諫早駅は、新幹線が開業する以前から長崎における交通の要衝だった。大動脈の長崎本線を中心に、北からは長崎と佐世保を結ぶ役割を任じる大村線。私鉄の島原鉄道は、島原半島を半周して島原地域へと誘う。

さらに、長崎本線も長崎方面に向けては旧線の長与経由と新線の市布経由が分かれる分岐点にもなっている。

こうした事情があって、諫早駅は長崎県内では長崎駅に次ぐお客の数を誇る。長崎本線全体でも、佐賀駅・長崎駅に次ぐ第三位。外から見れば存在感の薄い駅であっても、地域にとっては重要な位置を占めるターミナルなのである。

諫早駅を降りると、まずは高架の新幹線ホームよりも高いところにあるコンコースへ。新幹線改札から在来線改札に直結する連絡改札も設けられていて、自由通路にはスターバックスコーヒーもある。東側には立派な駅舎と駅前広場。駅舎に並んでホテルやマンションなども建ち並ぶ。

いまの諫早駅舎は二〇一八（平成三十）年に供用を開始したものだ。それ以前は、一九三四（昭和九）年に竣工した二代目の駅舎を使っていた。そちらもそちらで味わい深い地方の小ターミナル感があってよかったが、いまの駅舎も新幹線のターミナルらしい存在感を放っていて悪くない。

駅前には諫早の中心市街地が……と言いたいところだが、あいにく諫早駅前は諫早の中心から少し離れている。

諫早の中心市街地は、駅前から本明川沿いを進んだ先の東側。観光名所の「眼鏡橋」が移築されている諫早公園の脇、島原鉄道の本諫早駅周辺に広がっている。

諫早が交通の要衝だったのは江戸時代からで、長崎街道と多良街道、島原街道が分かれていた。だから佐賀藩にとっても枢要の地として整備されたのだろう。いまの中心市街地は、そうした時代の城下町がルーツだ。

現代の諫早は県都にして近世以来の国際都市・長崎と、近代以来の軍港都市・佐世保という二大都市に挟まれたベッドタウン、そして〝生産都市〟でもある。干拓地に広がる穀倉地帯、また丘陵地帯を切り開いた工業団地が、長崎県の経済を支えている。全列車停車のターミナルにはそれ相応の理由がある、というのはそういうことだ。

西九州新幹線　5

長崎

NAGASAKI

DATA　長崎県長崎市尾上町　69.6km（武雄温泉）　1905年4月5日開業　高架2面4線

伝統の列車と伝統の国際都市

一八九七（明治三十）年、はじめて長崎に到達した鉄道は、大村湾沿いをくねくねと走って時間をかけて、諫早から奥まった入り江町の長崎を目指した。一九七二（昭和四十七）年には内陸を直線的に走る新線が登場し、優等列車はそちらを走るようになった。

そして二〇二二（令和四）年、さらに内陸をより直線的に諫早～長崎間を結んで走り出したのが、西九州新幹線である。

西九州新幹線「かもめ」は、ほとんどをトンネルで抜け、地上に顔を出したと思ったらそこはもう長崎の市街地に。国道二〇二号を跨ぎ、右手からやってくる在来線の高架と並行したら、長崎駅に着く。西九州新幹線の終点にして、最西端の新幹線駅だ。

長崎は、江戸時代には日本で唯一外国に対して扉を開けていた、貿易港だった。だから、日本人が西洋の先進的な科学技術と接する唯一の町でもあった。幕末には、トーマス・グラバーが大浦海岸で蒸気機関車のモデル走行、これが日本における本格的な鉄道の発祥ともいう。

幕末からは造船業が栄え、大正時代になると長崎と上海を結ぶ日華連絡船が登場する。鎖国の時代が終わっても、培ってきた国際色豊かな風土は変わらず、いまも国際色豊かな都市文化を残している。

そんな長崎のターミナル、長崎駅。長崎の果たしてきた歴史的な役割の大きさからすれば、新幹線がやってくるのはいささか遅すぎたといっていい。

長崎にはじめて鉄道が開業したのは一八九七（明治三十）年。一九六一（昭和三十六）年には京都〜長崎間に気動車特急「かもめ」が走った。

山陽新幹線全線開業と共に一旦姿を消したが、一年ちょっとの空白の後に復活する。博多〜長崎間の電車特急「かもめ」。西九州新幹線が開業するまで半世紀近くにわたって走り続けた。

その名は西九州新幹線に引き継がれ、長崎に行くなら「かもめ」という伝統は途絶えていない。

改めて考えれば、九州新幹線の「みずほ」「さくら」「つばめ」は、いずれも九州を走る名列車の名を受け継いでいる。「のぞみ」「ひかり」という、真新しい列車名の東海道・山陽新幹線とは違うのだ。どちらが良いのかは、伝統か革新か、みたいなもので答えはない。ただ、長崎と「かもめ」は半世紀以上にわたる付き合いであることだけは事実である。

新幹線の「かもめ」が停まるホームは、在来線の高架ホームの東側に隣り合っている。現在の駅舎は新幹線乗り入れに合わせてリニューアルしたものだ。以前はもう少し東側に駅舎があり、車両基地や貨物駅跡を転用して駅全体を西に移した。

いまは、かつて在来線の地上ホームが広がっていた一帯で駅前広場の再開発工事中だ。おかげで新幹線を降りても工事中の仮囲いの間を抜けて路面電車乗り場に行かねばならぬ。長崎の中心市街地は駅から離れた南東にあるので、ここは少々不便といったところか。

それでもすでに高架下の商業施設はオープンしているし、駅の脇には「アミュプラザ」。〝裏口〟にあたる西側にはコンベンションセンターの出島メッセ長崎もある。

長崎という、唯一無二の都市の玄関口として本領を発揮するのは、駅前広場が完成してからだろう。全体が完成するのは、二〇二五（令和七年度）の予定だという。

くりこま高原
古川
仙台
白石蔵王
福島
郡山
新白河
那須塩原
宇都宮
小山
大宮
上野
東京

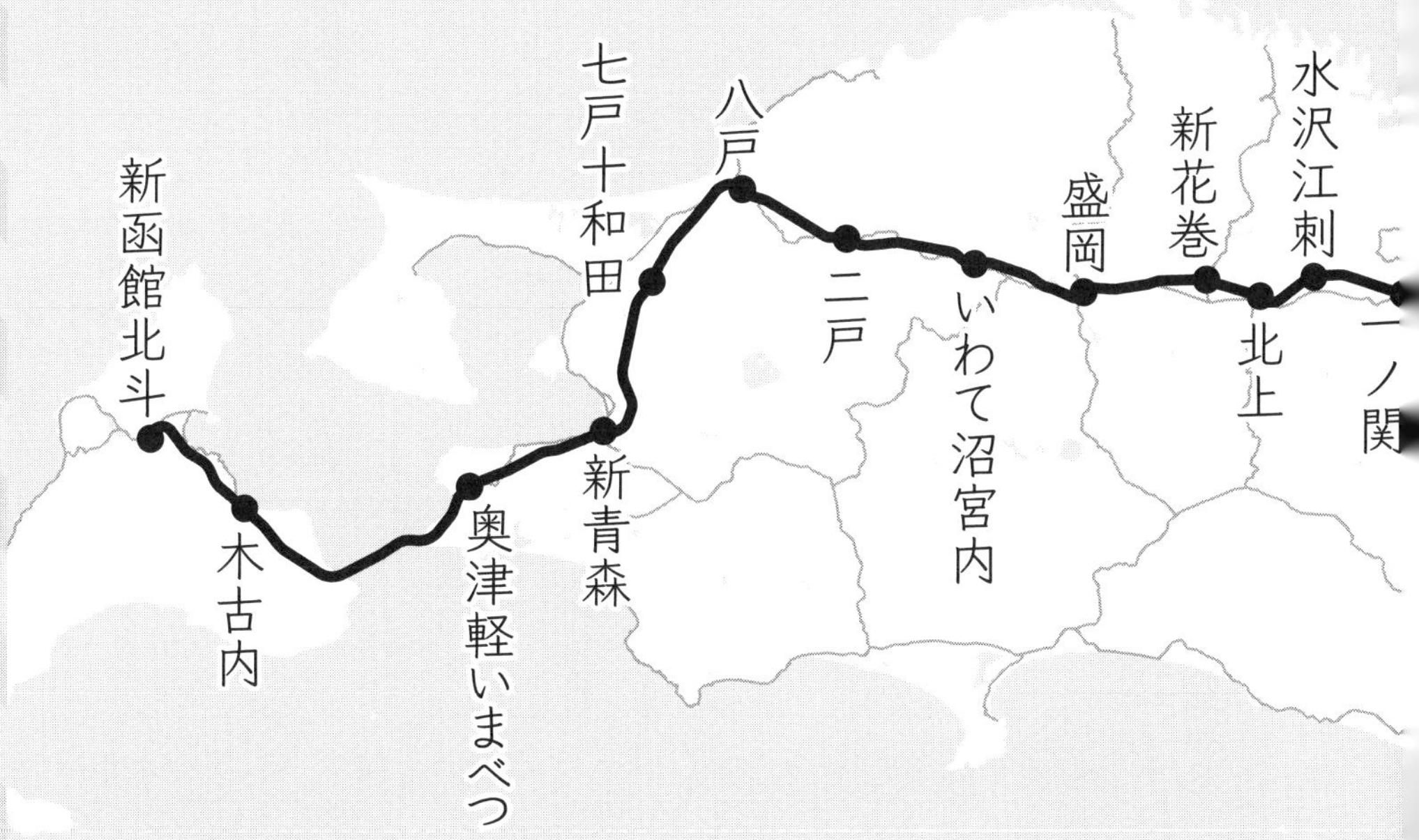

第5章

東北・北海道新幹線

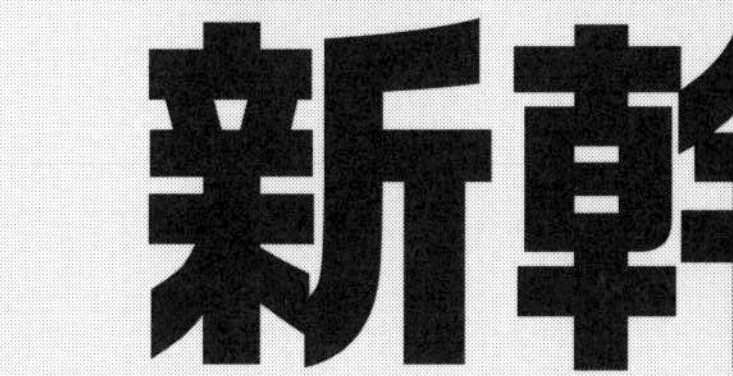

東北新幹線　2

上野

UENO

DATA
東京都台東区上野
3.6km（東京）
1883年7月28日開業
地下2面4線

心の駅が支えた経済成長

上野駅について、北の玄関口などというのは、いまやほとんど昔話である。

一九九一（平成三）年に東北・上越新幹線が東京駅まで延伸し、〝上野発の夜行列車〟は次々に廃止されていった。二〇一五（平成二十七）年には上野東京ラインが開通し、北関東・東北方面の在来線普通列車も大半が上野発ではなくなった。

いまとなっては、上野駅に〝北の玄関口〟の面影も役割も、ほとんど失われているといっていい。せいぜい、発車メロディの『あゝ上野駅』と石川啄木の歌碑くらいが、北の玄関口時代の記憶を留めているくらいだ。

だがしかし、である。

上野駅を、〝過去のターミナル〟として歴史の彼方に追いやってしまっていいのだろうか。むしろ、過去のターミナルだからこそ、改めて上野駅が果たしてきた役割と向き合うべきなのではないかと思う。

上野駅が開業したのは、一八八三（明治十六）年に日本鉄道の駅として開業した。戊辰戦争で灰燼と帰した寛永寺跡地を借り受けての開業だったという。

つまり、上野山の崖下の、いわば一等地とも言うべき場所に駅を置くことができたのは、近代化への産みの苦しみ、戊辰戦争があったから、ということもできる。

石川啄木の「ふるさとの訛なつかし停車場の人ごみの中にそを聴きにゆく」が収められている『一握の砂』は、一九一〇（明治四十三）年の発行。開業から三十年後には、すでに上野駅はその存在を確かなものにしていた。

そして、そんな上野の黄金時代は戦争を挟んで長く続き、一九六四（昭和三十九）年には井沢八郎の『あゝ上野駅』が発売される。戦後復興から高度経済成長を支えた〝金の卵〟は、集団就職列車で上野駅に降り立った。

この時代、帰省の時期には列車を待つ帰省客のために上野公園などにテント村が設置されたという。みどりの窓口などない時代、いつ乗れるともしれないふるさと行きの夜行列車を待っていたのは、集団就職で東京に来た人たちだったのだろう。

しかし、七〇年代後半に入ると、テント村は姿を消す。マルスシステムの拡充やマイカーの普及などにより、列車待ちの列そのものが消えたのだ。それでも上野駅の存在感が薄らぐことはなく、この頃には駅売店の売り上げ日本一を誇っている。ターミナル・上野がいちばん輝いていた時代である。

時代は下ってバブルの狂乱の直前、一九八五（昭和六十）年に、東北・上越新幹線が上野駅の地下に乗り入れた。わずか六年後には東京駅に延伸してしまったが、それでも北への新幹線は、まずは上野駅、なのだ。

この頃から、上野駅や上野公園で暮らすホームレスが社会問題として注目されはじめる。彼らの多くは、東北出身者だという。啄木の歌ではないが、職や家を失った彼らが「心の駅」の近くで日々を過ごす。そういう意味でも、上野駅の存在は特別だったのである。

そして、いま。上野駅は、特別な駅ではなくなった。上野駅を通過する新幹線もあるくらいだ。上野駅の新幹線のお客の数は、東京駅の二割にも満たない。

しかし、戊辰戦争で焼け野原になった地に生まれ、北の玄関口として集団就職を見守り続けてきた上野駅。その歴史は、まさに近代以降の日本の歴史そのものだ。上野駅は、日本の発展を支えてきた、象徴の駅なのである。

東北新幹線　3
上越新幹線　1

大宮
OMIIYA

DATA
さいたま市大宮区錦町
30.3km（東京）
1885年3月16日開業
高架3面6線

新幹線最大のターミナル

県庁は浦和、鉄道は大宮――。

なんとなく、そんな棲み分けが成立していると思っている。さいたま市、ひいては埼玉県の中心はどこか、という大命題の話である。

とはいえ、なんやかんやの手続きで足を運ぶ機会の多い市役所ならまだしも、県庁なんてそうそう行く機会があるものでもない。だから、県庁があったからといってどうなんだと思うのも正直なところだ（浦和のみなさん、ごめんなさい）。

いっぽうで、大宮の鉄道。こちらは県庁どころか市役所以上に多くの人が集まる場所だ。少なくとも首都圏においては、鉄道がなければ仕事も学校もレジャーも、何もかもが成り立たない。

挙げ句の果てに、大宮には新幹線である。一九八二（昭和五十七）年に東北・上越新幹線が開業すると、大宮駅は暫定的な始発駅に位置づけられた。三年後の一九八五（昭和六十）年に当初の予定通り上野まで延伸して始発駅としての役割は終わる。
しかし、いまでも大宮駅は新幹線の全列車が停車する、東北・上越・北陸各新幹線では最大のターミナルであり続けている。何しろ、東北新幹線と上越・北陸新幹線はこの大宮駅で分岐するのだから、まさしく要そのものである。

そうしたターミナルとしての存在感の大きさも相まって、大宮駅の構内、そして駅周辺はとにかく賑やかである。駅ビルにはルミネというお約束の駅商業施設が入っているし、東口には高島屋、西口にはそごうという巨大百貨店が挟み込む。

他にも東西どちらに出たところで、商業施設から金融機関、オフィスビルなどが建ち並ぶ。駅前としての規模で言えば、浦和とはまったく次元が違っている。

大宮の旧来の市街地は、東口だ。中山道が通り、江戸時代には宿場町が置かれていた。そして何より、宿場町から参道が続く氷川神社は武蔵国一宮。お正月の参拝者数は全国トップテンに入るほど、いまでも広く参拝者を集める大きな神社である。

よく、「大宮は何もなかったのに鉄道の町になったことで発展した」などという。しかし、これはずいぶん怪しいと思っている。

最初に日本鉄道の上野〜熊谷間が開業した折、大宮に駅が設けられなかったのは事実だ。前後して浦和に県庁所在地の座を奪われ、人口が激減するなど苦難の時期を過ごしている。

しかし、江戸時代から氷川神社に宿場町と揃っていて、たまさか機を逸して浦和に先を越されただけのこと。鉄道は、ゼロから大宮を発展させたのではなく、衰退の危機にあった大宮の復権をもたらした、というのが正しいのではないだろうか。

いずれにしても、いまの大宮駅は、ことターミナルという点で見る限りは、圧倒的な存在なのは間違いない。

ところで、新幹線は副産物として埼京線という通勤路線を大宮駅にもたらしている。そのホームは高架新幹線ホームの真下の地下にある。

大宮駅で埼京線から新幹線に乗り継ぐことが多い。垂直移動で済むから、効率よく動けば乗り換えにかかる時間はものの五分だ。上野駅や東京駅にも優る。大宮駅は個人的には新幹線最高のターミナルなのだ。

東北新幹線 4

小山
OYAMA

DATA
栃木県小山市城山町
80.6km（東京）
1885年7月16日開業
高架2面3線

消えた小山ゆうえんち

大宮駅で上越新幹線を分かつと、東北新幹線は北東へほとんど一直線に走る。ちょうど東武日光線の南栗橋駅付近を跨いだ直後に埼玉県から茨城県に入る。茨城県内はほんの少しかすめ通るだけで、すぐに栃木県だ。

そして、栃木県内で最初の駅が、小山駅である。

東北新幹線に乗るときに、いったいなんで小山に新幹線の駅があるのだろうか、といつも思う。

駅間距離でいうと、大宮〜小山間は約五〇キロ。小山〜宇都宮間はだいたい三〇キロほどだから、やや偏りがある。

どうせもうひとつ駅を置くならば、もうちょっと南側、それこそわずかにかすめているだけの茨城県古河市あたりでも良かったのではないか。

古河市には、いまも南古河という仮称で新幹線駅を誘致しようという構想があるそうだ。ちなみに、新幹線が〝通過するだけ〟で、駅を持たない都道府県は全国でも茨城県ただひとつである。

とはいえ、冷静に見れば小山駅の方が現実的だ。古河市内では新幹線は在来線とは離れたところを通っている。利根川を渡る都合もあって、在来の古河駅に新幹線を乗り入れさせるのは難しかったのだろう。

となれば、新幹線の単独駅になってしまう。そうなるくらいなら、ローカル線ではあるにせよ、両毛線・水戸線と交わっている小山駅の方が新幹線のターミナルにふさわしい。

実際、小山駅は新幹線の開業によって、東京都心への通勤もできるベッドタウンとしての一面を持つようになったという。

新幹線に乗って車窓を眺めていれば、それまでの田園地帯からうって変わって都市の様相を呈してくるのがよくわかる。もう宇都宮に着いたのかと思ったらまだ小山だった、といった具合である。

小山駅そのものは、ごくありふれた構造の新幹線のターミナル。高架の新幹線ホームに対して在来線は地上にあり、両者の間、つまり二階部分に東西自由通路を備えた橋上駅舎が設けられている。

新幹線の改札内からは在来線の改札内を通らないと外には出られない構造だが、これとてもそれほど珍しいわけではない。

ひとつだけ注意をするならば、両毛線に乗り換えるときだろうか。宇都宮線（東北本線）や水戸線のホームは在来線改札近くに固まっているが、両毛線のホームに降りるには在来線改札とは逆の北側に行かねばならない。階段を降りて、ちょっと薄暗い高架下のホームをてくてくと。道を間違えて戻ったりしていると、乗り継ぎ時間に遅れかねない。小山駅に停まる新幹線は一時間に一本だが、両毛線も同じく一時間に一本。乗り継ぎに与えられている時間は、十分ちょっとである。

さて、改札を出れば、その先にはＶＡＬと名付けられた商業施設が待ち受ける、これまたごく普通のターミナル。東西の自由通路沿いにも飲食店が並んでいて、軽く食事をするくらいなら困ることもなさそうだ。

小山の町の、古くからの市街地は駅の西側にある。大きな駅前広場はバスターミナルとタクシープール。周囲を商業ビルが取り囲んでいる。

中でもいちばん目立つところにあるのが、ドン・キホーテだ。駅前の超一等地にドン・キホーテというあたりは、いかにも北関東らしいと感じてしまう。

ドン・キホーテは、もともとは関西系のスーパー・イズミヤを核として一九九四（平成六）年に開業した「ロブレ」という複合ビル。二〇一五（平成二十七）年にイズミヤが撤退してしまい、変わってドン・キホーテが入ったというわけだ。

ドン・キホーテの前のバスのりばには、ほかののりばにはないくらいの長い列があった。それも並んでいるのは若い人ばかり。いったい何のバスのりばなのだろうかと尋ねてみれば、大型ショッピングセンター「おやまゆうえんハーヴェストウォーク」に向かうバスなのだとか。

このショッピングセンター、名前からわかるとおり、かの小山ゆうえんちの跡地を再開発して生まれたものだ。九〇年代までに関東で暮らしていた人たちなら見たことのあるはずの、「おやまゆうえんち～」のコマーシャル。最近すっかり聞かなくなったと思ったら、二〇〇五（平成十七）年に閉鎖されていた。

ハーヴェストウォークの中には、小山ゆうえんち時代のメリーゴーランドがそのまま置かれているので、郷愁を求めたい人は足を運んでみてもいいかもしれない。

消えた駅前工場

小山駅西口の雰囲気は、どことなく昭和の地方都市を感じさせるものがある。駅前広場から北に向かって路地に入れば、飲み屋やスナックが並ぶ歓楽街があるし、奥まったところには風俗店の類いの残滓もちらほらと。

駅前の目抜き通りを少し歩いた先、足利銀行が入った大きなマンションが建つ角は、旧日光街道と交差する小山の町のいわば中心だ。小山は、旧日光街道の宿場町、そして思川の舟運によって栄えた歴史を持っている。

歴史の表舞台に登場したこともある。関ケ原の戦いの直前、奥州の上杉討伐に赴いていた家康はじめ諸将が集い、石田三成挙兵への対応を巡る軍議を開いたのがここ小山だったという。いわゆる「小山評定」である。

小山駅前の目抜き通りから思川のほとりに出ると、小山市役所の脇に広大な空き地がある。ここが小山評定が行われた場所だった、とか。

実際に小山評定があったかどうかは怪しいところもあるらしい。が、こうしたエピソードが生まれるくらいに

小山駅東口の北側、細い路地を入ってゆくと小さな居酒屋やスナックが並ぶエリア。歓楽街も持つ、北関東の小都市である

小山がこの時期から枢要の地であったことは間違いない。

近代以降は鉄道開業によって思川舟運は衰退するが、物資集積地としての性質は変わらない。水戸線・両毛線の開業によって、舟運から鉄道の要衝になることで命脈を保ち続けることができたのだろう。

さらに工業団地も整備され、内陸工業地帯として発展する。旧日光街道が通っていた市街地の西側とは反対に、東側には駅前に森永製菓や日本製粉などの工場が建ち並んでいた。

そうした工業都市化の中に、東北新幹線が開業した。古来からの農業や結城紬をはじめとした伝統産業、そこに交通の便が加わり工業都市となり、新幹線でベッドタウンへ。絵に描いたような、〝東京に近い地方都市〟の成長曲線である。

いま、駅東側の工場はすでに姿を消した。変わって駅前にあるのは、白鴎大学の小山キャンパスだ。

白鴎大学といったら……そう、あの阪神タイガース府道の四番・大山悠輔の出身校だ。だから、阪神タイガースファンの筆者は東口に出て、思わず小躍りしてしまったのであった。

東北新幹線　5

宇都宮

UTSUNOMIYA

DATA

栃木県宇都宮市川向町
109.5km（東京）

1885年7月16日開業
高架2面2線

空き地が消えた東口

宇都宮ライトレールの起工式を取材したことがある。徹夜で並んでワグネリアンが勝った日本ダービーを生観戦し、その後は府中の町でしこたま飲んで、それでいて早朝から宇都宮まで出向いたので、よく覚えている。

起工式が行われたのは、いまではライトラインの停留場も置かれている宇都宮駅の東口だ。

そのときの宇都宮駅東口は、ただの空き地が広がっているだけだった。いちおうイベント広場ということになっていて、宇都宮名物の餃子店が何店舗も並んでいた。おかげでわざわざ町中に足を運ばなくても、いくつもの餃子店から気になる店を選ぶことができて、重宝していたものだ。

そして、餃子店のすぐ脇で行われた起工式。それ自体は偉い人たちの挨拶が繰り返されるありふれたものだった。が、会場の脇ではライトレール建設に反対する市民団体が気勢を上げていた。横断幕を掲げたり、道行く人に建設反対のビラを配ったり。

少しでも取りあげてほしかったのだろう、メディア陣にも盛んに声をかけていた。ぼくもビラを渡されて何やら熱心に話をされた記憶はあるが、具体的にどんなことを言っていたのかはもう覚えていない。

そしてそれからもうすぐ六年。反対運動もなんのそのでライトラインは開業し、いまのところ絶好調だという。反対派もずいぶん静かになった。

ただ、開業直後のご祝儀乗車もなくなって、渋滞解消や町の活性化など、真価が問われるのはこれからだ。市街地西部への延伸に向けては課題も多い。

と、そんな話ではなくて、宇都宮駅東口。あの餃子店が並んでいたただの空き地はまったく見違えていた。駅直結の「ウツノミヤテラス」という複合ビルがそびえ立ち、その階下は華やかに噴水が吹き上がるオシャレ広場。すぐ脇にはライトラインののりばが待ち構えている。

そちらのほうに歩いてゆくと、何やら大きく白い像が目に留まる。お、そういえば宇都宮、餃子の像があったっけ……。

しかし、その像はあいにく餃子ではなく、お相撲さんの像だった。その名は明石志賀之助。江戸時代前期に活躍した宇都宮出身の力士で、初代横綱なのだという。多分に伝承の域を出ないが、宇都宮の英雄のひとりだ。

なんでお相撲さんの像を新たに駅前に設けたのかはわからない。ただ、体型が餃子に似ていると言えば似ているし、シンボルとしては悪くないのかもしれない。

このように面目を一新した宇都宮駅東口。それに対して、西口はどうだろうか。

宇都宮の古くからの中心市街地は、西口に広がっている。駅ビル「パセオ」が大看板でペデストリアンデッキも印象的な駅前風景はずっと変わっていない。新幹線のホームが西側にあるから、改札からすぐに外に出ればそちらが西口のペデストリアンデッキだ。

駅から田川を渡ってさらに西へ歩いて行けば、栃木県下最大の商店街・オリオン通り。アーケードを抜けた先には、宇都宮の第二のターミナル・東武宇都宮駅もある。

江戸時代の宇都宮は、宇都宮藩の城下町にして日光街道と奥州街道の分岐点であった。オリオン通りはちょうど旧奥州街道にあたる。

歴史と活気と、そして新しく生まれ変わった東口。北関東最大都市は、まだまだ歩く価値がありそうだ。

東北新幹線　6

那須塩原

NASU-SHIOBARA

DATA	
栃木県那須塩原市大原間 157.8km（東京）	1898年11月28日開業 高架2面3線

西那須野と黒磯の間に

栃木県北部は那須野原。南に箒川《ほうきがわ》、北に那珂川が流れ、西には那須岳の威容を望む扇状地。そのほとんど真ん中に、那須塩原駅はある。那須温泉や塩原温泉を抱える観光地の玄関口だ。

宇都宮までの関東平野を抜け出してから最初の駅でもある。東北地方に入るまでの助走区間、とでも位置づけてみてもいいかもしれない。

東北新幹線には「なすの」という比較的近距離、主に郡山駅以南を走る列車があるが、由来はもちろん那須野原。那須塩原駅を終着とする「なすの」も設定されている。関東地方はここまで、と言われているような気もする、そんな駅である。

那須塩原駅は、田園地帯の那須野原にはいかにも不釣り合いな立派な駅舎を持つ。駅前には送迎のクルマやタクシー、バスが発着する大きな広場。那須観光の拠点たるターミナルらしい駅前風景だ。

もともと那須野原は、水に恵まれていない不毛の地だった。江戸時代、当地を治めた大田原藩も用水路の整備などに取り組んだが、小規模なものに留まった。つまり、まともに農耕もできない、そういう土地だったのだ。

本格的に開拓がスタートしたのは、明治に入ってからだ。一八八五（明治十八）年に那須疏水が完成し、それ以降大規模な農場が進出して開発が進んでいった。

ちなみに、那須野原に最初にできた鉄道駅は西那須野駅と黒磯駅。いずれも東北本線（当時は日本鉄道）の延伸に伴うもので、一八八六（明治十九）年の開業である。

那須塩原駅はそれより遅れて、一八九八（明治三十一）年に東那須野駅の名で開業した。当時の市街地は、駅の東側。いまも那須塩原駅東側を歩くと、国道四号までの間に昔ながらの商店街が残っている。

一方で、那須野原の中心は先行して開業した西那須野駅と黒磯駅だった。新幹線開業以前、東那須野駅は特急も急行も停まらない小さな駅だったが、西那須野・黒磯には特急列車の停車駅だった。

ならば、新幹線の駅ができるとしても、それは黒磯、もしくは西那須野駅がふさわしかったのではないか。

このあたり、実は結構揉めたらしい。いまでこそ、西那須野も黒磯も那須塩原市として同じ自治体に含まれているが、以前は黒磯市・西那須野町・塩原町に分かれていた。つまり、新幹線の駅が西那須野駅にできても、黒磯駅にできても、どちらにできても角が立つ。

そこでちょうど中間の東那須野駅に白羽の矢。両者の間を取って丸く収めようとしたのだ。

ところが、次は駅名をいかんとするかという問題が発生した。那須・那須野などの案があったようだが、最終的には栃木県知事の裁定で那須塩原になったという。この駅名も、なんとか地域内のバランスを取ろうという苦心の跡がうかがえる。

新幹線那須塩原駅が開業すると、結局西那須野も黒磯も飲み込んで、あっという間に地域で一番のターミナルになった。新幹線が停まるのだからあたりまえといえばあたりまえ。そして、二〇〇五（平成十七）年には黒磯市・西那須野町・塩原町が合併し、駅名から名を頂いた那須塩原市が誕生した。

あのとき、苦肉の策で生まれた駅名が、こうしていまや町の名前に。それが良かったのか悪かったのか。その是非を問えるのは、地元に暮らす人たちだけだろう。

DATA
福島県西白河郡西郷村字道南東
185.4km（東京）
1944年10月11日
高架2面2線

深紅の優勝旗が越えた白河関

二〇二二（令和四）年の夏の甲子園。優勝したのは宮城県代表の仙台育英高校だった。東北地方の高校が夏の甲子園で優勝するのは史上初。そんなわけで、「深紅の優勝旗が初めて白河の関を越えた」などと言われたのだ。

実はとっくの昔に南北海道代表の駒大苫小牧高校が優勝しており、白河の関を越えたのは仙台育英が初めてではない。

ただ、北海道だと飛行機でひとっ飛びすることになるわけで、ていねいなメディアは「初めて陸路で白河の関を越えた」と書いていた。

いまどき県をまたいだ野球留学もあたりまえ。そういう時代に白河の関もなにもないだろうという気もするが、そうは思わない人もいるようだ。

優勝して帰路についた当の仙台育英ナインも、新幹線で白河の関付近を通過するときにわざわざ優勝旗を広げて喜びを分かち合ったという。白河の関、かくも険しい東北と関東の境目なのである。

新白河駅は、そうした場所にある駅だ。栃木県から福島県に入った県境の町、白河市。ただし、新幹線はちょうど白河市と西郷村の境界に沿うように走っている。

そのため、新白河駅もふたつの自治体にまたがっている。いちおうの所在地は、福島県西白河郡西郷村。新幹線の駅では唯一〝村〟にある駅、というわけだ（ただし、前述の通り実際には白河市にもまたがっているので、純粋な〝村の玄関口〟というわけではない）。

新白河駅は、在来の東北本線との接続駅でもある。白河市の中心市街地は在来の白河駅周辺に広がっており、新白河駅から歩くには遠すぎる。そのため、路線バスないしは在来線に乗り継がねばならない。新白河〜白河間はたったのひと駅だが、近くて遠い白河の町、といったところだろうか。

なので、新幹線の新白河駅を降りると、だいたいのお客が在来線に乗り換えるのだろうと思っていた。在来線の乗り換えは、連絡改札を抜けて跨線橋を渡った先の西側へ。西側には西郷村の市街地が広がっている。

ところが、ほとんどの人は在来線に向かわない。むしろ、駅東口のロータリーに降りて、タクシーか送迎のクルマに乗り込んでゆく。わざわざ電車かバスに乗り継ぐようなことはせず、新幹線駅から手っ取り早くクルマで目的地まで向かう。クルマ社会の現実である。

新白河駅が開業したのは、一九五九（昭和三十四）年のことだ。一九四四（昭和十九）年に信号場が置かれたのがルーツで、戦後になって駅に昇格した。そのときの駅名は磐城西郷。新幹線の開業に合わせて新白河駅に改めている。

いまの新白河駅は、どちらかというと駅の東側が正面のような顔をしている。駅前にはホテルもあるし、立派なロータリーもあってそのまま白河市の市街地へと続いている。半ば、白河市の中心市街地の一部といってもいいくらいだ。

ただし、磐城西郷駅といっていた時代、駅の出入口があったのは西側だけだ。駅名の通り、西郷村の玄関口として置かれた駅なのだからあたりまえ。駅のすぐ近くに三菱製紙の工場が置かれるなど、工業都市としての側面を持っていた。

長い跨線橋を渡って「高原出口」と名付けられた西口を出ると、いまも西郷村の市街地に続く。正面には東横イン。東海道新幹線では全駅の駅前で見かける東横インだが、東北新幹線ともなると主要駅に限られる。新白河駅はそのひとつ、というわけだ。

そして、その先には国道四号が通り、東北自動車道の白河インターチェンジ。関所としての機能は遥か昔に失ったものの、いまも東北の入り口としての要の機能は保たれているということだろうか。

そしてもうひとつ、新白河駅西口にある施設といえば、中央競馬の場外馬券売り場「ウインズ新白河」だ。駅を出て線路に沿って南側を向けば、ウインズ新白河が口を開けて待っている。

東北の入り口というこの町と競馬に何の関係があるのか。そんな疑問も頭に浮かぶ。調べてみると、西郷村はかつて馬産地として名を馳せていたという。

戦後になって馬産から酪農に転換したが、「昔は競走馬も育てておったんじゃ」という酪農家が少なくない。必然的に競馬も身近な存在で、それがウインズ新白河が駅前に置かれた一因か。ほんとうのところは、迷惑施設として行き場を失っていたウインズを、開発が進んでいなかった新白河駅前が引き受けただけ、かもしれないが。

東北の旅路はここから

深紅の優勝旗を巡り、決まって語られる「白河の関」。これは、奈良時代から平安時代にかけて機能していた関所のことで、ほかに勿来《なこそ》・念珠と合わせて「奥州三関」と呼ばれていた。

当時の東北地方は中央政権の勢力がまだ及んでおらず、蝦夷《えみし》と呼ばれる人々とのせめぎ合いが続いていた。奥州三関は、そうした地域を隔てる重要な役割を担っていた。

平安時代も半ばになると関所としての機能は事実上失われ、奥州藤原氏の繁栄なども相まって歌枕になるなど、いわば〝名所〟として扱われるようになってゆく。

松尾芭蕉が『おくのほそ道』の旅をしたきっかけは、白河の関を越える旅に憧れを抱いたからなのだとか。実際に白河を訪れた芭蕉は、「白河の関にかかりて旅ごころ定まりぬ」と詠んでいる。古代の関所としての役割は消えてからも、東北と関東を隔てる場所として、白河の地が特別視されていたことは間違いない。新白河駅東口には、松尾芭蕉の像が立っている。

西郷村側の西口ロータリー。時計塔には「新白河駅のある村・西郷村」とある。矛盾しているようで真実を語るメッセージだ

江戸時代の白河は奥州街道の宿場町であり、白河藩の城下町だった。江戸時代初期の白河藩主・丹羽長重は小峰城（白河城）と城下町の整備を進めた。

このときに仙台藩伊達氏や盛岡藩南部氏など外様の大藩がひしめく東北諸藩の抑えとして捉えられるようになってゆく。藩主家は何度か変わり、江戸時代後半には寛政の改革を主導した松平定信を出している。

「白河の清きに魚も棲みかねて　もとの濁りの田沼恋しき」とは、清廉潔白だが緊縮財政で息苦しい定信の政治と、賄賂が横行したが積極財政で文化も花開いた田沼時代を比較して揶揄した狂歌。〝白河〟はもちろん白河藩主の松平定信を指している。

明治はじめには戊辰戦争の激戦地のひとつになって、白河の市街地は灰燼に帰した。新幹線に乗って新白河駅から先に向かうと、右側の車窓に小峰城が見える。戊辰戦争で落城しているから、もちろん再建されたものだ。

このように、白河は陰に陽に歴史に顔を出す。もはや日本人のＤＮＡレベルで白河は〝みちのくの入り口〟として定着しているといっていい。それはもう、深紅の優勝旗を広げて喜ぶのも、納得なのである。

東北新幹線　8

郡山

KORIYAMA

DATA		
	福島県郡山市字燧田	1887年7月16日開業
	226.7km（東京）	高架2面3線

原野からシカゴ、そして楽都へ

東北新幹線に「なすの」という列車が登場したのは一九九五（平成七）年十二月のダイヤ改正からだ。東北新幹線の近距離列車をそれまでの「あおば」から分離して誕生した。

ただし、「なすの」の名を持つ列車としてはもう少し長い歴史を持っている。

最初に「なすの」が登場したのは一九五九（昭和三十四）年に登場した不定期準急。運転区間は上野～黒磯間で、のちに急行に昇格。最初はもちろん那須方面への観光輸送を担っていた。

ところが、東北新幹線が開業すると那須観光の交通手段はそちらに移り、「なすの」は栃木県内と東京都心を結ぶ通勤列車としての性質を強めてゆく。決定的になったのは、一九八五（昭和六十）年。特急格上げと共に、列車名は「新特急なすの」となった。

そして一九九五（平成七）年にその名を新幹線に譲る。新幹線「なすの」も新幹線通勤のお客をターゲットにしていたのだろう。当初は那須塩原駅までの運転がほとんどだったが、郡山発着の列車を増やしてきた。こうして、郡山駅は「なすの」の終着駅になったのである。

郡山駅に停まる列車は、「はやぶさ」以外のほとんどすべて。各停の「なすの」はもちろん、「やまびこ」の大半が停車する。宇都宮駅や福島駅と並んで、仙台以南の主要駅のひとつといった具合だ。

郡山の中心市街地は、駅の西側に広がる。「ビッグアイ」という高さ約一三二メートル、福島県で一番高いビルが駅前で出迎えて、その向かいにはアーケード街が十字に交わる「駅前アーケード」がある。かつては郡山を象徴するような繁華街だったというが、いまはシャッターが降りている店舗も目立つ。並んでいる店も、どちらかというとオトナの男性向けが多い印象だ。

それでも駅の南西側には、代官小路や陣屋通りといった路地沿いを中心にした繁華街が広がる。福島県内では唯一の百貨店になってしまった、うすい百貨店があるのもこの一角だ。

歴史を辿れば、奥州街道の宿場町がいまの郡山の中心市街地につながっている。福島県郡山市の人口は、県都・福島市よりも多い約三十二万人。福島県最大都市の座を浜通りのいわき市と争う、中通りの中心都市である。

ただし、郡山が都市として発展したのは明治以降のことだ。江戸時代までの郡山は城下町でもなく、一介の宿場町に過ぎなかった。農耕に適さない原野が大半だったことが理由だ。

明治に入ると、久留米藩士などを筆頭に入植が続き、大規模な開拓がスタート。猪苗代湖から水を引く安積《あさか》疎水が一八八二(明治十五)年に完成すると、郡山発展の原動力となった。戦前は繊維産業、戦後は精密機械などを中心とする工業都市としての一面も持つ。

急速な発展の裏側では、ヤクザ者の流入も進み、六〇年代には「東北のシカゴ」などというありがたくない異名を得ていたこともある。

いっぽうで、市民の間で音楽熱が高まり、一九七四(昭和四十九)年にはアメリカからオノ・ヨーコも参加した日本最大のロックフェス「ワンステップフェスティバル」も開催されている。いまの郡山は、「楽都」などとも呼ばれている。新幹線ホームの発車メロディは、郡山ゆかりのＧＲｅｅｅｅＮの『キセキ』である。

東北新幹線　9

福島

FUKUSHIMA

DATA
福島県福島市栄町
272.8km（東京）
1887年12月15日開業
高架2面4線

駅に流れるあのメロディ

福島駅の新幹線ホームに降り立って、コンコースへの階段までを歩く。ほどなく新幹線の発車を知らせるメロディが鳴り響く。『栄冠は君に輝く』。福島出身の古関裕而が作曲した、夏の甲子園のテーマ曲だ。

この曲を聴くと、途端に夏になる。真冬の福島はとても寒い。とても寒いのに、『栄冠は君に輝く』を聴かされるものだから、もうあっというまに気持ちは夏だ。子どもの頃の夏休み、おばあちゃんの家で見た高校野球。そんな想い出が、あっというまによみがえる……。

そうは言ったところで寒いものは寒いので、気持ちだけ夏休みになったところでさしたる意味はない。大事なのは、東北の福島という駅にやってくるだけで、なんだか心が昂ぶるような、そんな気持ちにさせてくれるということだ。『栄冠は君に輝く』のメロディは、日本人の心に焼き付いている夏の想い出のメロディである。

ただ、阪神ファンのぼくにしてみれば、古関裕而ならば『阪神タイガースの歌』（六甲おろし）でもいいのではないかとも思う。強く思う。

古関裕而が六甲おろしを作曲したのは一九三六（昭和五）年。『栄冠は君に輝く』も、それからジャイアンツの『闘魂こめて』も戦後の曲だ。

まあ、もしも六甲おろしが流れたら、そこが福島だろうが何だろうが、タイガースファンが歌い出しかねないので、駅の治安を考えれば賢明な判断と言えなくもない。

福島は、駅の外に出ても古関裕而を推している。新幹線のコンコースには地元の高校の書道部が書いた『栄冠は君に輝く』の歌詞の横断幕。在来線側、東口に向かって長い跨線橋を渡って改札を出ると、駅前広場にはピアノに向かう古関裕而のモニュメント。三十分ごとに古関裕而の手がけた曲が流れるしつらえだ。

他にも町中のあちこちに古関裕而にまつわるスポットがある。実際にこの町で生まれ育ったのだし、だいいち朝ドラ『エール』のモデルにもなった。六甲おろしに限らず日本人なら誰もが聴いたことのある曲も多い。それはもう、推すのもあたりまえ、といったところである。

そんな福島駅は、もちろん県都・福島の玄関口だ。

中心市街地は駅の東口に広がっている。レンガ通りやパセオ470といった通りを中心に繁華街が形成され、北側も北裡《きたうら》通りと呼ばれる歓楽街。駅から見て南東の阿武隈川沿いには福島城の跡があり、いまは県庁舎が置かれている。

さらに県庁舎の前からまっすぐ北を望めば、福島のシンボル・信夫山。なんだか駅にはそっぽを向いているような気がするが、福島の町は実に明快に設計されている。

これは、現在の福島市街を整えたのが明治時代に福島県令を務めた三島通庸《みしまみちつね》だからだ。三島は、福島県令に就任する以前は山形県令を務めており、山形でも県庁舎を中心とした町づくりを進めている。福島と山形を結ぶ大動脈・萬世大路を築いたのも三島通庸だ。

福島は、城下町としては小さかったが、阿武隈川の舟運によって栄えた商都だ。明治初期、大藩の会津は朝敵になったし、浜通りが鉱山都市になるのはもう少し後のこと。開拓前の郡山はいわずもがな。

福島県内において、県都・福島は第三の都市。しかし、県都たりうる理由は歴史にある。そして、商都としての賑わいは、いまも駅を降りて町を歩けば伝わってくる。そこに、古関裕而のメロディを伴いながら。

東北新幹線　10

白石蔵王

SHIROISHIZAO

DATA

宮城県白石市大鷹沢三沢字桜田
306.8km（東京）

1982年6月23日開業
高架2面3線

真田の六文銭のナゾ

福島駅を出て福島盆地を後にしたら、新幹線はいよいよ宮城県に入る。福島駅から仙台駅まではざっと八〇キロ。その中間、宮城県に入ってすぐのところにあるのが白石蔵王駅だ。

白石蔵王という駅名は、開業当初にこの駅に与えられた役割を明快に示している。

白石、というのはもちろん駅の所在地である宮城県白石市から頂いたものだ。白石蔵王駅から途中斎川を渡って北西に歩いて約二十分。在来の東北本線白石駅がある。

白石市の中心市街地はもちろん白石駅周辺に広がっている。だから、白石蔵王駅は中心市街地から外れたターミナル。新幹線ではありふれた、〝新〇〇駅〟の類いの単独駅といっていい。

ただ、多くの単独駅は在来駅とかなり離れていて、到底歩いて移動できるような距離ではないことがほとんどだ。たとえば、九州新幹線の新大牟田駅と在来の大牟田駅など、バスに乗っても三十分ほどかかってしまう。

その点、白石蔵王駅は恵まれている。歩いたところで二十分。中心市街地は白石駅西側の一部に限定されても、白石駅と白石蔵王駅を含めた全体が白石の市街地に含まれているからだ。

ちなみに、白石蔵王駅から福島・仙台両ターミナルまでは、新幹線に乗ってだいだい十〜十五分。在来の東北本線ならば三十分ほどの距離だ。

仙台や福島に通勤する白石市民も少なくなかろう。また、休日に遊びに出かける先もそのいずれか。となれば、急ぐときには新幹線、在来線でも三十分。もしかすると、白石という町はとてつもなく便利なのではないか。

そして蔵王。もちろんこれは宮城県と山形県の県境に聳える蔵王連峰のことだ。白石蔵王駅は、蔵王連峰への玄関口という役割を求められて開業した。「新白石」などという味気ない駅名ではなく、東北が誇る名峰の名を含んだのは、こうした事情があったからだ。

ただし、蔵王連峰へのアクセスはいまや山形新幹線の方が優勢になっている。山形側の蔵王山麓からは山頂までを結ぶロープウェイもあるくらいだ。山形新幹線の開業によって、蔵王連峰を訪れる人は大きく増えたという。

ともあれ、福島と仙台というふたつの県都に挟まれて、いささか地味な印象のある白石蔵王駅だが、地域内における存在感はなかなか大きなものがあるのだろう。

白石蔵王駅に停まる列車の多くは、ひとつ北の仙台駅までの「やまびこ」だ。おかげで、仙台駅以南ではいちばんお客の少ない駅になっている。それでも、駅の中が寂しい印象を受けないのは、市街地が近いこと、そしてやはり少なくてもそれなりにお客がいるから、だ。

そんな白石蔵王駅、そこかしこに気になるものがあった。戦国武将・真田氏の家紋でおなじみ六文銭だ。が、真田といったら信州上田。いったいどうして、東北のこの地で六文銭なのだろうか。

答えは、白石という町の歴史にあった。江戸時代の白石は、仙台藩の重臣・片倉氏が治める白石城の城下町。そしてその片倉氏は、大坂の陣で真田信繁（幸村）が率いる大坂方と激戦を繰り広げた。信繁は、自らの子を刃を交えた片倉小十郎重長に託している。そして、その末裔は代々仙台藩士として続いた。大坂で、敵と味方に分かれて交わった東北と信州の縁が、白石蔵王駅に伝えられている。

東北新幹線　11

仙台

SENDAI

DATA　仙台市青葉区中央
351.8km（東京）
1887年12月15日開業
高架2面4線

東北新幹線の看板役者

もしも自分が東北新幹線だったら、仙台駅までやってきた時点でだいぶ肩の荷が下りた気分になるのではないかと思う。

何しろ、東北新幹線のお客の大半は、東京〜仙台間なのだ。看板列車「はやぶさ」は、大宮駅を出てからというもの仙台駅まで実に三二一・五キロもノンストップで駆け抜ける。東京〜仙台間の所要時間は一時間半ほどだ。なんとなくこの「はやぶさ」のノンストップの駆け抜けが印象にありすぎて、新幹線では大宮〜東京間がノンストップ最長区間だと思っていた。

だが、実際は東海道新幹線の新横浜〜名古屋間で、こちらは三三七・二キロ。東京〜名古屋間の所要時間は一時間四十分とちょっぴりかかる。これは、東北新幹線が国内最速の時速三二〇キロ運転をしていることによる違いだろう。

いずれにしても、仙台駅は東北地方では唯一の政令市にして人口一〇〇万人を超える最大都市のターミナル。

東北新幹線の何よりの役割が、東京〜仙台間の連絡にあることは間違いないといっていい。

それは数字からも明らかだ。

東北新幹線で、一日平均の乗車人員が一万人を超えている駅は、五駅しかない（二〇一九年度）。二万人以上となると、東京・大宮・仙台の三駅だけだ。四番手が約一万三〇〇〇人の宇都宮。仙台駅は約二万六〇〇〇人だから、ダブルスコアの圧勝だ。

輸送量の多寡の目安となる平均通過人員でも同様だ。福島〜仙台間は六万五五五〇人、仙台〜一ノ関間は四万〇三五五人（いずれも二〇一九年度）。仙台駅が、東北新幹線では東京・大宮と並ぶビッグスリー、途中駅では最大のターミナルであることに疑いの余地はない。

だから、新幹線の立場に立てば、仙台駅まで到達したところで最も重要な仕事のひとつを終えている。全車指定席の「はやぶさ」も、仙台駅に到着する直前には降車を待つお客で通路に列ができている。

仙台駅の新幹線ホームは地上四階、中心市街地に近い西側に、駅ビルに内包される形で伸びている。南北それぞれひとつずつ改札があり、それを抜けると在来線中央改札のある二階コンコースを見下ろす吹き抜けゾーン。そこに降りずに通路の奥に進んでゆけば、ずんだ小径に牛たん通りと、仙台名物がすぐに味わえる。

だからといって、新幹線まであと三十分だから駅で牛たん食べるか、なんて気楽に構えてはいけない。だいたいどの店も長い列ができていて、とうてい三十分では牛たんにありつけない。

仙台市内にはあちこちに牛たん専門店があるから、そちらで食べてくれればいいものを。そう文句をつけたくもなるが、やっていることはこちらも同じ。それでも新幹線改札のすぐ脇に名物が揃っていたら、それはもう実にありがたいというほかない。もちろん、土産物店には笹かまも萩の月も売っています。

仙台駅の西口は、新幹線乗り入れ工事に合わせた再開発によって設けられたペデストリアンデッキが広がる。総面積は一万四〇〇〇平方メートルで、日本一の規模なのだとか。

そんなペデストリアンデッキを囲んでいるのは、パルコやロフトといった商業施設。駅前から西に延びる青葉通は「杜の都」の名の通り、街路樹が緑鮮やかに目に映える。

青葉通の南側には仙台朝市、北側にはハピナ名掛丁のアーケード。アーケードの中を西に歩いて行けば、クリスロード、マーブルロードおおまちと名を変えながら進み、中央通りも跨いで一番町まで通じている。

一番町の商店街は北に仙台三越、南に仙台藤崎という百貨店を抱える仙台でいちばんの繁華街。かつては駅前にもさくら野百貨店があったが、二〇一七（平成二十九）年に突如閉店してしまった。

これが他の都市ならば、中心市街地の空洞化などという話になりそうだ。ただ、仙台ではいまも一番町でふたつの百貨店が健在だ。きっと、都市としての規模が大きいがゆえに、駅前だからとて安穏としてはいられない、という現実なのだろう。

一番町から一筋西に入れば東北最大の歓楽街・国分町。さらに西に向かえば広瀬川が流れ、その向こうには青葉山。仙台藩伊達氏の居城・仙台城（青葉城）があった城山で、東北大学のキャンパスなども広がっている。

このように、仙台という町は駅を東に置いて西の青葉山との間に中心市街地を持つ都市なのである。

西に青葉城、東に楽天宮城

城下町時代の仙台の中心は、国分町の一角にある芭蕉の辻だった。南北に奥州街道が通っていた大動脈。芭蕉の辻で西に折れれば仙台城に通じており、まさに城下の要といっていい場所だった。

ところが、仙台駅はそうした市街地から外れた東端に生まれた。いまの宮城野貨物線に沿って直線的に仙台市内を抜けるルートも検討されたようだが、少しでも城下町に近づけてほしいという仙台市民の要望を入れて、いささか迂回のきらいのある現ルートに落ち着いた。

こういうとき、新幹線が新たに乗り入れて駅ができるとなると、在来のターミナルに新幹線駅を併設しないケースも多い。直線で突き抜けるのが新幹線の特性だから、仙台の市街地でくねくねとカーブを繰り返すのは性質に合わない。

だから、宮城野貨物線沿いに新幹線を走らせて、仙台貨物ターミナル付近に単独の新幹線仙台駅を置く案もあった。

仙台の中心市街地は、駅前からアーケードを西に抜けて行った先の一番町。ふたつの百貨店を持つ、東北最大の繁華街だ。このさらに脇には歓楽街の国分町もある

ただ、新幹線の直線性はスピードを出してこそ意味がある。仙台駅にはどうせすべての列車が停まることになるわけで、わざわざ郊外に単独駅を置くデメリットを背負いこむ必要はなかった。こうして、新幹線の駅も在来の仙台駅に併設されたのである。

一八八七（明治二十）年に仙台駅が開業した時点で、駅の東側はほとんど未開の地だったようだ。北側には塩竈・石巻方面に向かう街道があったものの、その沿道以外はほとんど開発されていなかった。

その後も歩兵第四連隊が現在の榴岡公園一帯に置かれたほかは、製糸工場などが広がる武骨なエリア。宮城野原には練兵場が広がっていた。

戦後、それら工場や軍事施設は姿を変えて、いまの仙台駅の東口は西口にも負けない市街地になった。練兵場跡は貨物駅と公園に。その一角が、東北楽天ゴールデンイーグルスの本拠地である、楽天モバイルパーク宮城だ。最寄り駅は仙石線の宮城野原駅。試合日には小さな地下駅がお客で溢れかえる。もしも、新幹線の仙台駅が宮城野貨物線沿いにできていたら。そんな妄想もしたくなる、二十一世紀に生まれた仙台の新名所である。

東北新幹線　12

古川

FURUKAWA

DATA
宮城県大崎市古川駅前大通
395.0km（東京）
1913年4月20日開業
高架2面2線

民本主義と黄金のポスト

仙台駅のある仙台平野から松島丘陵を抜けると、広大な田園地帯が広がる大崎平野に入る。平野部の広さという点では仙台平野に引けを取らない。

鳴瀬川・江合川の氾濫原に広がる肥沃な大地は、古くからの農耕の地。奈良時代には大規模な城柵が築かれて、陸奥支配の前線基地にもなっていた。戦国時代には大崎氏と伊達氏が盛んに争い、秀吉による奥州仕置で伊達政宗が入る。正宗は大崎平野の北西、岩出山城を拠点として城下町を整えている。

つまり、広大な肥沃の土地を持つ大崎平野は、古代からの奥州の中心だった、というわけだ。

正宗が仙台に拠点を移すと、大規模な都市が形成されることはなくなった。いまも大崎平野は、宮城県内でもいちばんの稲作地帯だ。

古川駅があるのは、そんな大崎平野のど真ん中。奥羽山脈を横断するローカル線・陸羽東線と交わるその場所に、古川駅が置かれている。そして、その古川駅を中心に、周囲に円を描くように広がるのが、宮城県大崎市の中心市街地である。

東西が陸羽東線、南北が新幹線という十字交差の駅なので、出入口は四か所に置かれている。中でも中心的な役割を担っているのは、北西側だ。大きな駅前広場が待ち受けて、その中央には「大正デモクラシーの旗手　吉野作造生誕の地」と書かれたポールが立っていた。

吉野作造さんは、言葉の通り民本主義を唱えて大正デモクラシーを牽引した政治学者だ。民本主義とは……という話をはじめるのは、専門家でもないので難しい。どうやら民主主義とは違うというふうに吉野作造自身は定義していたのだとか。いずれにしても吉野作造さん、学校の教科書にも出てきたような記憶があります。

もうひとつ、古川駅前にあるシンボルは金色のポストだ。「豊穣の黄金ポスト」というらしい。大崎平野が稲作の地、ということにちなみ、金色にそよめく稲穂をイメージしたのだとか。

黄金のポストとは、ずいぶん珍しい……と思って調べてみたら、古川駅前のこのポストのことなんてほとんど検索に出てこない。出てくるのは、東京オリンピック・パラリンピック後に金メダリストゆかりの地に黄金ポストを設置した「ゴールドポストプロジェクト」ばかりだ。

そういえば、他のどこかの駅前で金色のポスト、見たことがある。それは多分、このゴールドポストプロジェクトのものだろう。

駅前広場から南側、陸羽東線の線路を挟んだ向こう側には古川学園中学・高校の校舎が見える。ちょうど夕方頃に古川駅に着いたので、そういえば駅の中には学生さんがたくさんいた。陸羽東線で通学する人もいれば、中には新幹線通学を決め込んでいる人もいるに違いない。

そして、大崎の中心市街地があるのも、駅前広場のある北西側の一角だ。駅前広場から西に向かって歩いて行くと、少し進んだ先に商店街のようなエリアがあった。さらに奥には映画館もあるようだし、ビジネスホテルも多い。江戸時代には奥州街道の宿場街もあったとか。

新幹線開業以前の古川駅は、いまよりも西側にあった。旧宿場町の市街地のより近く、ということだろうか。

駅が移転して新幹線が乗り入れた、広大な平野の真ん中の駅。陸羽東線に乗り継げば、岩出山、そして鳴子温泉である。

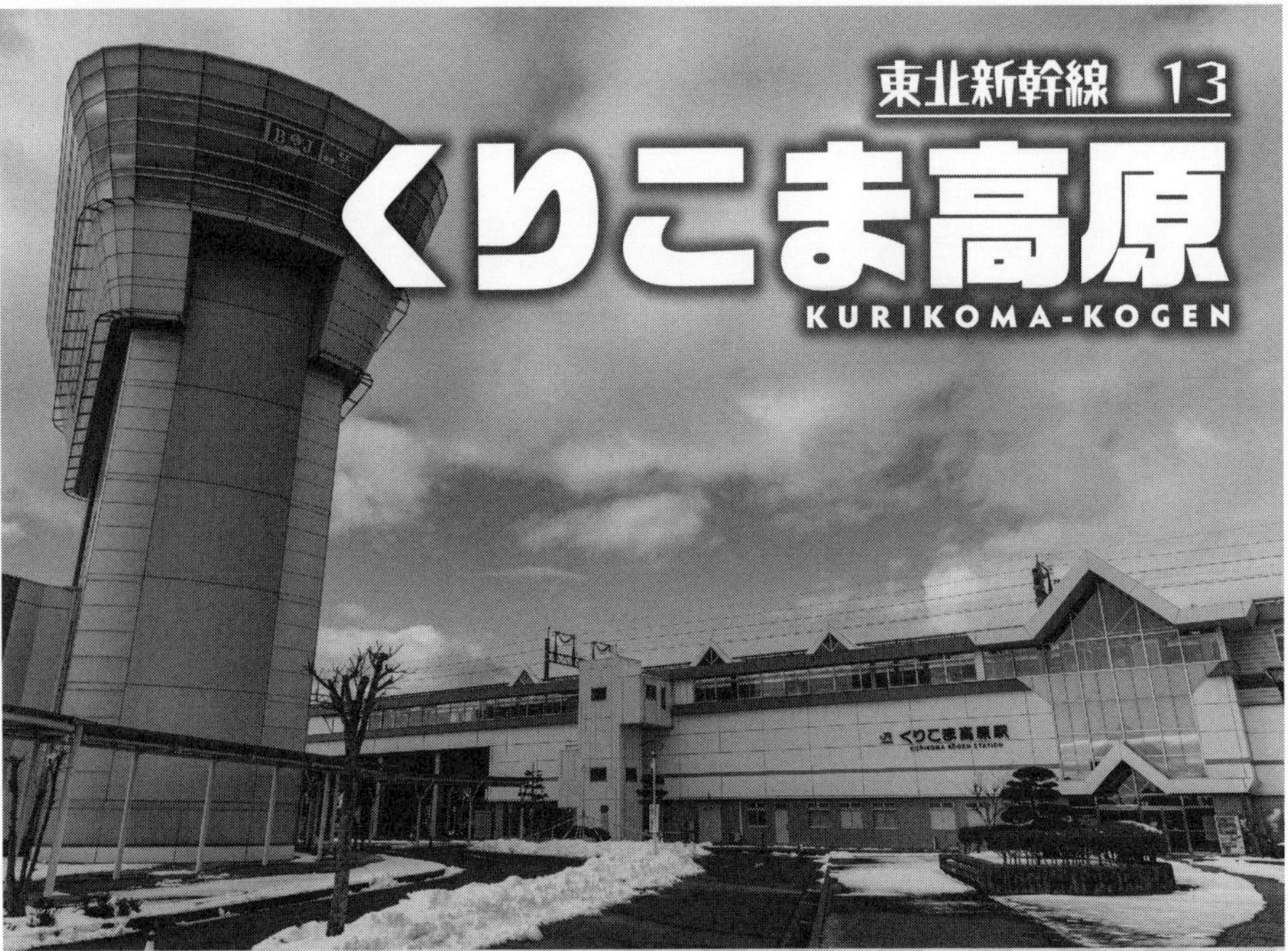

東北新幹線　13

くりこま高原

KURIKOMA-KOGEN

DATA
宮城県栗原市志波姫新熊谷
416.2km（東京）
1990年3月10日開業
高架2面2線

イオンとエポカとカリヨン広場

いろいろ頭を捻って考えてみても、どうしたってこの駅がある意味が見出しにくい。

駅のすぐ東側にはエポカ21という背の高いビルが建っていて、ホテルやレストランが入っている。西口には大きな駅前広場があって、大きな水車が印象的なカリヨン広場という小さな公園もある。その先には、イオンのショッピングセンターもある。

が、これがこの駅のほとんどすべてだ。あとは、パークアンドライドのための駐車場があるくらいで、まったくの田園地帯である。

東北新幹線は、いくら各駅停車の小駅にしたってそれなりの市街地を持っていた。単独駅でも駅の周りには市街地ができていた。ところが、この駅に限っては、ほんとうに田園地帯の中に唐突に新幹線駅が現れた、という以外に適した表現が思い浮かばない。

くりこま高原駅は、そういう駅である。

くりこま高原駅が開業したのは、一九九〇（平成二）

年のこと。すでに新幹線は開業しており、後から設置された駅のひとつだ。

くりこま高原駅があるのは、宮城県栗原市。ただし、栗原市が発足したのは二〇〇五（平成十七）年の平成の大合併。栗原郡十町村が合併して生まれた。開業時点では栗原郡志波姫町の駅だった。そのときにはイオンもエポカもなかったわけで、本当に文字通り田園地帯に忽然と現れた新幹線駅だったのだろう。

駅の開業を求める動きは、新幹線開業以前からあったようだ。古川～一ノ関間は約五〇キロ離れており、その間にひとつ駅を置いてもいいじゃないか、というわけだ。

いまでこそ、宮城県北部には栗原市と登米市というふたつの〝市〟が生まれている。しかし、当時はそれぞれ栗原郡・登米郡というふたつの郡があり、そこに小さな町村がいくつも属しているだけだった。新幹線駅を置くような中核的な町もほとんどない。

強いて言うならば、いまは栗原市の市役所が置かれている築館か、登米市役所が置かれる佐沼か。ただ、いずれも在来の東北本線のルートからも外れていた。

いちおうローカル私鉄は存在していて、築館には一九五〇（昭和二十五）年廃止の仙北鉄道築館線、佐沼には一九六八（昭和四十三）年廃止の仙北鉄道（のち宮城バス）登米線があり、東北本線瀬峰駅と連絡していた。また、北部には細倉鉱山の鉱石輸送が主たる役割の栗原電鉄（のちくりはら田園鉄道）があった。

しかし、全体としては公共交通には恵まれていないエリアといっていい。そうした一帯を南北に走る新幹線。駅設置を求めたくなるのもしかたがない。栗原郡や登米郡に加え、三陸海岸沿いの本吉郡なども巻き込んだ誘致運動に発展し、「栗原・登米駅」として国鉄・JR東日本に陳情を繰り返している。

結果的にくりこま高原駅が開業したということは、そうした願いが成就したということだ。ただし、一般市民からの募金を含め、駅設置にかかる費用は全額を地元が負担した請願駅である。

くりこま高原駅の駅前広場には、第一次中曽根内閣で運輸大臣を務めた栗原出身の政治家・長谷川峻の像もある。こういう駅に政治家先生の像というのは、あらぬ邪推を生むのでよした方がいいのではないかと思うのだが、いかがだろうか。

東北新幹線 14

一ノ関

ICHINOSEKI

DATA
岩手県一関市駅前
445.1km（東京）
1890年4月16日開業
高架2面2線

夕暮れどきの一ノ関

新幹線の駅数がいちばん多い都道府県は、新潟県と岩手県だ。どちらも県内に七つの新幹線駅を持つ。

ただし、新潟県の場合は上越新幹線が五駅、北陸新幹線が二駅で、二路線が県内を走っているからこそのナンバーワン。その点、岩手県は東北新幹線という単独路線だけで七駅を持っている。

ついでに言えば、新在直通の秋田新幹線雫石駅も岩手県内にある。だから、岩手県は実質〝日本一新幹線に恵まれている県〟といっていい。その第一の駅が、一ノ関駅である。

一ノ関駅があるのは、岩手県一関市だ。岩手県でもいちばん南に位置する町である。

この駅と自治体の関係をあれこれするとき、避けて通れないのが駅名には〝ノ〟が入るが、町の名前には入らないということ。

厳密なことをいえば表記揺れということになり、校閲さんのご指摘をいただいてしまいそうだ。ただ、似たような例はあちこちにあって、たとえば熊谷も阿佐ケ谷や千駄ケ谷のように〝ケ〟が入ってもいいじゃないかということになる。

どちらがどちらを採用しているか、明確な理由もないものだ。だから、こういう問題はあまり深く考えないほうが幸せである。

さて、きちんと〝ノ〟を入れて一ノ関駅を降りよう。

一ノ関駅のホームに降りて階段までを歩いていると、なんだか寂しい気持ちになる曲が聞こえてきた。この駅の発車メロディ、『夕暮れ時はさびしそう』。もうタイトルからしてさびしいと言ってしまっている。

一関工業高専出身のフォークグループ・NSPの代表曲だそうだ。発売されたのは一九七四（昭和四十九）年だから、だいぶ昔の曲である。曲のタイトル通りに夕暮れ時に一ノ関駅にやってくると、メロディに乗せられて寂しい気持ちになってしまうので、気をつけましょう。

新幹線の改札を抜けると、その先はまだ在来線の改札内。東口と西口があるので、どちら側に出るのかという選択を迫られる。

手っ取り早いのは、新幹線改札のすぐ近くにある西口改札だ。ただし、西口は新幹線の開業前後から開発が本格化したエリア。目の前には大きな工場のような施設があるが、これは二〇一九（平成三十一）年に撤退したNECの工場だ。

一関の市街地に出るには、西口ではなく東口。新幹線改札からは在来線のホームや側線を跨ぐ通路を歩く。

一ノ関駅は、在来線においても要の駅だ。一八九〇（明治二十三）年に日本鉄道の駅として開業したのと同時に、一ノ関機関庫（のち一ノ関機関区）も置かれている。一九二九（昭和四）年には車掌区も設置されるなど、開業以来岩手県南における鉄道運行の拠点を担ってきた。

そのため、かつての一ノ関駅構内は相当に広く、新幹線のホームはちょうどその敷地の余地を利用して設けられている。いまでも新幹線ホーム・線路の西側に在来のホームがある反面、東側にも側線や転車台が残っている。

いまではさすがに蒸気機関車の運転もなくなったし、在来の東北本線からは特急列車も姿を消した。

それでも、一ノ関駅を跨いで運転される普通列車は一本も存在せず、運行の要としての位置づけはいまだに健在。ここで分かれて三陸海岸と連絡する大船渡線にはポケモン列車も走っている。

そんなポケモン列車の拠点でもあるからか、跨線橋を渡って西口に出れば、改札口の前にはポケモンがらみのあれこれがちりばめられている。大船渡線にポケモン列車が走り出したのは二〇一二（平成二十四）年。

いったいなんで大船渡線にポケモンなのかと思っていたが、どうやら震災復興策のひとつだったようだ。一ノ関や気仙沼とポケモンの間に、直接的な関係は何もない。

そしてようやく一ノ関駅西口だ。

岩手県の入り口の町。そして鉄道運行の要の地。そうはいっても、「はやぶさ」の多くが通過してしまうような駅だ。だから、はっきり言って舐めていた。駅前に小さな市街地があるくらいで、あとは何もないんでしょう。ここで何を書けばいいのか、きっと悩むことになるんでしょう。そう思い込んでいた。

しかし、それはまったくの間違いだった。

一ノ関駅と、駅が抱える一関市街地は、実に大きく立派な町だ。これまで通り過ぎてきた、たとえば新白河だとか白石蔵王だとか、そういう駅とはひと味もふた味も違っていた。

三賢人と一関の歓楽街

駅はさすがに商業施設が入っている駅ビル、などということはない。ただ、二階建てのごくありふれた、それでいて国鉄感も漂う駅舎の中にはカフェなど飲食店が入っている。それもちょっとオシャレなタイプの店だ。

駅機能の縮小で浮いたスペースの有効活用、などといったら身も蓋もない。オシャレカフェが駅舎の中で営業できるということは、それなりにお客がいるということ。一ノ関駅は、一関の町の賑わいの拠点になっている。

駅前広場の一番目立つところには、「大槻三賢人」の像。三賢人とは大槻玄沢（江戸時代の医者）・大槻磐渓（江戸時代の学者）・大槻文彦（明治期の国語学者）だ。いずれも学問の道を究めた傑物で、一関出身なのだとか。

駅前広場を取り囲むように、居酒屋などが入った雑居ビルが建つ。ビジネスホテルもいくつかある。

目抜き通りを歩いてゆくと、そこは典型的な都市の駅前風景といっていい。チェーンの飲食店も多いし、地方都市には珍しく〝駐車場のない〟コンビニまであった。

広大な一ノ関駅の構内。右奥に見える高架が新幹線のホームで、大船渡線は高架下を潜って東に向かう。いまでも鉄道運行の拠点であることは変わらない

そこから路地に入ればスナックや「白衣の天使」などと名乗るオトナのお店の看板も。そして一関駅前の交差点を右に曲がれば、「大町銀座」と名付けられた商店街に出る。広く歩道が整備され、昔ながらの商店からリニューアルしてちょっとオシャレに化粧をした店までが並んでいる。地域のFMラジオか何かがBGMとして流れているのも悪くない。

目抜き通りから商店街に入らずまっすぐ西に行けば、北上川の支流・磐井川。その南側の小高い山の上には一関藩の藩庁だった一関城跡がある。

平安時代、奥州藤原氏の時代には一関は平泉の前衛都市だった。江戸時代には仙台藩の事実上の支藩にあたる一関藩の城下町。磐井川から北上川に通じる舟運の拠点で、物資の集積地として賑わっていたのだろう。

新幹線が乗り入れたいまでは、平泉観光の玄関口という役割も持つ。駅前には「栗駒・三陸・平泉　ここの起点が一関」と書かれた歓迎柱。三陸はともかく、栗駒も平泉も、新幹線には直接的な玄関口であることを期待される駅がある。さて、お隣の水沢江刺駅。一ノ関駅との関係は、どうなっているのだろうか。

東北新幹線　15

水沢江刺

MIZUSAWAESASHI

DATA
岩手県奥州市水沢羽田町駅前
470.1km（東京）
1985年3月14日開業
高架2面2線

南部鉄器、ここにはじまる

岩手県に入ってからの鉄道の旅は、どこまで行っても北上川とともにある。

在来の東北本線が通っているのは、北上川の西岸だ。途中、いくつか北上川に合流する支川を渡ることはあるが、盛岡以北の最上流部までは北上川を決して跨がずに北に進む。大河川に橋を架けることが容易ではなかった時代の名残というべきだろうか。

いっぽうの東北新幹線。こちらはさすがに北上川なんてなんの障害にもならずに進んでゆく。ただし、ほとんどが東岸を走っており、北上川を渡ってその西岸に移るのは北上駅や盛岡駅で在来線に接続するときくらいだ。だから、新幹線単独駅である水沢江刺駅の場所は、在来の水沢駅周辺に広がる水沢の市街地とは北上川を挟んで対岸にある。

よく、ローカル線のお客がなかなか増えない理由のひとつに、市街地と離れた場所を走っていることが挙げられる。特に渓谷に面した場所などでは、対岸の旧道沿いには集落があるが、駅に向かうためには数少ない橋を渡らなければならなくて、ならば最初からマイカーを使う、といったケースが多い。

さすがに在来の大動脈である東北本線と新幹線では規模も役割も違うが、本質的な関係性としてはよく似ているのではないかと思う。

そういうわけで、水沢江刺駅は奥州市の中心市街地である水沢の町からは、直線距離で約三・七キロ離れている。周囲はどちらかというと田園地帯。請願駅として一九八五（昭和六十）年に開業した単独駅だ。

高架の駅を降りて西側の駅前広場に出ると、目の前には後藤新平と少年の像。後藤新平は、台湾総督府民政長官や満鉄総裁などを務め、国内でも関東大震災後の帝都復興計画を推進した都市計画のスペシャリストだ。

また、我田引鉄を旨としてローカル線建設に邁進した立憲政友会とは反対の方向性、いわゆる〝改軌論者〟でもあった。後藤の存命中には成し遂げられなかったが、新幹線は後藤らが掲げた〝広軌新線〟の結実という一面もある。新幹線の駅前に後藤の像があるというのは、なんだか実にしっくりくる組み合わせなのだ。

その脇のタクシープールの真ん中には、でっかい鉄の瓶のモニュメント。岩手県の特産、南部鉄器だ。

南部鉄器というと盛岡のイメージが強いが、ここ奥州市も産地のひとつ。実は歴史は盛岡よりも古く、奥州藤原氏が上方から鋳物師を招いたのがはじまりだ。

奥州市は岩手県ではあるものの、江戸時代には南部氏の盛岡藩ではなく伊達氏の仙台藩の領内。伊達氏もこの地の鉄器生産を手厚く保護し、明治初期には東北でいちばんの鉄器生産地になっている。

そんな奥州市における鉄器生産の拠点が、水沢江刺駅から少し南西側に歩いた一帯に広がる古い市街地。もちろん駅ができるより遥か前から存在していて、いまも新幹線の新駅の周辺とは思えない町並みが広がっている。

また、駅のすぐ脇には奥州市伝統産業会館があって、南部鉄器の取り扱いもある。

駅から西に進めば北上川が流れ、その向こうには水沢の市街地。奥州藤原氏よりも前、平安時代初期には坂上田村麻呂が奥州攻略の拠点を置いた。いわば、古代奥州の中心地。そこからはじまった南部鉄器の営みが息づいている、水沢江刺駅である。

東北新幹線　16

北上

KITAKAMI

DATA
岩手県北上市大通り
487.5km（東京）
1890年11月1日開業
高架2面3線

駅前の大きなナゾの雑居ビル

東北新幹線、そして在来の東北本線は、岩手県内において北上盆地の真ん中を南北に貫いている。

西には奥羽山脈、東には北上高地が連なり、南北約九〇キロ。幅は広くても二〇キロ程度で、つまり北上盆地は南北に細長い盆地だ。

岩手県内の主要都市はほとんどこの盆地にあり、交通網も集中している。古くは旧奥州街道、その系譜を引く国道四号。東北本線と東北新幹線はもとより、高速道路でも東北自動車道が通る。

そして、忘れてはいけないのが北上川だ。岩手県北部を源流として北上盆地を南流する。その過程では、奥羽山脈や北上高地から流れてくる支川をいくつも合流、下流域では仙台平野に入り、追波湾・石巻湾に注ぎ出る。東北地方どころか、日本を代表する大河川のひとつだ。

そんな東北のシンボルとも言うべき大河と同じ名を持つ駅が、北上駅である。

北上駅は、一八九〇（明治二十三）年に黒沢尻駅として開業した。所在していた和賀郡黒沢尻町にちなんだ駅名だ。いまの北上駅に改称したのは一九五四（昭和二十九）年。同年に黒沢尻町をはじめとする七町村が合併して北上市が誕生したことに伴う。だから、北上駅という名は直接的に北上川にちなんだものではない。

しかし気になる。北上川の恵みを受けているのは流域の町すべてなのだ。いや、それどころか江戸時代には仙台藩・盛岡藩・八戸藩の蔵米輸送に使われていたから、江戸の人々もその恵みを享受していた。なのに、この北上駅の抱える町が「北上市」を名乗っているのはどういうことなのだろうか。

そんな疑問を抱きつつ、北上の町を歩いた。

北上駅は、大きいのか小さいのか、よくわからない駅だ。新幹線は在来線の線路や車両基地の東側にあり、ホテルが集まる駅前を抜ければすぐに北上川沿いに出る。

市街地は西側で、駅舎はごく普通の地方都市のターミナルらしい二階建ての建物だ。その脇には、ＪＲ東日本系列のホテルメッツ。ほかにも駅の周辺には多くのホテルがあり、ビジネスや観光で宿泊する人も少なくないのだろう。

駅前広場の向かいには、アートネイチャーや居酒屋の看板がやたらと目立つ大きなビル。北上駅前一帯の、まさにシンボルというか顔役というか、それだけの存在感を持っているビルが建っている。

ただ、惜しむらくはこのビルがいったいどんなビルなのかがよくわからないということだ。

少なくともわかるのは、居酒屋チェーンの魚民や千年の宴が入っていること、あとは北上観光物産館が入っているということ。それくらいだ。

そこでちょっと調べてみると、この駅前ビルは一九八六（昭和六十一）年に完成したものだという。その年次から、きっと新幹線の開業に伴う駅前再開発の産物なのだろう。

そして、その当時のテナントはイトーヨーカドーとワシントンホテル。言われてみれば、大型スーパーや名のあるホテルにふさわしい見た目が残っている。新幹線の時代、新しい北上のシンボルとして、期待が大きかったのであろうことがうかがえる。

しかし、一九九九（平成十一）年にホテルメッツが開業したことなどもあって経営難に陥り、イトーヨーカドーもホテルも撤退。いまは飲食店がメインのしがない雑居ビルになっている。このあたりの変遷は、まさに昭和の終わり頃から平成にかけての日本の歴史そのものが凝縮されているといっていい。

とはいえ、北上がまったく衰退している寂れた地方都市なのかというと、そうでもなさそうだ。

いまは「おでんせプラザぐろーぶ」となっている駅前のビルの脇から目抜き通りを西に進むと、道沿いにはホテルやオフィスビルが建ち並ぶ。さすがに大都会と言うほどではないが、一定の規模の都市らしい様相だ。

目抜き通りから北に入ると、小さなスナックが集約されている雑居ビルが建ち並ぶ歓楽街ゾーン。さらにその先に抜ければ、本通りと呼ばれる北上市街地のメインストリートに続く。その一角には、旧さくら野百貨店（ツインモールさくら野）が建つ。

さくら野百貨店は青森に本拠を置く北東北の地場百貨店。さぞかし古くからの北上市街地のシンボルかと思いきや、実はだいぶ新しい。もとは二〇〇〇（平成十二）年にビブレとして開業し、二〇〇二（平成十四）年からさくら野百貨店の名を頂いて営業を続けている。

北上盆地の中心はここに

このさくら野百貨店があるあたりは、旧奥州街道黒沢尻宿の中心に近い。つまり、この一帯が、北上の町の原点といっていい。

旧奥州街道の道筋を南に進むと和賀川を渡る。その橋の名は、「九年橋」という。

東側には旧道の九年橋、その隣には県道の九年大橋が架かり、さらにいちばん西には国道四号が通っているが、直接的に奥州街道に通じているのはいちばん東の九年橋だ。なんでも、一八七六（明治九）年の明治天皇行幸の折、初代の木橋が架けられたのが橋の名の由来だという。

九年橋を渡ってさらに田園地帯の間を少し抜けたところにあるのが、南部領伊達領境塚。わかりやすく言い換えれば、南部氏盛岡藩と伊達氏仙台藩の境界が、ちょうどこのあたりにあったということだ。

いったいどうしてこの場所が境界になったのかはよくわからないが、政治的・軍事的な駆け引きの結果の線引きだろう。いずれにしても、北上という町は、盛岡藩・

かつてはホテルやイトーヨーカドーが入っていた北上駅前のビル。いまではホテルも撤退し、居酒屋などが入る雑居ビルと化している

仙台藩の境界の町。外様の大藩同士が接する境界は、三十八度線とまではいかないものの、それなりに緊張感の漂う要の地であったことは間違いない。

そしてもうひとつ、北上の町では奥羽山脈から流れる和賀川が北上川に合流していることも見逃せない。鉄道のなかった時代には北上川が物流の大動脈であり、北上（黒沢尻）は、その最大の河港になっていた。盛岡藩・仙台藩いずれにとっても境界の要地だったことも、関係しているのだろうか。鉄道だろうが河川だろうが、交通の要の地には物資が集まり、商業が栄える。

ちなみに、平安時代には北上市内は前九年の役の戦場となり、奥州藤原氏が馬や砂金を運んだ街道の跡も残る。

このように、北上の町は北上川という大動脈を持つ北上盆地、ひいては奥州北部の中心的な町だったのだ。だから、北上市という名乗りも、北上駅という駅名にも何の不都合もないというわけだ。

そして、北上駅から分かれて和賀川沿いをさかのぼるローカル線の名は、北上線という。市内には東北横断自動車道が分かれる北上ジャンクション。いまも昔も、北上は交通の要衝なのである。

東北新幹線　17

新花巻

SHIN-HANAMAKI

DATA　岩手県花巻市矢沢　500.0km（東京）　1985年3月14日開業　高架2面2線

注文の多い料理店

新花巻駅が開業したのは、一九八五（昭和六十）年三月十四日。請願駅として、路線開業から遅れて誕生した駅のひとつだ。

この駅の役割は、まず花巻という観光都市の玄関口。そして、JR釜石線との接続にある。釜石線は北上高地を横断して北上盆地と三陸海岸を結ぶ路線のひとつだ。三陸海岸の中でも、釜石は〝鉄の町〟として明治初期から日本の近代化を支えた工業都市だ。その釜石と花巻、ひいては県都の盛岡と結ぶ釜石線は、北上高地横断線の中でもひときわ重要性の高い路線といっていい。

戦後、釜石の製鉄業は衰退してしまったが、それでも釜石線の新幹線と三陸海岸の連絡という役割の大きさは変わっていない。

新花巻駅に停車する列車はほとんどが「やまびこ」だが、一日に五往復だけ「はやぶさ」の停車がある。上りの「はやぶさ」の時間が近づくと、接続する釜石線のディーゼルカーから次々とお客が降りてきて、道路の下を潜る地下道を抜けて新幹線のホームに向かう姿を見ることができる。

かくいうぼくも、釜石を訪れた後はだいたい決まって新花巻駅から上りの「はやぶさ」で帰るのが常になっている。そこでよくできているなあと思うのは、釜石線の快速「はまゆり」が数少ない「はやぶさ」と接続することだ。おかげで、新花巻駅は遅れて生まれた新幹線駅とは思えないくらい、重要な役割を果たしている。

とはいえ、新花巻駅の周辺は何があるわけでもない田園地帯だ。大きな駅前広場には、釜石線をイメージした(というか宮沢賢治にちなんだ)銀河鉄道のオブジェがあったりするが、せいぜいそれくらい。区画整理された駅前に住宅などもポツポツと建っていても、市街地と言うにはほど遠い。

そんな中、宮沢賢治の郷らしく、駅前には「山猫軒」という看板を掲げた飲食店がある。『注文の多い料理店』に登場するあの店だ。ということは、うかつに中に入ったら、くしゃくしゃの紙くずのような顔になって元に戻らなくなってしまうんじゃ……。

もちろんそんなことがあるはずもないのだが、そう思わせるだけでも、ある意味では山猫軒の勝ちである。

そして、駅前から南西の森に向かって三十分ほど歩いてゆけば、宮沢賢治記念館や童話村のある森へ。まさにイーハトーブの森といったところで、花巻という町が宮沢賢治と一体不可分の関係であることがよくわかる。

ただし、花巻の中心市街地は新花巻駅から遠く西、北上川を挟んだ先の在来線花巻駅近くに広がっている。

より厳密なことをいうと、花巻の古くからの市街地は北上川ほとりの高台にある花巻城より南側。花巻駅は市街地から見ればさらに北西の高台にある。

花巻駅の西口、つまり市街地の反対側からは、かつて花巻電鉄というローカル私鉄が走っていた。花巻温泉や鉛温泉に結ぶ観光路線。どちらも七〇年前後に廃止されてしまったが、花巻温泉線の一部は花巻東高校に向かう通学路として町の中に残っている。

花巻東高校といえば、あの大谷翔平の出身校。世界一の野球選手の母校というわけで、さぞかし町も賑わっているのだろう……と思ったが、新花巻駅にも花巻駅にも、大谷翔平の〝お〟の字もない。やっぱり花巻は、宮沢賢治の町なのである。

東北新幹線　18

盛岡

MORIOKA

DATA	岩手県盛岡市盛岡駅前通 535.3km（東京）	1890年11月1日開業 高架2面4線

新幹線の〝元〟終着駅

二〇二三（令和五）年一月、ニューヨークタイムズが発表した「行くべき場所」の中で、盛岡が紹介されたらしい。世界中で五十二か所のうちのひとつだから、なかなかの高評価だ。

それによると、盛岡は「人混みなく歩いて回れる宝石的スポット」なのだという。東京や京都、大阪のように混み合っていることもなく、和洋折衷の古い建築物も多く、それでいて優れた店もたくさんあって……。

確かに、それはもう首肯せざるを得ない。盛岡が素晴らしい町だというのは、疑う余地がない。

しかし、である。ケチをつけるような無粋なマネはしたくないが、日本どころか世界中五十二か所のうちのひとつというのは、いささか過大評価気味なのでは、という気がしなくもない。

だからこそ、改めて盛岡とはどういう町なのかを考える機会にしてみたい。

北上川と雫石川、そして中津川が合流する、北上盆地の北端に盛岡の駅はある。新幹線はもちろん高架。在来線はその西側の地上にホームを持っている。

在来線の線路を跨いで西口に出ると、こちらにも市街地はあるが、すぐに雫石川のほとり。反対に、東口もすぐに北上川に出る。ふたつの川に挟まれた、いわば中洲のような場所にあるのが盛岡駅というわけだ。

中心市街地に近いのは東口だ。駅前には比嘉愛未がヒロインを演じた朝ドラ『どんど晴れ』の記念碑があったり、石川啄木の歌碑があったり。啄木先生はひときわ丁重に扱われていて、駅舎の壁面には啄木直筆の「もりおか」の文字もある。

東口の駅前にも立派な市街地が広がっているが、本番はもう少し先。開運橋という、良いことのありそうな名前の橋で北上川を渡ると、その向こうに盛岡城を中心とした盛岡の中心市街地が広がっている。

盛岡の町のはじまりは、一五九八(慶長三)年に南部氏の新たな拠点となったこと。当時は不来方《こずかた》と呼ばれており、盛岡城築城以後盛岡藩の中心となって発展した。江戸時代には砂金による恵みを求めてか、近江商人がやってきて商業都市としての性質を強めたという。

幕末には奥羽越列藩同盟に属して〝朝敵〟になってしまったが、近代以降岩手県は実に四人もの総理大臣を輩出している(原敬・斉藤実・米内光政・鈴木善幸)。

これがなぜなのかはよくわからない(たぶんただの偶然だろう)。が、盛岡を県都とする岩手県が、近代以降の日本においてそれなりの存在感を持っていたことは間違いない。

ここで盛岡駅に戻ろう。

こと新幹線に限ると、盛岡駅は実に大きな意味を持つ。というのも、一九八二(昭和五十七)年に東北新幹線大宮〜盛岡間が開業してから約二十年にわたって、盛岡駅は新幹線の終着駅だったのだ。

延伸以前の時代が長かったから、〝東京から新幹線で結ばれる最北の地〟というイメージも醸成されただろう。もうすでに盛岡以北に延伸してから二十年以上が経つから、いまさら盛岡を特別視することもない。

しかし、開業から二十年の間に作られたイメージは、そうそう簡単には拭えない。何か特別な東北の町。そんなイメージが、「行きたい町」になり得る何かにも反映している……というのはただの妄言とも言えないと思う。

東北新幹線　19

いわて沼宮内

IWATE-NUMAKUNAI

DATA　岩手県岩手郡岩手町大字江刈内　566.4km（東京）　1891年9月1日開業　高架2面2線

ホッケーと名犬シナモン

盛岡駅でいったん一区切りの感もある東北新幹線だが、旅はまだまだ続く。いや、むしろここからがある意味では本番といっていいかもしれない。

盛岡以南が開業したのは、一九八二（昭和五十七）年のことだ。その後、都心のターミナルが大宮から上野、そして東京へと移動することはあったが、北の終点は盛岡駅という時代が長く続いた。

それが、二〇〇二（平成十四）年に打ち破られた。盛岡～八戸間の延伸だ。盛岡までは整備新幹線ではなく、盛岡以北は整備新幹線。おかげで並行在来線がJR東日本から経営分離されて、IGRいわて銀河鉄道と青い森鉄道という第三セクターが生まれている。そしてこの延伸時に開業した駅のひとつが、いわて沼宮内駅だ。

いわて沼宮内駅があるのは、北上盆地から北に抜けた山の中。駅のすぐ西側には上流域でだいぶ細くなった北上川が流れている。つまり、北上川上流の河谷集落の玄関口、というわけだ。

周囲を山に囲まれたのどかな北の小集落にはどうみても不釣り合いな大きさの駅を降りると、在来のいわて銀河鉄道線を跨ぐ。そして西側に設けられた駅前広場へ。

橋上駅舎の階段を降りたところには、ホッケーをする青年の像が建っていた。一九七〇（昭和四十五）年の岩手国体でホッケー競技の会場になったことから、ホッケーが盛んになったという（ちなみに東北なのでアイスホッケーを想像してしまいますが、こちらはフィールドホッケー。アイスホッケーの町は苫小牧です）。

駅前から北上川に沿って北に歩いて行くと、ほどなく線路を潜って東側へ。かまわずもう少し歩けば、いかにも歴史を感じる古い街並みが見えてくる。

沼宮内の町は、古くは奥州街道の宿場が置かれて栄えた。北には二戸、南には盛岡があり、それらのおおよそ中間に位置していたから、藩政時代からそれなりに重要視された町だったようだ。

そうした歴史があるからなのか、新幹線開業以前、まだ「沼宮内駅」といった頃には、特急列車の停車駅にも選ばれていた。この先には十三本木峠越えを控えていて、機関区も置かれる運転の拠点でもあったという。

東北新幹線の延伸を巡っては、岩手・青森の県境を含む沼宮内〜八戸間だけフル規格として、残りはミニ新幹線を採用するという案もあった。建設費を出し渋る大蔵省を説得するために最初だけミニ新幹線などの整備方式を持ち出し、なし崩し的にフル規格にするのはいまも昔も政権与党の常套手段だ。それはともかく沼宮内の運転上の意味合いの大きさがなんとなくうかがえる話である。

街道時代から鉄道時代まで、街道の要所という役割を引き継いだ。それが結果として新幹線の駅までもたらした、ということなのだろうか。

しかし、現実のいわて沼宮内駅は、ほとんどお客のいない岩手県北部の小さな山間の駅に過ぎない。

駅舎に直結して土産物店なども入っている広域交流センタープラザが併設されているが、お世辞にも賑わっているとは言い難い。駅前には「名犬シナモン」と名付けられた小さな犬の像。こちらもハチ公のような待ち合わせスポットでもなさそうだ。

二〇一九（令和元）年度のいわて沼宮内駅の一日平均乗車人員は、わずか七八人。東北新幹線ではもちろん最小である。

DATA
岩手県二戸市石切所字森合
601.0km（東京）
1891年12月20日開業
地上2面2線

三陸海岸への玄関口

岩手県の北部、十三本木峠を越えると、長かった北上川との旅は終わりになる。入れ替わるようにお付き合いがはじまるのが、八戸で太平洋に注ぐ馬淵川。東北新幹線では岩手県最北の駅である、二戸駅のすぐ目の前にもこの馬淵川が流れている。

峠を越えても、二戸という駅もいわて沼宮内駅とは本質的にはあまり違いがない。岩手県北部の山あいの小さな駅だ。よほどの縁がない限り、こうした小駅にやってくる機会はないのではないかと思う。

ところが、ぼくは二戸駅には何度も来たことがある。それは、この駅が三陸方面への玄関口になっているからだ。二戸駅前から三陸海岸の久慈駅前まで、一時間ちょっとでＪＲバス東北の「スワロー号」が結ぶ。

三陸海岸は、自分でクルマを運転して向かうならばどうということはないが、公共交通のアクセスという点ではどうしても難がある。

鉄道だけで三陸に、となると、釜石線・山田線・八戸線の三ルートしかない。どれも運転本数の少ないローカル線ばかりだ。東日本大震災以前は気仙沼線や大船渡線もあったが、これらも超のつくローカル線である上に、いまでは沿岸部がBRTに転換されている。

そういうわけで、クルマを持たずに三陸に、というのは結構大変なのだ。とりわけ、三陸海岸北部、三陸鉄道の終点の町である久慈となるとなおのこと。

そこで役に立つのが、二戸駅をターミナルとするスワロー号なのだ。スワロー号の運行が始まったのは二〇〇二（平成十四）年。東北新幹線延伸と二戸駅開業に合わせてデビューした。当時は一日に十一往復だったが、八往復に減り、六往復に減り、いまは五往復。それでもないよりはよほどマシ。ずいぶん助けられている。

スワロー号を使ったのは、確か震災直後に三陸鉄道の被災状況の取材や朝ドラ『あまちゃん』にまつわるスポット巡りの取材など。だから、二戸駅には比較的馴染みを持っている。

ただし、新幹線を降りたらすぐにスワロー号に乗り継いでしまうから、二戸の町を歩いたことはほとんどない。どんな町なのだろうかと考えたりしたこともなかった。

実質としては今回がはじめて見る二戸駅と二戸の町といっていい。いったい二戸とは、どんな町なのか。

二戸駅では、在来の旧東北本線、いわて銀河鉄道線と接続している。だからターミナルといえばターミナルなのだが、人の気配は少なく閑散とした駅だ。西口には駅舎に隣接して展望台まで備え付けた「なにゃーと」という施設があって、飲食店も入っている。

おかげで食事に困ることはないのだが、かといって賑やかなワケではない。スワロー号が発着する東口も同様だ。駅前だけを見れば、二戸とはずいぶん寂しい町なんだと、そう思ってしまう。

こういうときは、少し歩いてみるといい。東口から駅前の道を抜けてゆくと、すぐに馬淵川。橋を渡って川沿いに、県道二七四号線を北に進むと、古い市街地が見えてくる。

二戸市は人口二万四〇〇〇人程度の小さな都市だから、活気に溢れているわけではないし、シャッターが降りたままの店も少なくない。ただ、人通りもあるし、クルマはもっと通っているし、いかにも昔からの中心市街地らしい雰囲気は残っている。二戸駅から川を渡ってだいたい二十分くらいのところだろうか。

そして、この中心市街地をさらに北に行けば、東側に見えてくるのが九戸城跡である。

二戸という町は、一度だけ歴史の表舞台に出たことがある。一五九一（天正十九）年、九戸城に拠点を置いた九戸《くのへ》政実《まさざね》が南部信直に反旗を翻したのだ。

背景には、秀吉による奥州仕置があった。秀吉は南部信直の領地を安堵したが、南部宗家の相続争いをしていた九戸政実は納得せずに挙兵した。

結局、奥州仕置をした豊臣政権に対する反乱と捉えられ、豊臣秀次を総大将に大軍勢が派遣される。最後は約六万の兵が九戸城を取り囲んで落城。いったんは助命を約されたもののそれは反故にされ、九戸政実をはじめ城内にいた兵士から女子どもまでもが殺されたという。

ちなみに、最近になって九戸城跡の発掘が行われた際に、多数の人骨が見つかっている。まさに九戸の悲劇といっていい、歴史の一ページ。本来、この地は「福岡」と呼ばれ、城の名も福岡城というのが正しい。しかし、無念の内に滅ぼされた九戸氏への思いもあって、いまも地元では九戸城と呼ばれているそうだ。

九戸氏の怨嗟が渦巻く

戦後、わずかな期間ながら南部信直が三戸城から九戸城に入って領地経営の拠点としている。一五九七（慶長二）年には不来方（いまの盛岡）に城を築いて移転してしまったが、ほんの一瞬だけ九戸城、そして二戸の町は南部藩の中心になっていたのだ。

現実的なことを考えれば、山あいの二戸は戦乱の時代にふさわしい拠点であっても、平和な時代には開発の余地に乏しく都合が悪い。だから、平地部が広く北上川水運の活用もしやすい盛岡移転はごく自然なことだ。

それに、九戸氏の怨念が渦巻く地にいつまでも腰を据えて領地経営というのは、南部信直の立場に立ってもなかなか難しいものがあったのだろう。

かくして、二戸の町は盛岡藩から北に外れた辺境の地になった。江戸時代には奥州街道の福岡宿が置かれたが、そんな中でも二戸の人々は九戸氏への思いを抱き続けたのだろうか。

なお、岩手県北部から青森県南部にかけては、一戸、

駅前から馬淵川を渡った先に、二戸市の中心市街地。市街地を行き着いた先には九戸政実の乱で名を残す九戸城（福岡城）がある

二戸、三戸……といった地名が多い。この由来は実は諸説あってはっきりしたことはまったくわかっていない。

ひとつに、平安時代初期に蝦夷討伐で前進してきた文《ふん》室綿麻呂《やのわたまろ》が、拠点として柵（前線基地のようなもの）を複数置いた。それを一戸、二戸と呼ぶようになったのがはじまりだとか。

ちなみに、四戸だけがないことはよくトリビアのように取りあげられる。昔からなかったわけではなく、治めていた四戸氏が早くに滅亡してしまったために地名に残らなかったようだ。

いずれにしても、もしも南部氏の拠点が盛岡に移らず、二戸のままだったなら。岩手県最大の都市は、盛岡ではなく二戸になっていたのかもしれない。

そんな実現しなかった未来が、〝三陸への玄関口〟という二戸駅の役割に少しだけ顔をのぞかせている……などといったら、さすがに妄想が過ぎると言ったところだろうか。

二戸駅を出ると、座敷わらしでおなじみの金田一温泉などを横目に県境を越える。新幹線は、いよいよ本州最北端、青森県である。

DATA
青森県八戸市大字尻内町字館田
631.9km（東京）
1891年9月1日開業
地上2面4線

町外れ、南部地方のターミナル

東北新幹線の盛岡以北において、その最大の駅のひとつが八戸駅であることに異論はないはずだ。

八戸駅を玄関口としている八戸市は、人口約二二万六〇〇〇人。県都の青森市と最大都市の座を競い合う。このあたりに青森県の独特な地域区分が関係しているので、ちょっとだけ触れておこう。

青森県は、江戸時代までふたつの勢力に分かれていた。津軽半島や県都・青森市を含む西側が津軽氏による弘前藩。それがそのままいまでは津軽地方になっている。

反対に東側は南部氏が治めた八戸藩・盛岡藩・七戸藩のエリア。こちらも南部氏の名を取って、南部地方と呼ばれている。

そして八戸は、かつて八戸藩の拠点が置かれた南部地方の中心都市、というわけだ。世が世なら、県庁所在地が八戸であってもまったくおかしくない。それくらい、青森県の中では重きを成す都市である。

東北新幹線のダイヤを見ても、八戸の存在感の大きさは明らかだ。盛岡以北を走る列車はほとんどが「はやぶさ」（わずかに「はやて」がある）で、だいたい一時間に一本ペースで走っている。

もちろん全列車がすべての駅に停まるわけではなく、いわて沼宮内駅や二戸駅、七戸十和田駅といった小駅に停車するのは二時間に一本程度。それに対して、八戸駅は一時間に一本の「はやぶさ」の大半が停まるのだ。

新青森や新函館北斗を目指して新幹線に乗っていると、仙台でごそっと降りて、盛岡でもそこそこ降りて、そして八戸でもそれなりのお客が降りてゆくのを目の当たりにできる。

工業都市という側面も持つ八戸の玄関口は、押しも押されもせぬ主要駅、というわけだ。全列車が停まらないのが惜しいくらいだが、この辺り、南部地方の人たちはどう考えているのだろうか。

いずれにしても、八戸という都市の存在は、藩政時代の津軽氏・南部氏の関係性をそのまま引きずった結果生まれたようなものだ。そして、明治以降も八戸は太平洋に面する港湾として重要視されてきた。

南から延びてきた日本鉄道は、国防上の理由から内陸経由を推した軍部の案を退けて、八戸経由を決定している。八戸駅の開業は一八九一（明治二十四）年のことだ。

ただし、このときは八戸駅ではなく尻内駅といった。八戸の市街地は馬淵川を挟んだ東側、いまの八戸線本八戸駅近くに広がっていた。尻内駅は、完全な八戸の玄関口になることはできなかったのだ。いわば、町外れのターミナルである。

いま、八戸駅を降りると、駅の周りはしっかりと市街地だ。中心市街地のように歓楽街があったり大きな商業施設があったりするわけではなく、ホテルが目立つのはいかにも新幹線のターミナルらしい。

駅前からは目抜き通りを進み、国道四五四号を東に行って馬淵川を渡れば中心市街地へ。八戸線に乗り継いで本八戸駅に向かってもいいが、バスやタクシーを使う方が実は便利である。

もしも、最初から苦労をして中心市街地に駅を置いていたら。直線を旨とする新幹線はそこまで迂回することができず、単独駅になっていたかもしれない。最初は不便だっただろう町外れのターミナルも、時が流れて有利に働くことがある。

東北新幹線　22

七戸十和田

SHICHINOHE-TOWADA

DATA　青森県上北郡七戸町字荒熊内　668.0km（東京）　2010年12月4日開業　地上2面2線

消えたふたつのローカル線

青森県で最大の都市は、県庁所在地の青森市だ。人口は約二十七万人。次いで八戸市、弘前市と続く。いずれも鉄道のターミナルを持つ。

そして、だいぶ水をあけられているとはいえ、第四位に入るのが十和田市である。人口は約五万八〇〇〇人。南部地方のうち上北地域の中心で、十和田湖や奥入瀬《おいらせ》渓流観光の拠点都市でもある。

ところが、そんな十和田市は鉄道を持たない。以前は三沢〜十和田市間を結ぶ十和田観光電鉄が走っていたが、二〇一二（平成二十四）年に廃止されてしまった。

そんないま、十和田市の玄関口は事実上、東北新幹線の七戸十和田駅になっている。七戸十和田駅は、その名の通りというべきか、十和田湖や奥入瀬渓流の玄関口という役割を持つ駅なのである。

七戸十和田駅があるのは、十和田市ではなく上北郡七戸町。駅のすぐ脇には国道四号、つまりかつての奥州街道が通っている。新幹線や在来の東北本線は八戸経由のルートを選んだが、奥州街道は内陸を通っていたのだ。

そして、七戸という町にも宿場町が置かれていた。江戸時代初めには七戸藩が置かれたこともあり、南部領と津軽領の境界としてそれなりに重要視されていたようだ。

奥州街道七戸宿は、七戸十和田駅から約二・五キロ南に離れたところ。いまもそこには七戸町の中心市街地が広がっている。

七戸十和田駅の周りには、ほとんど何もない。駅のすぐ脇にはイオンがあるし、その先には道の駅もある。駅舎に併設されている七戸町観光交流センターには土産店や飲食店も入っている（ここで青森産のニンニクを使ったペペロンチーノを食べたが、たいそう旨かった）。

また、駅前の区画整理された一角には、小さな温泉宿もあった。他には工場や牧場などもあるようだ。

それでも、やはり何もないと言うほかない。七戸十和田駅にやってきたら、だいたいの人はバスに乗り継いで十和田市方面などに抜けていってしまうのだろう。

この何もない七戸十和田駅の近くにも、かつてローカル私鉄が通っていた。南部縦貫鉄道といい、走っていたのは野辺地〜七戸間。旧街道の宿場町と鉄道の大動脈の間を連絡する役割を果たしていたローカル線だ。レールバスを運行していたことでも知られている。

しかし、例に漏れず長らく赤字に苦しんでいた。廃止前には、いずれ七戸町内に開業するであろう新幹線駅への乗り入れに期待をかけていたという。が、それを果たすことはできず、一九九七（平成九）年に運行を休止。二〇〇二（平成十四）年に正式に廃止されてしまった。

あともう少し粘っていたら、新幹線と接続してちょっとした観光資源になっていたかもしれないし、七戸十和田駅のお客ももう少し増やしていたかもしれない。が、そんなことを言ってももう意味がない。

十和田観光電鉄は、二〇一〇（平成二十二）年に七戸十和田駅が開業した時点ではまだ営業を続けていた。しかし、ものの見事に新幹線にお客を奪われた。さらに東日本大震災の影響もあって、廃止に追い込まれている。

七戸十和田という駅は、ふたつのローカル私鉄を吹き飛ばして生まれた、上北地域のターミナル、なのだ。

そして、新幹線はここから二万六四五五メートルの八甲田トンネルの中へ。東北新幹線の旅は、あと少しで終わりである。

東北新幹線　23
北海道新幹線　1

新青森

SHIN-AOMORI

DATA
青森県青森市大字石江字高間
713.7km（東京）
1986年11月1日開業
高架2面4線

縄文人の息づかい

在来の東北本線、そしてそれを継承した第三セクターの青い森鉄道は、下北半島から夏泊半島とその基部を抜け、青森湾沿いを通って青森平野にやってくる。

青森平野に出ると、海沿いの中心市街地を南側から迂回して、ターミナルの青森駅へ。そのまま海に突き出るかのような青森駅の構造は、青函連絡船の時代の名残だ。そして、青森駅では津軽半島に向かう津軽線、そして弘前・秋田方面と結ぶ奥羽本線と接続している。

一方、八甲田トンネルを抜けてきた新幹線は、在来線よりも遥か南を回り込み、南側から青森平野に入る。そして奥羽本線と交差する地点で、終点の新青森駅を迎える。東西に奥羽本線、南北に新幹線。十字に交わる青森のもうひとつのターミナルである。

青森の中心市街地は、もちろん在来の青森駅周辺に広がっている。もともとは善知鳥《うとう》と呼ばれる小さな漁村だったが、江戸時代に弘前藩主の津軽氏によって開かれた。十三《とさ》・深浦・鰺ヶ沢とともに、〝津軽四湊〟のひとつに数えられていたという。

明治に入ると青森県庁が置かれ、弘前から歩兵第五連隊が移転。一八九一（明治二十四）年に青森駅が開業すると、ほどなく青函航路が就航。北海道に渡る開拓者たちの拠点として発展していった。

ところが、新青森駅はそうした青森の市街地から見ると遥か西。文字通りの〝町外れ〟にある。

新幹線の終着駅らしく、駅舎は実に立派なしつらえだ。高架の下には土産店や飲食店が入っていて、青森の名物はだいたいここで食べられてしまう。何度も訪れたことがあるが、いつもそれなりに混んでいる。在来線から新幹線への乗り継ぎ時間にちょっと腹ごしらえするにはぴったりな、駅ビル飲食店だ。

外に出ると、駅すぐ脇にはビジネスホテルの東横イン。レンタカー店や駐車場、そして新しく大きな病院もあった。駅から少し離れても真新しく整備された大きな街路が続いている。住宅も建ち並んでいるから、青森市内における新たな拠点として開発も進んでいるのだろう。

ただし、東西に走る奥羽本線を踏切で渡って南側に出ると、県道二四七号沿いにいくらか古い街並みも見られる。青森と弘前を結ぶ旧街道なのだろうか。とはいえ、全体的には新幹線駅の存在によって立つ、新しく生まれた市街地といっていい。

新青森駅は、二〇一〇（平成二十二）年に開業した東北新幹線の終着駅だ。二〇一六（平成二十八）年に北海道新幹線が開業してからは事実上の途中駅になった。

ここで運転本数を見てみよう。東京駅を出発する下りの「はやぶさ」は、一日に十八本が新青森駅までやってくる。そして、このうち八本が新青森止まり。まだまだ〝終着駅・新青森〟としての存在感は変わらない。東京〜新青森間は、早い列車で約三時間である。

駅前には、何やら矢倉のようなものが建つ。新幹線に沿って二キロほど南に行ったところにある、三内丸山遺跡をイメージしたモニュメントだろう。世界文化遺産にも登録されている、縄文時代前中期の大規模集落だ。

新青森駅に着いたら、だいたいの人は在来線に乗り継いで青森駅を目指す。が、せっかくならば路線バスに乗り継いで、三内丸山遺跡に寄り道をしてみてはいかがだろうか。いまから五〇〇〇年前、本州最北の地に一大文化が築かれていたことを体感しても、損はない。

北海道新幹線　2

奥津軽いまべつ

OKUTSUGARU-IMABETSU

DATA　青森県東津軽郡今別町大字大川平字清川　2016年3月26日開業
38.5km（新青森）／752.2km（東京）　地上2面2線

ヒバ林に囲まれた秘境駅

直通運転をしているからあまり実感はないが、新青森駅から先は北海道新幹線だ。北海道新幹線を運営しているのは、もちろんＪＲ北海道。だから、新青森駅を出たら、鉄道においてはもう北海道、というわけだ。

といっても、本当に北海道に上陸するまではまだまだ時間がかかる。

北海道新幹線は、新青森駅を出発してからまずは津軽半島を北に向かう。在来の津軽線は旧松前街道に沿って、つまり青森湾沿いを走っているが、新幹線は津軽山地沿いをいくつかのトンネルを使って駆け抜ける。

青函トンネルに入る海峡線と合流するのは、新中小国信号場。北海道新幹線開業以前は特急「白鳥」などが走っていた在来線で、いまも在来の貨物列車も走る。運転本数の実態からすれば、新幹線は貨物列車の合間を縫って、というほうが正しいかもしれない。

そして、いよいよ青函トンネルへ……と言いたいところだが、もうひとつ駅がある。本州にあるＪＲ北海道唯一の駅、奥津軽いまべつ駅だ。

津軽半島北部の山の中。新幹線には珍しく高架ではなく地上駅で、ホームの上に橋上の駅舎を持っている。

この駅に降り立って、何より驚くべきは、この駅のひとけのなさだ。駅そのものが山に囲まれていて、周囲には集落もない秘境の地。そんな場所の駅だけにひとけがないのもあたりまえといえばあたりまえ。けれど、なんだか空恐ろしくなってくる。

さすがに新幹線の駅なので、さながら秘境駅とはいえ立派な構え。開業に合わせてよく整備された真新しい駅前広場が待っている。が、ここにもひとけがない。

通りの向こうにはヒバの林が生い茂る。奥津軽のこの一帯、東津軽郡今別町は、町域の八五パーセントを山林が占め、その多くがヒバ林という林業の町だ。津軽藩の時代には今別港がヒバ材の積み出し港だったという。

つまり、この駅の一帯は昔も今もさして変わらず、ヒバの林に囲まれた山の中。駅前に何かがあるのを期待する方が間違っているのだ。

ただし、本当の意味でまったく何もないわけではない。駅前広場の脇には道の駅があり、その裏手には津軽線の津軽二股駅がある。ほぼ同じ場所にありながら駅名が異なり、正式な接続駅ではない。それにいまは津軽線の蟹田〜三厩《みんまや》間が運休しているから、乗り継ぎも何もない。

奥津軽いまべつ駅が開業したのは、北海道新幹線が開業した二〇一六（平成二十八）年。ただ、それ以前には同じ場所に海峡線津軽今別駅があった。信号場を予定していたところに地元からの要望で駅ができた形だ。

もちろんそのときから津軽二股駅とは隣り合わせ。それでも駅名が違ったのは、津軽線と海峡線、その頃から会社が異なっていたからだろう。

新幹線開業時の奥津軽いまべつ駅前からは、津軽山地を越えて津軽鉄道津軽中里駅までを結ぶ路線バスが走っていた。二度ほど乗ったことがあるが、いずれもお客はぼくひとり。携帯の電波も通らないような最果ての山道を走る、お客のいない路線バス。それもまた、なんだか空恐ろしかったのを覚えている。

その路線バスも、二〇二〇（令和二）年からは予約制の乗合タクシーに変わってしまった。奥津軽いまべつ駅の一日の乗車人員は三〇人前後。全国の新幹線駅の中で、いちばんお客の少ない駅である。

北海道新幹線　3

木古内

KIKONAI

DATA
北海道上磯郡木古内町字木古内
113.3km（新青森）／827.0km（東京）
1930年10月25日開業
高架2面3線

みそぎは凍てつく冬の海で

五万三八五〇メートルの青函トンネルで津軽海峡を渡ると、ついに北海道に上陸である。

ハナから新幹線を前提として設計された青函トンネルが開通したのは一九八八（昭和六十三）年。北海道新幹線の開業は二〇一六（平成二十八）年から、トンネル開通から実に二十八年後の宿願成就である。

そうして北海道に上陸して最初の駅が、木古内駅だ。北海道最初の駅ということにとらわれると、津軽海峡にだいぶ近い位置の駅ではないかと思ってしまう。が、実際は松前半島の中部に位置していて、直線距離換算では半島端部の白神岬と新幹線終点の新函館北斗駅のおおよそ中間にある。それだけ青函トンネルが長い、ということだ。

高架の新幹線木古内駅の改札を出ると、すぐ海側には在来の道南いさりび鉄道ののりばがある。

いさりび鉄道は、かつて江差線といい、津軽線・海峡線とともに津軽海峡線の一部を構成していた〝元・大動脈〟。いまも青函トンネルを抜けた貨物列車は、いさりび鉄道の線路を走って函館方面を目指している。

いさりび鉄道のホームを跨ぎ、南口に出る。新幹線開業に伴って整備された、新しい駅前広場が待っている。駅の向かいには道の駅もあり、その反対には郵便局。駅前からよく見えるところにはチェーンのドラッグストアもあり、木古内町の中心市街地が広がっている。

この駅には何度か訪れていて、北海道新幹線が開業する前にも来たことがある。そのときは、もっと古びた地方の小駅の駅前といった趣だったが、新幹線の開業のおかげでずいぶんと変わったものである。

駅前の通りをほんの三分ばかり歩くと、すぐに海が見えてくる。海の縁には小さな鳥居があった。近づけば、佐女川神社の例祭、寒中みそぎのシンボルなのだとか。

寒中みそぎとは、毎年一月に行われる神事で、四人の青年が冷水を浴び、海に入る。

一月の北海道の海。南の方なので流氷などということはなくても(流氷の海に入ったら本当に死んじゃいます)、凍てつくなんてレベルではないくらいに冷たい海に違いない。伝統ある神事というのはかくも厳しい。

いまでこそ木古内駅は新幹線にとって北海道最初の駅で、いさりび鉄道との接続駅である。ただ、かつては松前半島を横断する江差線、また半島南部の松前まで延びる松前線が交差する要衝だった。

松前線は一九八八(昭和六十三)年、江差線木古内〜江差間は二〇一四(平成二十六)年に廃止されている。

一度だけ、木古内駅からバスに乗って、半島南部の福島町を訪れたことがある。横綱・千代の富士の故郷ということで、どんなところなのか見に行った。

木古内駅からはバスに揺られること実に一時間。都バスなどと同じ普通の路線バスだったから、なかなか体に堪える道程だ。松前線が現役だったらもう少し楽な旅だったのではないかと思ったものだ。

そして、福島の海が見える公園で、地元のおばあさんに話しかけられた。「昔はよくイカが獲れてね。でもいまはもうぜんぜんだね。みんな、子どもや孫には言うんだ。漁師の仕事なんて、絶対に継いじゃダメだって。少しでも楽な暮らし、してほしいもんだから」。

木古内駅は、地方の小漁村の現実にいちばん近い、松前半島のターミナルである。

北海道新幹線 4

新函館北斗

SHIN-HAKODATE-HOKUTO

DATA
北海道北斗市市渡
148.8km（新青森）／862.5km（東京）
1902年12月10日開業

ずーしーほっきーに会いに

振り返ってみると、だいたい年に一度くらいは函館に行っている。取材で、ということもあるが、むしろ多いのは函館競馬場だ。

函館競馬は夏の入り口、六月から七月にかけて開催される。東京ではもうすでに汗ばむくらい（というか暑い）だが、さすが北海道、半袖では寒くて震え上がることもある。まだまだ観光シーズンに入っていない函館で競馬を楽しむのは、なかなか悪くないものがある。

で、そんなときにどうやって函館に行くのかというと、ほとんど新幹線を使っている。東京～新函館北斗間はおおよそ四時間。新幹線に乗るまでの時間を含めれば、ざっと五時間ほどで函館に着く。飛行機に乗ればあっという間でも、苦手な人にとっては、北海道新幹線の開業ほどありがたいものはない。

まったく余談を続けると、それでもひとつ厄介なのが青函トンネルだ。トンネルを通るとき、気圧の変化で耳が痛くなり、ひどいときは激しい頭痛に見舞われる。これが飛行機嫌いの理由でもあるのだが、結局飛行機でも新幹線でも同じじゃないか。ならば時間のかからない飛行機のほうが良かったかと、ほんの少しだけ思うのである。

さて、いずれにしても東京から四時間で、北海道新幹線は新函館北斗駅に着く。ここから函館駅までは在来の函館本線「はこだてライナー」に乗って二十分弱だ。

新幹線に乗って新函館北斗駅までやってきた人の目的は、だいたいが函館だろう。実際、新幹線を降りたお客はずらずらと「はこだてライナー」に乗り換えてゆく。

新函館北斗駅そのものや、駅周辺には取り立てて用はない。レンタカーを求める人や観光バスが待っている修学旅行生などが駅の外に出て行くくらいだ。

それでも、新函館北斗駅の構内や駅前には土産物を扱う店があって、乗り継ぎの時間などにそこを利用する人は少なくない。

それこそ、コロナ禍前に友人と函館競馬場を訪れた帰り、新幹線まで時間があったので駅前を歩いたことがある。本当ならばほとんどひとけのないはずの駅前に、どこから湧いたのかなぜかたくさんの人だかり。

近づけば、どこかのプロレス団体が路上プロレスを披露していた。プロレスに明るくないので覚えていないが、結構名の知れたレスラーも来ていたらしい。

そこで見かけたのは、〝動く〟ずーしーほっきーだ。なんとこいつ、レスラーに交じってプロレスに参戦したり、観戦している子どもたちに近寄って泣かれていた。

ずーしーほっきーとは、ホッキ貝のにぎり寿司をモチーフにした北斗市のマスコット。ホキホキと鳴き声を上げながら、突如四つん這いになって貞子のように襲いかかってくる。その気色の悪さが〝キモカワイイ〟などと人気なのだ。同道した友人のひとりは、生のずーしーほっきーを目撃できていたく感動していたくらいだ。

普段の新函館北斗駅は、プロレスやずーしーほっきーの喧噪とは無縁の静かな駅前だ。駅前広場やその周辺はキレイに区画整理され、ビジネスホテルの東横インもある。が、まだまだ開発も途上といったところで、住宅地も生まれていない。

少し駅から歩くと、ビニールハウスが並ぶ田園地帯。この一帯は北海道で初めて稲作が行われた地とされており、トマトやキュウリなどの温室栽培も盛んなのだとか。

北海道新幹線の終着駅などという聞こえはいいが、とどのつまりこの駅は道南の田園地帯に突然現れた、ミスマッチな巨大ターミナルといったところである。

新幹線が開業する以前、新函館北斗駅は渡島大野駅といった。街道沿いの集落がいくつかあるくらいで、あとはまったくの田園地帯。そこにポツンとあったしがない小駅が、函館本線の渡島大野駅だった。

函館本線は、七飯《ななえ》～大沼間で支線を持っている。渡島大野駅は本線上の駅ではあるものの、駅のない支線は距離が短く、特急列車などが走るメインルートは支線側。つまり、渡島大野駅は特急も走らない〝裏街道〟の駅に過ぎなかった。

それが新幹線の駅になったのだから、大出世というかなんというか。ちなみに、新幹線の駅ができるにあたって、駅名を巡るちょっとした論争があった。

正式決定までの仮の駅名は、「新函館駅」といった。函館市はとうぜんそれをそのまま正式名とすることを求めた。が、所在地の北斗市は「北斗函館」を主張。両市の間で綱引きが続き、北海道の大岡裁きで新函館北斗駅になったのだ。

七年後には途中駅

北斗市といっても、あいにく全国的な知名度においては函館市にだいぶ水をあけられている。だから、函館の名を使わないわけにはいかない。とはいえ、完全に函館に名を委ねるのもマズい。そのバランスを取った結果が、新函館北斗駅というわけだ。

駅名を巡っては、似たようなエピソードが古今東西あちこちに転がっている。駅は地域の顔になるのだから、簡単に譲れないという気持ちもわかる。だから、駅名とは政治的妥協の産物なのである。

なお、新函館北斗駅があるのは北斗市の中でも北東の端っこ。駅東側にある新幹線の車両基地の場所は亀田郡七飯町。もしも駅が七飯町内にできていたら、どんな駅名になったのだろうか。

そして、新幹線はまだまだここから先に延びることが決まっている。

新函館北斗～札幌間の延伸開業は、二〇三〇（令和十二）年度を予定している。工事が難航しているという

駅前広場には、ちゃんとずーしーほっきーがいます。動かない像だけでもこのキモさ。これが這いつくばって迫ってくると思ったら……もう会いたくて会いたくてたまらない

話もあり、予定通り開業するかどうかは微妙なところ。それでも、そう遠くない将来、新函館北斗駅は新幹線の終着駅ではなく、途中駅になることだけは間違いない。

札幌までの延伸区間には、新八雲・長万部・倶知安・新小樽という新駅も設けられる予定だ。このうち、新八雲・新小樽は新幹線の単独駅である。

これまでいくつもの新幹線単独駅を旅してきたが、地方であればあるほど、単独駅のお客は少なくなる。駅周辺の開発もさして進んでいないところも見てきた。果たして北海道新幹線の単独駅は、どうなるのだろうか。

また、並行在来線として函館本線の経営分離も決まっている。長万部～小樽間は廃止されるとかされないとか。議論はまだまだ収束しそうにないが、新幹線の延伸が北海道の鉄道地図を大きく変えることになりそうだ。

函館市長が唱えている新幹線の函館延伸は、実現の可能性を含めてわざわざ触れるまでもないだろう。

いずれにしても、あと七年もすれば、北海道新幹線の旅はまだまだ先に続くということになる。北陸新幹線の敦賀延伸が実現したいま、整備中の新幹線は北海道新幹線を残すだけである。

第6章

上越新幹線

新潟
燕三条
長岡
浦佐
越後湯沢
上毛高原
高崎
本庄早稲田
熊谷
大宮
上野
東京

DATA
埼玉県熊谷市筑波
34.4km（大宮）／64.7km（東京）
1883年7月28日開業
高架2面3線

ラグビーボールが駅前に

「上越新幹線」というとき、だいたい東京駅から新潟駅までの新幹線のことをいう。それはまったく間違いではないのだが、東京〜大宮間は東北新幹線と重複している。そして、形としては上越新幹線の列車が東北新幹線の線路に乗り入れている、ということになっている。

だから、東京〜大宮間は東北・上越・北陸の各新幹線列車が行き交っており、よく言っても稠密区間、悪く言えばボトルネック。それぞれの新幹線の需要の多寡が、否応なしに運転本数に直結してしまう。

結果、上越新幹線は朝夕こそそれなりの運転本数を確保しているが、日中の定期列車は一時間に一本という、まるでローカル線のような扱いになってしまっている。

そして、日中の上越新幹線のほとんどは、熊谷駅（と本庄早稲田駅）を通過する。熊谷は、押しも押されもせぬ埼玉県北部を代表する都市だ。なのに、新幹線は熊谷駅に停まらずに通り過ぎてゆく。これじゃあなんだかあんまりではないかと思う。

新幹線の熊谷駅を降りて、高架のホームから地上二階のコンコースに出る。在来線コンコースとの連絡改札を経て改札外に出ると、駅の南北を結ぶ自由通路へ。小さな立ちソバ店などが並んでいる南側の細い通路に向かえば、秩父鉄道の改札口が控える。

秩父鉄道は、東武伊勢崎線と接続する羽生駅を起点に埼玉県北部を東西に走り、JR八高線・東武東上線と交わる寄居駅からは荒川上流の渓谷沿いをゆくローカル私鉄だ。東武伊勢崎線と東上線の双方を直接結んでいる数少ない鉄道路線でもある。

この秩父鉄道の最大の役割は、その名の通り秩父への連絡だ。秩父鉄道が上武鉄道の名で開業したのは一九〇一（明治三十四）年。ローカル私鉄にしては、だいぶ早い時期の開業といっていい。それだけ秩父が重要視されていたことの表れだろう。

熊谷が秩父との分岐点になったのは、歴史的にも真っ当であった。江戸時代、中山道の宿場町として栄えていた熊谷は、秩父往還との分岐点でもあった。現代の鉄道の要衝は、昔も交通の要衝だったのだ。町の役割というのは、それほど簡単に変質するものではない。

秩父鉄道ののりばとは反対側、熊谷駅の北口に出る。荒川の河川敷に近い南口は閑散とした〝裏口〟めいているのに対し、北口は駅ビルの「アズ熊谷」も建ち、賑やかな駅前広場を抱えていかにもターミナル然とした顔を見せている。

駅前広場の真ん中には、勇壮な騎馬武者像がある。源平合戦で名をあげた熊谷直実だ。関東地方の歴史というと、江戸時代以降のイメージが強いかもしれないが、むしろ本領は鎌倉時代にある。

関東各地に根を下ろしていた東国武士たちが源頼朝や鎌倉幕府に従って勢力を伸ばした。その中から、のちの戦国大名や近世大名も生まれたほどだ。だから、関東各地には源平合戦で知られる武将の縁の地があちこちに転がっている。

そんな騎馬武者像ともうひとつ、駅前広場の一角に嫌でも目に付くインパクトを放っているのが、巨大なラグビーボールだ。熊谷は、言わずとしれたラグビーの町。市内にラグビー競技場があり、二〇一九（令和元）年のラグビーワールドカップでは開催都市にもなった。そうした縁から、駅前にラグビーボールの巨大な像が置かれているというわけだ。

と、駅前に出ただけでもいろいろと盛りだくさんの熊谷駅。このあたりはさすが県北の中心都市といったところだ。ただ、熊谷という町の本質は、他にもある。

そう、熊谷といったら、暑いのだ。いや、むしろ〝熱い〟と表現した方がいいくらいに、とにかく気温が高い。国内の最高気温記録は二〇一八(平成三十)年七月二十三日に熊谷市で観測された四一・四度。二年後に浜松市でも同じ気温が観測されていていまはタイ記録だが、熊谷はれっきとした「日本一暑い町」なのだ。

これは、熊谷が〝熱風の交差点〟だからだという。南からの暖かく湿った風が都心のヒートアイランド現象でさらに温められて北上し、同時にフェーン現象で温められた乾いた西風が秩父山地から吹き下ろす。これらが熊谷付近で交差する。だから、熊谷は暑い。

二〇二三(令和五)年の夏は、なんと四十五日間も気温三五度以上の猛暑日を記録している。

寒い季節には寒い場所に、暑い季節に暑い場所に訪れるというのは個人的な旅の流儀なのだが、それでも夏の熊谷に行くことはできれば御免被りたいものだ。

県庁所在地・熊谷?

熊谷の暑さがテレビのニュースなどで報じられるとき、決まって登場するのが八木橋百貨店だ。熊谷市のもはやシンボルといっていい、老舗の百貨店。一八九七(明治三十)年に八木橋呉服店として創業した、埼玉県内でも最も古い百貨店である。

その場所は、熊谷駅から見るとおおよそ北西。わかりやすい道程は、駅前通りを北上し、国道十七号を左に折れて進めばよい。だいたい十五分ほどもあれば着く。八木橋百貨店の前には、「旧中山道」と書かれた碑が置かれている。

旧中山道は、八木橋百貨店よりも西側で脇道を通るが、ちょうど熊谷駅の目の前では国道十七号が中山道そのものだ。とうぜん、このあたりに宿場の中心的役割を果たした本陣などもあったのだろう。駅前から中山道まで歩いても五分とかからない。

つまり、熊谷というターミナルは中山道の宿場町に面して設けられた駅、ということになる。

熊谷のシンボル、八木橋百貨店。旧中山道を跨ぐように駅北西に建つ。明治時代に呉服店として創業した老舗だ。新幹線の車窓からも見ることができる

熊谷駅が開業したのは一八八三（明治十六）年七月二十八日。日本鉄道が上野〜熊谷間を開業させ、その終着駅として誕生した。この路線は、日本鉄道が開業させた最初の区間でもある。

同期の駅は、ほかに上野・王子・浦和・上尾・鴻巣。日本で初めての〝私鉄の駅〟のひとつにして、日本初の〝私鉄の終着駅〟でもあった。ただし、同年の十月には本庄駅まで延伸しているから、熊谷駅が終着駅だった時代はわずか三か月ほどで終わっている。

ちなみに、その十年前には熊谷県が設置され、県庁所在地にもなっている。熊谷県は三年ほどで幕を閉じ、埼玉県に併合されるのだが、このときに熊谷に県庁を置く案もあった。

これはその後も尾を引くことになり、たびたび県庁熊谷移転が浮かんでは消えている。いまも、県庁舎の建て替えに合わせて機能の一部を熊谷に移転するだのなんだのと、議論がされているらしい。

埼玉の県庁問題といえば、浦和と大宮だ。が、その影には必ず熊谷の存在が見え隠れしている。浦和・大宮問題のキーマンは、実は熊谷なのかもしれない。

上越新幹線　3

本庄早稲田

HONJO-WASEDA

DATA
埼玉県本庄市早稲田の杜
55.7km（大宮）／86.0km（東京）
2004年3月13日開業
高架2面2線

早稲田と本庄、一〇〇キロ歩く？

上越新幹線の中で、いちばん存在感の薄い駅が、本庄早稲田駅なのではないだろうか。

実のところ、停車する列車の数は熊谷駅などとほとんど変わらない。在来線と接続しない、新幹線単独駅ではあるが、まあ新幹線にはそんな駅はいくらでもあるので、特別ということもなかろう。

それでも地味な印象が拭いきれないのは、開業したのが二〇〇四（平成十六）年と新しいことが関係しているのだろう。それ以前に上越新幹線に乗っていても、当たり前だが本庄早稲田駅の存在を認識することがない。熊谷の次は高崎だよね、と。

北関東の主要都市の連なりのイメージでも、熊谷や高崎はよく耳にすることがあるけれど、本庄早稲田駅のある本庄市というのは、地元かその周囲に暮らしていないと、なかなか聞く機会がない（ごめんなさい）。

ただ、実に個人的なことをいえば、その駅名にも理由はあるのではないかと思う。

本庄早稲田駅。その〝早稲田〟は、早稲田大学から取ったものだ。高田馬場にある早稲田大学のキャンパスは、早稲田という地名を持つ。こちらは大学から頂いたものではなく、その逆だ。キャンパスの置かれた地名が大学の名前になった。

ところが、本庄早稲田駅は、早稲田大学から名前をもらってしまった。一私立大学の名前がついた新幹線駅は、もちろん本庄早稲田駅だけである。

本庄早稲田駅を降りると、その言葉に違わず駅前には早稲田大学の本庄キャンパスがある。一帯は「本庄早稲田の杜」として整備されていて、住宅地などにもなっている。

ついでにいうと、ホームセンターのカインズの本社があり、ベイシアとカインズが並んだ商業施設もある。やたらと駐車場が目立つのは、パークアンドライドの利用者を想定しているのだろう。

本庄早稲田駅のある埼玉県本庄市の中心市街地は、在来の高崎線本庄駅の近く。本庄早稲田駅からは路線バスが連絡している。

本庄市は、中山道の宿場町をルーツとして発展した町だ。江戸時代には二・七の市が立って賑わい、中山道の中でもひときわ大きな宿場だったという。旧中山道沿いを中心に、本庄駅周辺にはいまでも商店街が発達している。また、明治に入ると周辺の農村で生産される繭の集積地にもなった。

つまり、本庄という町は、周辺に広がる農村地帯を背景として、江戸時代から近代に至るまで、農産物・繭の集まる商業都市だったというわけだ。いまでは生糸産業は廃れてしまったが、町の本質は変わっていない。

本庄早稲田駅は、そんな本庄の町にもうひとつの新しい〝顔〟を持たせる存在といっていい。宿場町に発する古い町から、早稲田大学のキャンパスを持ち、産学連携の拠点になる町へ。そのためには、本庄早稲田という駅の名前は、実にふさわしい。

ちなみに、早稲田大学には本庄キャンパスから早稲田キャンパスまでを二日間かけて歩くイベントがあるのだという。早稲田ＯＢの知り合いに聞いてみたら、「ああいうのは、特に愛校心が強い系の人たちが参加するんで、ぼくは知らないっす」と言われてしまった。聞く人を、間違えたようだ。

上越新幹線 4
北陸新幹線 1

高崎

TAKASAKI

DATA
群馬県高崎市八島町
74.7km（大宮）／105.0km（東京）
1884年5月1日開業
高架2面4線

北関東最大のターミナル

　ここで上越新幹線から分かれる北陸新幹線を含めると、高崎駅には二社六路線が乗り入れている。JR東日本に限ると、上越新幹線・北陸新幹線・高崎線・上越線・信越本線だ。加えて、八高線・両毛線・吾妻線の列車も乗り入れており、事実上ということでいえば、九路線が交わる大ターミナルということになる。

　それは数字の上でも明らかで、新幹線の高崎駅の乗車人員はあの上野駅よりも多い。コロナ禍の影響が軽微な二〇一九（令和元）年度の数字で見ると、新幹線高崎駅の一日平均乗車人員は一万四二九三人。これは、JR東日本の新幹線駅の中では東京・大宮・仙台に次ぐ第四位。

　つまり、四方から集まる在来線に乗って高崎駅にやってきて、新幹線に乗り換えて、という人がとにかく多いということだ。定期券利用者も六〇〇〇人ほどいるから、東京都心方面に向かう通勤で使っている人も少なくないのだろう。

　こうしたことからも、高崎駅は押しも押されもせぬ北関東最大のターミナルといっていい。

ところが、である。

そんな高崎駅にも、すべての新幹線列車が停まるわけではないのだ。そもそも、北陸新幹線の最速達「かがやき」は決まって高崎駅を通過する。加えて、「はくたか」や上越新幹線の「とき」も、その一部が高崎駅を通過してしまう。

それでいて利用者数第四位なのだからスゴいともいえるが、扱いが悪いともいえる。

高崎が、県庁所在地ではないから。いや、群馬県内で最大の都市であることは間違いなく、ターミナルとしての性質を考えてもそれが理由とは考えにくい。

これはまったくの想像でしかないが、高崎駅にすべての列車を停車させたら、北関東で最大の人口を抱える栃木県都の宇都宮とのバランスが悪くなる。

宇都宮駅には、「やまびこ」こそ停まるが最速達の「はやぶさ」はひとつも停まらない。高崎駅に全列車を停車させてしまったら、宇都宮も「ウチにも停めろ」と言い出すに違いない。

そうなれば議論は紛糾して収集が着かず、北関東の乱が勃発してしまう。だから、高崎駅にはそれなりの数の通過列車があるのではないか。

……などという妄想はほどほどにして、高崎駅である。

高崎という町は、いまに限らず古くからの交通の要衝だった。碓氷峠越えの中山道（現在の信越本線に通じる。以下同）に加え、三国道（上越線）、草津道（吾妻線）などが交わっていた。江戸時代には譜代の重臣が治めていて、北関東の要を成していた。

当時の城下町は、駅の西側から烏川にかけて。その一帯はいまも高崎の中心繁華街になっている。高崎城跡は陸軍歩兵第十五連隊の駐屯地になり、いまは高崎市役所などが建ち並ぶシビックセンターだ。

高崎の中心市街地の形は、江戸時代から基本的に変わっていない。近代以降は北関東で生産された生糸の集積地という役割も、高崎の発展の礎になった。

いっぽうで、駅の東側の都市化が本格化したのは戦後になってからだ。東口駅前に建つのは、ヤマダデンキ。前橋発祥、いまは高崎に本拠を置く家電量販店だ。もしかすると、東口のヤマダデンキこそが、現代の高崎のシンボルのひとつ、ということなのだろうか。

DATA
群馬県利根郡みなかみ町月夜野
121.3km（大宮）／151.6km（東京）
1982年11月15日開業
高架2面2線

舞茸そばと大清水

高崎駅を出ると、いよいよ上越新幹線は関東平野と別れを告げて山の中に入る。いざ清水峠、上越国境へ――。と、言いたいところだが、その手前にもうひとつ駅がある。利根川最上流部の渓谷沿い、上毛高原駅だ。

利根川の対岸には在来の上越線が走っていて、少し北には水上温泉の玄関口・水上駅がある。上毛高原駅の所在地も、群馬県利根郡みなかみ町。周囲は水上温泉を中心とした観光地になっていて、上毛高原駅はそのターミナルという役割を持っている駅だ。

そうは言っても新幹線の単独駅だし、いちばん近い市街地は利根川対岸の上越線後閑駅付近。駅の周りには特に何があるわけでもなく、ひっそりと山あいに佇むローカル駅の趣である。お客の数は一〇〇〇人にも満たない。

ただ、なぜか「何もない」という印象を抱かない。たとえば九州新幹線の新玉名駅やら新八代駅のように、田園地帯の真ん中にぽつんとあるような駅と比べると、それほど寂しさも感じない。山に囲まれていることで、安心感があるのだろうか。

駅前広場の脇には観光案内所やレンタカー屋があり、少し利根川に向かって坂道を下ってゆくとみなかみ町の月夜野郷土歴史資料館。この一帯には、縄文時代の敷石住居跡や中世沼田氏が西の備えとした小川城があり、山の奥とは言えども歴史的な見どころは多いのだ。

ちなみに、さらに南には名胡桃《なぐるみ》城跡がある。秀吉の天下統一の折、真田昌幸のものとされたが、隣接する北条氏との間でいさかいが勃発。小田原征伐の引き金となった〃いわく付き〃の城である。

と、見るべきものがないわけではないが、上毛高原駅はこの駅だけで完結するような駅ではない。むしろ、この駅を使うだいたいの人は、バスに乗り継ぐことになる。

上毛高原駅前からは、沼田や水上、谷川岳方面への路線バスが発着している。谷川岳の登山に赴く人の中にも、上毛高原駅を使う人がいるのだろう。

在来の上越線の方が谷川岳には近いが、いかんせん時間がかかる。登山の前の体力消費を極力抑えるならば、快適な新幹線を使うが吉だ。上毛高原駅は、谷川岳の玄関口という役割も持っているのである。

そういう駅であるということは、駅に降り立つだけでもよく理解できる。

高架下の改札を抜けたのコンコースには、軽食や谷川連峰観光の情報基地になっている「みなかみツェルト」。さらに、舞茸そばが名物の駅ソバ店の脇には、「ｔａｎｉｇａｗａｈａｎａｒｅ」と名付けられた休憩スペースもあった。

この休憩スペースには、「Ｆｒｏｍ ＡＱＵＡを飲んで、ここで一息つきませんか」などと書かれた案内板が掲げられている。Ｆｒｏｍ ＡＱＵＡとは、ＪＲ東日本の駅や売店で売られているミネラルウォーターのブランドだ。開栓後も〃落ちないキャップ〃が採用されていて、それが意外にウケているらしい。

それはともかく、Ｆｒｏｍ ＡＱＵＡはもとは「大清《おおし》水《みず》」といった。発売されたのは国鉄時代の一九八四（昭和五十九）年。上越新幹線の大清水《だいしみず》トンネル工事の際に湧出した湧き水が原水だ。上毛高原駅の高架下には、採水基地が設けられているという。だから、上毛高原駅にやってきたら、自動販売機で水を買おう。正真正銘、この駅の〃お土産〃なのだから。

上越新幹線　6

越後湯沢

ECHIGO-YUZAWA

DATA
新潟県南魚沼郡湯沢町大字湯沢主水
168.9km（大宮）／199.2km（東京）
1925年11月1日開業
高架2面4線

国境のトンネルの先はスキー場

かの川端康成が「国境のトンネルを〜」と書いた、あの雪国の原風景も、今は昔。駅長さんのいる信号場なんてなんのその、上越国境を大清水トンネルであっという間に抜けてゆき、越後湯沢駅に着く。

越後湯沢は、それこそ川端康成の『雪国』の舞台になったり、さらに古くは三国街道の宿場が置かれ、温泉地として一定の賑わいを持っていた町だ。ただ、現実をいうならば山間部の小さな村のようなもの。山の中にしては栄えていたという程度に過ぎないといっていい。

ところが、上越新幹線において、越後湯沢駅は途中駅でいちばんといっていいほど重要な地位を占めている。

たとえば、「たにがわ」。

上越新幹線といえば、ほとんどの列車が東京〜新潟間を結ぶ「とき」だ。全線でも三〇〇キロをちょっと超えるくらいという短い新幹線路線だから、運転系統をあれこれ複雑にする理由もない。

ただ、中には新潟駅までは行かず、越後湯沢駅を終点とする列車もあって、それを「たにがわ」という（高崎発着の「たにがわ」も少しだけある）。

新幹線の列車名というと、だいたいは速達タイプと各駅停車タイプで区別されるのが普通だ。東海道・山陽新幹線の最速達「のぞみ」、準速達「ひかり」、各駅停車「こだま」などまさにそう。上越新幹線と同じ東北新幹線でも、最速達が「はやぶさ」、停車タイプが「やまびこ」となっている。

上越新幹線も、一九八二（昭和五十七）年の開業当時は速達を「あさひ」、停車を「とき」といった。

ところが、一九九七（平成九）年の秋、上越新幹線は伝統を捨て、運行区間によって列車名を分けるという新手に出た。そして登場したのが、「たにがわ」だ。

その背景には何があったのか。

ひとつは、当時は長野新幹線と呼ばれていた北陸新幹線高崎〜長野間の開業だ。北陸新幹線は高崎駅まで上越新幹線の線路を走る。そのため、北陸新幹線開業にあわせて上越新幹線の運転系統も整理する必要があった。同年には北越急行ほくほく線が開業し、首都圏・北陸連絡の要になったことも関係している。

もうひとつは、当時旺盛だった新幹線通勤の需要に応じたものだろう。一九九四（平成六）年には二階建て車両のE1系が投入され、着席定員の増加に取り組んでいた。通勤で新幹線を使う客の多くは北関東エリアから。わざわざ新潟まで行かず、ほどよいところで折り返したほうが効率がよい。だいたい、そんなところではないかと思っている。

となると、上越国境を越えた先の越後湯沢駅。ここまで来ると、お客の数も少なくなってくる……。

しかし、それはまったくの大間違いである。とりわけ冬、スキーの季節。上越新幹線の「たにがわ」は、とにかく混んでいる。大宮あたりから自由席で座ろうなんて夢のまた夢。指定席もギッシリと埋まり、まるで盆暮れ正月の東海道新幹線のごとき大混雑なのだ。グループで来ている若者も多いから、なかなかに喧しい。

一度、冬に「たにがわ」に乗って、リクライニングをしようとしたら、ピクリとも動かない。振り返ってみると、後ろに座っていた若い女性が膝の前で大事そうに大きなスノーボードを抱えていた。

文句も言えないのでリクライニングを諦めたが、周りを見渡すとみな似たように大荷物。荷棚の上も、スキーやスノーボードの一式が折り重なっていた。

スキーブームに沸き立つ一九六二（昭和三十七）年、『あなたのスキー手帖』という本が発行された。その中で、スキーに向かう列車の中でのマナーを説いている。曰く、酒を飲んだりおしゃべりをしてはいけないという法律はないけれど周りのペースに合わせた行動をとりましょう。曰く、スキー板は周囲の座席の人と話し合って整理して荷棚に乗せましょう。

別に「たにがわ」に乗っているスキー客がマナーにもとるわけではないが、問題の本質は半世紀以上経ってもあまり変わっていないようだ。

スキー客たちの越後湯沢駅から先の行動はだいたいふたつ。直通する列車も多いガーラ湯沢駅からそのままスキーを楽しむか、在来線かバスに乗り継いで近隣のスキー場を目指すか。

見ている限りは前者の方が多いようだが、ガーラ湯沢に限らず越後湯沢駅周辺はスキー場だらけだ。上越国際スキー場に岩原《いわっぱら》スキー場、さらに奥深い山の中には苗場国際スキー場。名だたるスキー場が目白押しなのだ。

ぜんぶ雪のせいで

越後湯沢という駅が、単なる上越国境越えの基地駅から、新幹線のターミナルにまで出世したのは、ひとえにスキーのおかげといっていい。川端の『雪国』もインパクトは大きいが、スキーほどではないだろう。

湯沢において、老舗のスキー場のひとつは岩原スキー場。一九二三（大正十二）年に開発され、戦前のスキーブームを支えている。

戦後、岩原スキー場は米軍に接収されて米兵向けに装いを改めたが、その他の湯沢温泉に近接するスキー場はいち早く復興。終戦から三年半ほど経った一九四八（昭和二十三）年の暮れには、湯沢の町は一〇〇〇人を超えるスキー客で賑わったという。

その後、スキー列車の「銀嶺」運転開始や上越線の複線化などが手伝ってスキーブームは加速。一九五九（昭和三十四）年に国道十七号の三国トンネルが開通すると、コクド（西武グループ）が進出。一九六一（昭和三十六）年に苗場国際スキー場が開業している。

越後湯沢の町の中心は魚野川に近い東側だが、宿泊施設などが集まっているのは駅西口。すぐに山が迫るが、その山に張り付くようにしてリゾートホテルや旅館などが建ち並ぶ

オイルショックなどの影響で一時落ち着いたスキーブームは、バブルとともに再び加熱する。

一九八二（昭和五十七）年には上越新幹線、一九八五（昭和六十）年には関越自動車道が開通。交通の便の向上を背景に、スキー客は大挙して押し寄せ、湯沢には高級リゾートマンションが林立した。ガーラ湯沢が開発されたのは、バブル後期の一九九〇（平成二）年のことだ。

越後湯沢駅は、こうした湯沢という山間の町の歴史にあって、絶えず中核として発展を支えてきた。駅構内には土産物や飲食を扱う店が入り、駅前から東側の魚野川との間には国道十七号、旧三国街道。この一帯が古くからの中心市街地だ。

駅の西側はすぐに山。ホテルやリゾートマンションが山肌に張り付くように並んでいる。新幹線から直通するガーラ湯沢駅は、冬には内外のスキーヤーで溢れかえる。

上越新幹線の最大の役割のひとつは、この冬のスキー客の輸送にあるといっていい。ギッシリとスキーヤーを詰め込んで越後湯沢、そしてガーラ湯沢を目指す「たにがわ」は、上越新幹線の〝看板〟なのだ。スキーの力、侮るべからず、である。

上越新幹線 7

浦佐

URASA

DATA
新潟県南魚沼市浦佐
198.6km（大宮）／228.9km（東京）
1923年9月1日開業
高架2面2線

田中角栄の大地盤の真ん中に

新幹線の駅の旅を続けていると、何度も何度も直面するのが〝政治駅〟。政治家のセンセイの力でよくわからない場所に新幹線の駅ができた、というアレだ。

政治駅だなんだとケチをつける向きには、多かれ少なかれ利権誘導型の自民党政治に対する批判が含まれているのだろう。

自民党にも通じる戦前の二大政党の片割れ、立憲政友会は、なりふり構わない〝我田引鉄〟で票を集めたことがあるから、新幹線政治駅をデマと断じるのも難しい。

この件に関する個人的な意見を言えば、赤字ローカル線でもあるまいし、便利になるのだからそんなに目くじらを立てなくてもいいじゃない、といったところである。

さて、数ある新幹線政治駅（疑惑）の筆頭といえば、上越新幹線の浦佐駅に違いない。それはもう、駅に行けば疑惑を抱かれる理由がよくわかる。

一日の乗車人員が七〇〇人に満たない駅にしては立派に過ぎる印象の駅舎は、たいした問題ではない。どんな小駅であっても新幹線のターミナルには違いないのだから、地域の中核にふさわしい設えにするのはとうぜんだ。

むしろ、気になるのは浦佐駅の駅前広場の端っこ、国道十七号に面したところに堂々と建つ、田中角栄像である。よくテレビなどでお見かけする、片手を頭の高さにあげて挨拶をしている姿だ。

浦佐駅前の角栄像ができたのは、角栄が脳梗塞で倒れてから七か月ほど経った一九八五（昭和六十）年十月のこと。上越新幹線上野～新潟間が完成してからおおよそ半年後のことでもある。ちなみに、屋根が架かっているのは角栄息女の田中真紀子が「かわいそう」と設置させたものなのだとか。

駅前に角栄先生の像が建つ。が、この町のむずかしいところは、浦佐駅の周りをうろうろ歩いても、特に何かがあるわけでもないということだ。

区画整理こそされていて、ホテルや警察署などもあるにはあるが、市街地というほどの規模はもたない。魚野川を渡った先には教育機関、また美術館を中心とする大きな公園もある。

反対に、駅の北西には裸押合大祭という奇祭が知られる毘沙門天があるが、こちらも一年を通じて参詣客がやってくるような観光名所というほどではない。

視野を広げて見ても、浦佐駅の立ち位置は掴めない。

浦佐駅の位置は、六日町盆地（魚沼盆地）のおおよそ中央に位置し、北には小出、南には六日町という市街地を持つ。小出は魚沼市、六日町は南魚沼市の中心地。いずれも魚沼地域を代表する町といっていい。

その中にあって、浦佐はどっちつかずである。六日町盆地の玄関口とするならば、どうせなら小出か六日町か、どちらかの駅に新幹線駅を併設すれば良かったものを。

ただ、これこそが新幹線浦佐駅の存在意義なのだろう。あちらが立てばこちらが立たずで、小出・六日町のどちらかに新幹線駅を置いたら角が立つ。そこで魚沼を地盤とする角栄先生が「浦佐に決めた」と言えば、八方丸く収まるのである。

そもそも、上越新幹線自体が角栄の強い意向のもとで建設された路線だ。小物政治家ならいざ知らず、浦佐という駅ひとつ取りあげて角栄の意向がうんぬんというのは話が小さすぎる。昭和の〝今太閤〟田中角栄の我田引鉄は、浦佐駅というよりは上越新幹線そのもの、なのだ。

DATA
新潟県長岡市城内町
240.3km（大宮）／270.6km（東京）
1898年6月16日開業
高架2面2線

米百俵と水まんじゅう

大宮以北の上越新幹線各駅の中で、主要駅をいくつか挙げろと言われたら、長岡駅がそれに含まれるのは間違いないだろう。

長岡駅のある新潟県長岡市は、いわゆる中越地方の中心都市。信濃川が越後平野に流れ出る場所に位置し、人口約二十六万人は新潟県では第二位だ。

江戸時代には譜代の牧野氏が治めた城下町で、戊辰戦争では城下の約八十パーセントが焼失している。そして、近代以降は信越本線と上越線が交わる交通の要衝として発展してきた。

新潟県都の新潟市を目指すなら、長岡を避けては通れない。それだけ重要な都市であり、上越新幹線における主要駅のひとつであるのも、至極当然のことだ。

長岡駅を降りると、そのまま駅ビルの「ＣｏＣｏＬＯ長岡」に通じ、中心市街地の広がる駅の西口へ。駅前からまっすぐ西へ、信濃川まで伸びる目抜き通りはその名も旧長岡城の大手門に由来する「大手通」。名実ともに長岡の町の骨格を成す大通りだ。

その大手通を中心に商業エリアが駅の近くに展開され、市役所があるのも駅前だ。かつての長岡城は戊辰戦争で敗れて廃城になったのち、破却されて長岡駅の敷地に転用された。そうした経緯があるから、長岡駅はまさに町の中心にできたターミナル。だいたい町外れを通ることの多い鉄道にして、こうした例は実に珍しい。

そして、長岡駅もまた、やや珍しい構造をしている。

在来線のターミナルに新幹線が乗り入れる場合、多くは中心市街地に面する正面口とは反対側に新幹線ホームが置かれる。

ところが、長岡駅ではものの見事に西側の、つまり市街地に近いところを通している。古い地図と照らし合わせると、どうやら駅西側の線路沿いの土地をいくらか買い上げて新幹線の高架を設けたようだ。

なかなか強引なきらいもあるが、このあたり、長岡も地盤としていた田中角栄の力が働いていたのだろうか。

ともあれ、この結果としていまの長岡駅は、信越本線・上越線の交わる在来線ターミナルでありながら、むしろ新幹線中心の駅として形作られている。新幹線の高架ホームからコンコースに出ると、その場所はまさに駅のど真ん中。駅の裏口にあたる東側に、在来線のコンコースとホーム。新幹線の時代を象徴するターミナルのひとつ、と言い換えてもいいかもしれない。

長岡の名物は、なんと言っても花火である。毎年八月の長岡まつりで行われる大花火大会は、日本三大花火大会のひとつ。お祭り自体は戦後復興を願って始められたが、花火の打ち上げそのものは一八七九（明治十二）年にはじまったのだとか。

そして、長岡は他にも名物がある。例えば、「米百俵」。戊辰戦争で焦土と化した長岡に対し、分家から米百俵の見舞いが贈られた。長岡藩は、それを目先の食い扶持にはせず、教育振興に費やした。いつだったか、小泉純一郎総理が「米百俵の精神で！」なんて演説をぶっていたっけな。

太平洋戦争開戦時の連合艦隊司令長官・山本五十六の生まれ故郷でもある。五十六は、酒まんじゅうに水と砂糖をかけて食べる〝水まんじゅう〟を好んでいたとか。長岡で実際に食べたことがある。その味は……みなさんのご想像におまかせします。

DATA
新潟県三条市下須頃
263.5km（大宮）／293.8km（東京）
1982年11月15日開業
高架2面3線

つば九郎とナイフとフォーク

長岡駅の手前で短いトンネルを抜けた上越新幹線は、以後終点の新潟駅に至るまで、まったくトンネルがない。トンネルだらけが特徴の新幹線においては、なかなかに珍しいといっていい。

車窓を見れば、右手には雪を抱いた越後山脈の山々が連なり、足下では一面の田園地帯。越後平野は日本一の穀倉地帯として、ぼくたちの食卓を支えてくれている。

そして忘れてはいけないのが、信濃川だ。長岡付近からの上越新幹線は、最後まで信濃川と共に走る。

途中で放水路を分けたり、別の小河川を合流したりしながら、信濃川は越後平野を蛇行しながら流れて新潟市内で日本海に注ぐ。

燕三条駅も、越後平野の真ん中、信濃川沿いの駅だ。中ノ口川を分けて五十嵐川を合流した、ちょうどそのあたりに燕三条駅がある。駅の東側には信濃川、西側には中ノ口川。それぞれ、前者は三条市の中心市街地と、後者は燕市の中心市街地を隔てている。

燕三条駅で新幹線を降りて、ホームから高架下、地上二階のコンコースへ。改札を抜けるその手前には、でっかいナイフとフォークが交わるオブジェが鎮座する。そのお隣には、東京ヤクルトスワローズのマスコット・つば九郎もいた。

つば九郎、見た目こそまるでペンギンそっくりで、その奔放な物言いから、ファンの間で〝畜ペン〟などと呼ばれて愛されている。そう言えば、Ｓｕｉｃａのキャラクターもペンギンだが、それはただの偶然である。
が、もちろんペンギンではなくツバメだ。だって、ヤクルトのスワローズ、日本語にすればツバメ。前身は国鉄スワローズで、伝統の特急「つばめ」にちなんで名付けられたという。

そんなわけで、つば九郎と鉄道は深い縁で結ばれている。だから、この駅にもつば九郎が……。

なんてことももちろんまったくの大違い。燕三条駅が燕市の玄関口ということで、燕市、ツバメ、つば九郎。つば九郎さんは、燕市の「ＰＲ隊鳥」なのだとか。

そんなわけで、でっかいナイフ＆フォークとつば九郎に見守られながら改札口を抜ける。

高架下のどことなく薄暗いコンコース。その一角には、燕三条エリアの地場産品を展示したコーナーが設けられている。ナイフやフォークといったいわゆるシルバー類、また包丁などの調理器具。

これまた改めて説明するまでもないかもしれないが、燕三条エリアは金属洋食器や調理器具をはじめとする金属加工製品の一大産地だ。プロの料理人が愛用する器具の数々も、燕三条エリアで生産されているものが多い。

展示コーナーを抜けてさらに進むと、小さな鳥居が見えてくる。鳥居を潜った先には、在来のＪＲ弥彦線のホームに続く。同一駅で互いに接続している関係にありながら、新幹線と弥彦線で改札口が別々になっているのは特徴のひとつだ。

そして、弥彦線に乗り継いで弥彦駅に向かえば、彌彦神社の玄関口。彌彦神社は弥彦山の山麓に鎮座する越後国一宮で、初詣シーズンなどには多くの参詣客で賑わう。弥彦線の本質はローカル線だが、初詣に合わせて臨時列車も運転される。

つまり、燕三条駅コンコースの鳥居は、新幹線を使って彌彦神社を訪れる人に向けた、いわば〝一の鳥居〟というわけだ。

が、今回の目的地は彌彦神社ではないので、駅の外に出なければならない。

燕三条駅の外に出るには、展示コーナーや鳥居のある二階から、さらに一階まで降りる必要がある。階段を降りてゆくと、駅の東西それぞれの出入口の案内があった。東側が「三条口」、西側が「燕口」。燕三条という、ふたつの都市名を重ねたこの駅名の背景に潜む、複雑な事情がここに垣間見えている。

燕三条駅は、ちょうど三条市と燕市の境界に位置している駅だ。駅のすぐ脇、というか事実上ほとんど同じ場所に、北陸自動車道のインターチェンジがあるが、そちらは三条燕インターチェンジと名乗る。

この駅名とインター名については、それぞれ燕・三条という町の名前の順番を逆にすることでバランスを取った、などという説が巷間流布されている。

これが真実かどうかはわからない。ただ、一般論として隣り合ったふたつの町は、傍からはわからないような複雑な関係性。駅名のどっちが先か、なんてどうでも良さそうなことが、大きな意味を持つこともあるのだ。

チャッチャ系も〝燕三条〟

燕三条駅の外に出てみると、三条口側も燕口側も、どちらもまったくそっくりな顔をしている。

どちら側にも駅前広場があって、大きな駐車場もあって、町の玄関口らしさを漂わせている。それぞれが三条市と燕市の玄関口なのは事実だから、どちらかに偏った駅の造りをするわけにはいかなったのだろう。ふたつの町の境界に置かれた駅ならではの配慮なのだ。

とはいえ、新幹線駅において正面口・裏口がもはや関係ないくらいに全体が発展している駅は、一部の政令市など大都市のターミナルくらいだ。三条市も燕市も、どちらもそうした大都市とはさすがに言い難い。

だから、普通ならば正面と裏ができてもおかしくない。そこをなんとか〝どっちも正面〟にしたおかげで、どことなくどっちつかずになってしまっている印象を抱く。

これだけ大きな駅前広場に駐車場も両サイド。一日平均乗車人員が二〇〇〇人に満たない駅にはいささか過大ではないかとも思う。

新幹線の高架ホームの真下には弥彦線。1面1線の棒線ホームへは、新幹線の駅舎の中からしかアクセスすることができない

そう考えると、やっぱりこのふたつの町は、仲が悪いのかしらん……などと思ってしまう。

しかし、地域としての一体性は持っているようだ。というのも、金属加工の工場が多く、金物が名物になっている地域としては、だいたい〝燕三条〟などと両都市一帯として名前が挙げられる。

現在の三条市内において、元禄期に五十嵐川の氾濫に悩んだ農民たちが和釘造りをはじめたのが、金物産業のルーツだという。それが燕方面にも波及していった。

いまでは商業の三条、職人の燕などと個性づけられることもあるようだが、いずれの町もセットになって金物で全国に名を轟かす。

ちなみに、背脂チャッチャ系と呼ばれるラーメンの発祥もこの地域らしい。このときも、〝燕三条系〟などと呼ばれることが多い。

こうしてみると、燕が先に来ることが多いような気もするが、それはどちらの町が上だとか下だとかという話ではなく、単なる語呂の問題だろう。いずれにしても、隣り合ったふたつの町は、一体性と独立性の狭間でせめぎ合うのが常なのである。

DATA
新潟市中央区花園
303.6km（大宮）／333.9km（東京）
1904年5月3日開業
高架3面4線

新潟と沼垂、新潟駅はどちらに

　このところ、新潟に行くときはだいたい新潟競馬場での競馬観戦が目的になっている。新潟競馬場は、日本で唯一の一〇〇〇メートル直線コースがあり、主に夏の盛りにレースが行われる。

　夏の新潟はとにかく暑い。こんな暑いところでレースをしていたら馬も人も倒れてしまうんじゃないかと心配してしまう。そして、心配しつつもビールを浴びて、財布を空っぽにして帰路につくことになる。

　東京から新潟までは、往復で二時間ほどだ。停車駅の少ない列車なら、一時間半程度。もちろん日帰りにも耐える。首都圏での競馬開催のない夏の時期、気軽に現地観戦するならば、新潟に限るというわけだ。

　が、大きな難点は、新潟駅から新潟競馬場が遠すぎるということだ。駅南口から出ている直通バスに揺られて約三十分。もちろん座れると決まっているわけではない。

　行きはまだいいが、帰りは辛い。馬券に負けて立ちっぱなしでバスに三十分なんて、これ以上に辛い旅はない。

あげくに上越新幹線が満席で自由席にも座れるかどうか、みたいになってしまうと、もう地獄と言うほかない。それもこれも、ぜんぶ馬券が当たらないからである。

……などというグチはともかく、新潟競馬場は新潟駅から東に約十二キロ離れた場所にある。一九六五（昭和四十）年に開場している。

それ以前の新潟競馬場は、越後線の関屋駅付近にあった。関屋分水路の開削に伴って閉鎖されて、現在地に移転したものだ。

そして、このあまり新潟駅とは関係なさそうな競馬場の移転が、新潟という町の複雑さを紐解くひとつのヒントになる。新潟とはいったいどこなのか。そう、新潟駅は、もともと新潟の駅ではなかったのである。

現在の新潟の中心市街地は、信濃川を間に挟んで大きくふたつに分かれている。新潟駅があるのは信濃川右岸側。ただし、こちらはもともと新潟とは明確に違う町だった。

いまの新潟駅の北東側、信濃川沿いを中心に広がっていた〝沼垂《ぬったり》〟という町。江戸時代には新発田《しばた》藩の外港として賑わっていた。その町の東端に、一八九七（明治三十）年に沼垂駅が開業している。これが、現在の新潟市内における最初の鉄道駅だ。

いっぽう、信濃川の左岸側、新潟駅から見ると萬代橋で信濃川を渡った先が、古くからの新潟である。旧新潟競馬場があったのは、この信濃川の左岸側である。

新潟の町は、江戸時代には越後米の積み出し港、そして西廻り航路の寄港地として発展。一八六八（明治元）年には日本海側では唯一の開港場になっている。明治初期、新潟県は石川県に次いで人口が多かった。いわば、日本で二番目の都市だった。

明治初期、つまり近代に足を突っ込んだばかりのご時世は、西廻り航路によって日本海側の諸都市が賑わいを得ていた時代をまだまだ引きずっていたのだ。そして、その中心が紛れもなく新潟港、信濃川左岸の一帯だった。

現在の新潟駅は、一九〇四（明治三十七）年に沼垂駅から延伸する形で開業している。まだ市街化していなかった萬代橋東詰。いまとは少し場所が違い、現在地に移転したのは一九五八（昭和三十三）年のことだ。

一方、従来からの新潟の市街地には、一九一二（大正元）年に越後鉄道によって白山駅（移転を経て現在は越後線白山駅）が開業している。

西から新潟の中心市街地に入る直前の場所。いわゆる〝古町〟と呼ばれる新潟の繁華街にいちばん近いターミナルは、ローカル線の終着駅だったのである。越後線が信濃川を渡って新潟駅に乗り入れて旅客営業を開始したのは、一九五一（昭和二十六）年になってからである。

つまり、新潟といういまもって日本海側最大の都市は、信濃川を挟んでふたつの町を持ち、それぞれ異なるターミナルを持っていた。ふたつの町を結んでいたのは、萬代橋。この萬代橋を要として、双方の市街地が結合し、鉄道の線路の形も変わって現在の新潟市街が完成したのである。

新潟駅を降りて、工事中の駅舎から万代口と呼ばれる北側に出る。駅前は市内各地（つまり古町方面を含む）への路線バスが出ているターミナル。そこから北に向かって少し歩くと、信濃川の対岸へ続く萬代橋が架かる。現在の萬代橋は一九二九（昭和四）年にできたもので、二〇〇四（平成十六）年には国の重要文化財にも指定されている。新潟の中心は、駅ではなくてふたつの町をつないだこの橋にある。まさに、新潟の象徴なのだ。

萬代橋と万代シテイ

萬代橋から北東、つまり河口側を眺めると、佐渡島に渡る佐渡汽船ののりばなどがある新潟港。傍らの朱鷺《とき》メッセも、新潟のシンボルのひとつだ。

そして、橋の向こう側には古町、つまり古くからの新潟の中心市街地が広がる。西堀通りには地下街も設けられていて、往年の賑わいはいまも失われていない。

しかし、他都市の例に漏れず、新潟駅周辺も市街地として大いに発展してきた。その象徴のひとつが、萬代橋のたもとに広がる万代シテイ。ロフトがキーテナントとして入っているラブラ万代、またその隣の万代シテイバスターミナルを中心とする、一大商業ゾーンである。

もともとこの一帯には、新潟交通の車両基地や天然ガス井などがあった。

商業エリアとは言えなかったその一帯の本格的な開発が進んだのは、七〇年代に入ってから。核テナントとして一九七三（昭和四十八）年にダイエー新潟店（現・ラブラ万代）がオープンしている。八〇年代には伊勢丹も

万代シテイは新潟駅と信濃川の萬代橋までの間に建つ。いまはロフトの入るラブラ万代を中心に、専門店街やバスターミナルなどが集まっている

登場し、おおよその完成を見た。

こうして新潟駅周辺も、戦後の市街地拡大の流れにも乗って大きく発展することになる。新潟駅周辺は、名実ともに新しい新潟の〝中心〟になっていった。もしも、信濃川の左岸側に新潟駅を名乗るターミナルが置かれていたら。市街地の拡大には自ずと制限がかかり、いまのような形は生まれていなかったかもしれない。新潟駅とその周辺の市街地は、こうした歴史の産物なのだ。

そんな新潟駅は、目下リニューアル工事の最中である。在来線の高架化はすでに終わっていて、羽越本線を走る特急「いなほ」と新幹線は対面で乗り換えられる構造だ。山形・秋田の日本海側諸都市も、新幹線を求めている。ただ、実現の可能性は明らかに乏しい。武雄温泉駅のような、〝暫定〟ではない形の新幹線と在来線の対面乗り換えが、現時点では精一杯なのだろう。

新潟駅のリニューアル工事は二〇二五（令和七）年に完了予定。商業施設などは二〇二四（令和六）年春にオープンするのだとか。そうなれば、ますます新潟駅が新潟という日本海側最大都市のターミナルとして、存在感を増してゆくことになりそうだ。

第7章 北陸新幹線

黒部宇奈月温泉
新高岡
富山
金沢
小松
加賀温泉
芦原温泉
福井
越前たけふ
敦賀
N
50km

DATA
群馬県安中市東上秋間
18.5km（高崎）／123.5km（東京）
1997年10月1日開業
地上2面2線

峠よりもニュータウン

高崎駅で上越新幹線と分かれると、ここから北陸新幹線としての単独の旅がはじまる。しばらくは信越本線に沿う旅である。だから、最初の関門は〝碓氷峠〟だ。

碓氷峠がどのような難所なのかは、ここで言うまでもないだろう。信越本線はアプト式を採用したり、補助機関車を連結したりして、息も絶え絶え乗り越えていた。

しかし、北陸新幹線にはそんな険しい峠などはあまり関係がないようだ。信越本線の通っていた碓氷峠の北側を、秋間トンネル・一ノ瀬トンネル・碓氷トンネルという、三本の六〇〇〇メートル級のトンネルで抜けてゆく。

そして、それと入れ替わるように、新幹線開業と同時に信越本線の横川〜軽井沢間は廃止されてしまった。いまや、碓氷峠越えは死語になっている。

とはいえ、新幹線でも急勾配は急勾配。高崎駅を出てから軽井沢駅までは、長い三〇パーミルの上り坂が続く。途中、ほんの少しだけ平坦な区間があって、ところどころで地上に顔を出す。その一つに設けられているのが安中棒名駅だ。

いよいよ長大トンネルの連続になるその直前。いわば、信越本線にとっての横川駅のようなもの、といったところだろうか。

ただ、実態としてはまったく違う。

前後をトンネルに挟まれた短い明かり区間のホーム下に設けられた改札を抜け、南側に面した駅舎を出る。駅前には大きな広場が設けられているが、だからといって何があるわけでもない。

駅前からまっすぐ南に進めば、駅開業に合わせてＪＲ東日本が開発を手がけた「びゅうヴェルジェ安中榛名」という住宅地が広がっている。山肌を切り開いて造成された、文字通り山間のニュータウンだ。

夕方にでもなれば、帰宅する住民たちでこの駅や町も賑わうのだろう。が、あいにくやってきたのは真っ昼間。安中榛名の町を小一時間歩き回っても、誰ともすれ違うことはなかった。

安中榛名駅は、すっかりこのニュータウンの玄関口というくらいしか役割を持っていない。いちおう路線バスもあって、それに乗り継げば三十分くらいで安中の市街地に行くことができる。

安中の市街地は碓氷川沿い、信越本線の安中駅から磯部駅にかけて広がっている。古くは安中藩の城下町で、中山道の宿場も置かれていた。だから、安中榛名駅もいちおうは新幹線における安中の玄関口といえなくもない。

しかし、肝心の路線バスの本数は少ないし、そもそも安中の市街地に出かけようと思ったら、新幹線に乗るよりも高崎駅から信越本線を使った方が手っ取り早い。

つまり、安中榛名駅はまさに駅前のニュータウンのための駅なのだ。

開業当時、ニュータウンの開発も始まっていない頃の安中榛名駅は、〝新幹線の秘境駅〟などと言われて注目されたことがある。いまではニュータウンができた。それでも、秘境駅という言葉は言いすぎにしても、大発展しているというわけでもない。

やはり、峠越えの拠点であった横川駅とは本質的に違っている。数少ない共通点を挙げるとすれば、駅で「峠の釜めし」を売っていることだろうか。安中榛名駅から峠の向こうの軽井沢駅までは十分ちょっと。釜めしを、急いで食べるとしよう。

DATA
長野県北佐久郡軽井沢町大字軽井沢
41.8km（高崎）／146.8km（東京）
1888年12月1日開業
地上2面4線

冬と夏の軽井沢

碓氷峠、つまり群馬県と長野県の県境を越えて最初の駅は軽井沢駅だ。それは在来の信越本線の頃から変わっていない。

ただし、いまでは信越本線の横川〜軽井沢間は途切れてしまい、さらに軽井沢からは第三セクターのしなの鉄道になってしまった。軽井沢駅の改札を出て、線路の上を覆うように設けられているペデストリアンデッキから東を望むと、しなの鉄道がすぐそこで途切れているのがよく見える。

それでも、新幹線のターミナルになったことで、軽井沢駅が信州の玄関口であることは変わらない。

冬の軽井沢はオフシーズン。人はほとんどいないと思っていた。軽井沢は夏こそ避暑地といって重宝がられているが、冬は凍てつく寒さというイメージだ。

そういえば、過激派が冬の軽井沢の別荘に立てこもったあさま山荘事件。包囲した警察官に支給された弁当や炊き出しのカレーが凍り付いてしまって、食べられたものではなかったというではないか。そんな凍てつく冬の軽井沢。きっと人はまばらだろう。

……そう思ったら、まったくの大間違い。老若男女、さまざまな人たちで軽井沢駅は賑わっていた。

雪が残ってはいたけれど、しこたま積もっているというようなことはない。もちろん寒いのは寒いのだが、東京だって寒いよね、くらいで済んでしまう程度だ。

だから、冬だろうがなんだろうが、軽井沢にはたくさんの人たちがやってくる。

冬でも軽井沢が賑わっているのは、ひとつに駅前に広大なアウトレットモールがあるからだろう。正式には、「軽井沢・プリンスショッピングプラザ」という。名前から分かるとおり、プリンスホテル、つまり西武系列の商業施設だ。

この大型アウトレットモールを中心に、町全体が別荘地という軽井沢にはオシャレなカフェや飲食店も少なくない。町を歩くだけでも楽しいという向きもありそうだ。

また、リゾートホテルの類いも多く、東京から日帰りでもいいし、泊まってもいいし、誰もが気軽に遊びに行けるリゾート地になっているようだ。

リゾート地というのは、だいたいバブル崩壊以降衰退の道を歩んでいる。昭和型のリゾートが、長引く不況の時代に受け入れられなくなってくるのは必然だ。

ところが、軽井沢はむしろ一層の賑わいを得て、日本を代表するリゾート地としての立場をますます確かなものにしているように見える。どういうことなのだろうか。

もともと、軽井沢は中山道の宿場町だった。沓掛・追分の宿場とともに〝浅間三宿〟と呼ばれ、飯盛女を多く抱えているのが特徴だったという。

明治に入るといったん廃れたが、きっかけは一八八六(明治十九)年。カナダ人宣教師のアレキサンダー・クロフト・ショーが友人と共に軽井沢を訪れてひと夏を過ごした。軽井沢をいたく気に入ったショーは別荘を建築。これが、避暑地・別荘地としての軽井沢のはじまりだ。

一八九三(明治二十六)年には碓氷峠を越える鉄道が開業し、外国人だけでなく日本人も別荘を置くようになった。さらに大正時代には草軽電気鉄道が開業し、開発に拍車がかかる。

一九一七(大正六)年には、堤康次郎が広大な村有地を購入、五十軒の分譲別荘地として販売している。堤康次郎はいわずと知れた西武グループの創業者。堤が手がけた不動産事業は、軽井沢がはじまりだった。だから軽井沢は西武グループの発祥地ということもできそうだ。

堤による別荘地分譲はおおきなきっかけになって、大手資本が相次いで進出。インフラの整備も進んでいった。

碓氷峠越えの信越本線によって東京との時間距離が短縮されたこともあって、昭和の初めにはすでに日本を代表する避暑地、リゾート地になっていたようだ。

ただし、この頃の軽井沢を訪れる人々は、外国人が中心。日本人は政財界の要人や文人などに限られていて、庶民が気軽に訪れる町にはなっていなかった。

広く開かれたリゾート地になったのは戦後になってから。特に高度経済成長期には、大規模開発によって生まれた別荘を可処分所得の増えた中間層がこぞって買い求め、別荘ブームの立役者になっている。

バブル期前後には海外旅行が庶民にも普及したため、軽井沢も一時的に衰退の時期を迎えた。しかし、バブル後に駅前のショッピングモールやブルワリーなどが設立され、新たな客層の取り込みが進んだ。そして、一九九七（平成九）年、北陸新幹線が開業したのだ。

移住者も増える町へ

新幹線の開業で、東京から軽井沢までは一時間ちょっとで行けるようになった。気軽に日帰りの軽井沢ショッピング、なんてこともできるようになったのだ。近年も、新しい美術館やリゾート施設、商業施設などが次々に進出し、勢いはますます増している。

さらに、最近では東京からの移住者も増えている。もともと外国人の避暑地として開発された軽井沢は、山間の町ながら外から人が流入することへの抵抗が小さい。

そうした背景に加えて、ここ数年はコロナ禍によるリモートワークの定着もあり、若い世代の流入が目立っているのだとか。二〇一四（平成二十六）年には、日本初の全寮制インターナショナルスクールも開校している。

全国的に人口減少が目立つ日本にあって、軽井沢やその周辺は移住者の増加で人口も増えているという。軽井沢町や御代田町、さらには小諸市などを含めて〝大軽井沢経済圏〟などという言葉が生まれるほど、実は活気に満ちた町なのである。

軽井沢駅の自由通路から碓氷峠方面を見る。右端には峠の向こうまで通じている新幹線があるが、真下のしなの鉄道線は行き止まり。碓氷峠越えの歴史の変遷は、ここにもある

もちろん、他の町がマネしようとしてできるものではない。そもそも、軽井沢には夏の涼しさという何よりの武器がある。別荘地としての歴史が長いが故に、田舎でありながら都会的、そして排他的とは無縁な地域性が育まれている。新幹線による東京との近さも見逃せない。

こうした状況が合わさって、いまの軽井沢の賑わいを生み出しているのだろう。

軽井沢駅の南には、巨大なアウトレットモール。さらにその南には軽井沢プリンスホテルや一〇八ホールというマンモスゴルフ場。それ以外にも、大小さまざまなホテルや旅館、店舗が建ち並ぶ。一年を通して、多くの人たちがやってくるのもよくわかる。

しかし、それでも冬の軽井沢。弁当が凍るほどではないが、やっぱり寒い。冬の平均気温は氷点下四度ほど。あさま山荘は駅前よりは山深い場所で、その当時はもっと気温も低かったのだろう。ちなみに、八月の平均気温は二二・五度（二〇二三年度）。東京が二九・二度だから、その差は歴然だ。ただ、これでも七〇年代頃からすれば二度ほど暑くなっている。地球温暖化の影響は、軽井沢にも及んでいる。

北陸新幹線　4

佐久平

SAKUDAIRA

DATA

長野県佐久市佐久平駅東
59.4km（高崎）／164.4km（東京）
1997年10月1日開業
地上2面2線

大迫選手と浅間山

佐久平駅に着いて改札口を出ると、マラソンランナー大迫《おおさこ》傑《すぐる》選手の大きな写真が目に飛び込んでくる。大迫選手、この地域の出身なのだろうか……と調べてみると、生まれは東京だが、高校が佐久平駅のすぐ近くにある佐久長聖高校だった。

佐久長聖高校は、駅伝部が全国に名を馳せる。一九九八（平成十）年から全校高校駅伝への連続出場を続けており、二〇二三（令和五）年には大会新記録で優勝している。多くのトップ長距離ランナーを輩出、大迫選手もそのひとり、というわけだ。

なお、他にもスケートではオリンピック選手を多く出し、野球でもコンスタントに甲子園に出場する強豪校。進学実績もなかなかのようだが、やはりスポーツでの活躍が何より広く名を知らしめる。

さて、この佐久平という新幹線の駅には、他の新幹線駅には見られない大きな特徴がある。それは、新幹線のホームの真上を小海線というローカル線が跨いでいることだ。

ふつう、鉄道はあとからできたものが上を跨ぐ。これは新幹線だろうが何だろうが関係なく、単なる順番の問題だ。ただ、佐久平駅については事情が違うようだ。

小淵沢~小諸間を結ぶローカル線の小海線。もちろん最初は地上を通っていた。佐久平駅付近は、まったくの田園地帯で、小海線も駅を持たなかった。

ところが、新幹線が通ることになって、線形の都合からどうしても地上駅になることが決まった。そこで、やむなくローカル線の小海線が高架で新幹線を跨ぐことになったというのが、佐久平駅の経緯だ。

ちなみに、最初は小海線には新幹線接続の駅を設ける予定はなかったそうだ。そこで地元がおカネを出して、つまり請願駅として小海線にもホームを設けた。佐久平駅が本領を発揮するためには、たとえローカル線とはいえ小海線との接続があった方が良いに決まっている。それを請願駅でというのは、ずいぶんと世知辛い。

佐久平駅を歩こう。

北東から南西へと駆けてゆく新幹線の出入口は南北にひとつずつ。北側の出口は、「浅間口」という。もちろん浅間山にちなんだものだ。

だから、浅間口に出たら浅間山を望めるのだとばかり思っていた。しかし、実際に出てみても目の前にあるのは大きなマンション。視界が遮られて、すっかり浅間山を見ることができない。

反対の南側は、蓼科口という。大きな駅前広場が設えられていて、ビジネスホテルや小海線の線路を潜った先にはイオンモール。佐久平駅を中心とした市街地が形成されている。

佐久平という駅名の由来は、信濃の国の〝四つの平〟のひとつ、佐久平から。駅の南側(小海線岩村田駅付近)には旧中山道が通る。このあたりから中込にかけてが佐久市の中心だ。

新幹線が佐久平経由になったおかげで、在来の小諸駅を持つ小諸市が廃れてしまった、などという。ただ、小諸市は新幹線開業から数年間は人口を増やしている。

それに、新幹線が通ることで町のありようが変わるのは珍しいことではない。在来線だって、開業したときにはそれまでの宿場町を中心とした町の形を大きく変えた。それと同じことが、新幹線でも起きただけなのである。

上田

UEDA

DATA
長野県上田市天神
84.2km（高崎）／189.2km（東京）
1888年8月15日開業
高架2面2線

四つの平ではないけれど

長野県には何度も取材で出かけているが、個人的には取り立てて思い入れがあるわけでもないし、親族などを含めて縁があるということもない。

だから、長野県民はみんな『信濃の国』が歌える、などというエピソードも、「秘密のケンミンＳＨＯＷ」で見たことがあるというくらいのレベルに過ぎない。学生時代は歌えたはずの母校の校歌も、いま歌ってみろと言われるとたぶんムリだ。でも、中には歌える人もいる。『信濃の国』もその程度のものじゃないかと思っている。

ただ、『信濃の国』は長野県がどういうところであるかということを、端的にうまく表現しているのは事実だ。たとえば、よく取りあげられる「四つの平」。山だらけの（県全体が山そのものといっていいくらいだ）長野県における主要な四つの盆地のことを、「四つの平」と歌っている。

それは、松本平・伊那谷・佐久平・善光寺平。

……あれれ、何か足りない気がしませんか。

そう、「四つの平」には、上田駅がある上田平が含まれていないのだ。

上田平の上田市は、人口約十五万人の長野県内第三の都市だ。松本平の松本市や善光寺平の長野市には敵わないが、佐久平の佐久市や伊那谷の伊那市よりは圧倒的に規模の大きな都市である。

なのに、上田平は四つの平に含まれない。なんだか、悲しくなってくるではないか。上田駅には新幹線も停まるというのに。

上田という町は、歴史的に見ても信州において実に重要な位置を占めてきた。古代から東山道が通る要衝の地で、国分寺・国分尼寺が置かれている。国府も上田にあったとする説もある。戦国時代には武田氏の勢力下に入り、武田氏滅亡後は真田氏が上田城を築き、城下町が整備されている。

上田は徳川・北条・上杉の勢力がぶつかり合う最前線の地で、真田氏はその狭間で名目を保った。中でも、一五八五（天正十三）の第一次上田合戦と一六〇三（慶長五）年の第二次上田合戦は、小大名の真田氏が徳川の大軍勢を退けた合戦として知られている。

このように、しばしば歴史の表舞台に登場する上田の町。これは、千曲川のほとりの要衝の地であったことが大きく関係しているのだろう。

江戸時代には上田藩の城下町。松代に移された真田氏に変わって仙石氏、次いで藤井松平氏が治めた。上田の城下町から千曲川を挟んだ西側の塩田平は、「塩田三万石」などと呼ばれる穀倉地帯で、別所温泉を中心に中世以来の仏教建築が多数点在。いまでは「信州の鎌倉」の異名でも知られる観光名所になっている。

そうした要衝の地・上田平の中心が、上田駅とその市街地である。

上田駅を歩こう。

上田駅に乗り入れているのは、新幹線のほかに旧信越本線のしなの鉄道、そして別所温泉までを結ぶローカル私鉄の上田電鉄別所線。新幹線のホームだけが地上二階の高架で、改札口は高架下の一階にある。しなの鉄道・上田電鉄はそこから階段を登って自由通路の上に改札を持つ。全体をひとまとめにした橋上駅ではないあたり、できる限り省力化した新幹線ターミナルといったところだろうか。

出入口は北がお城口、南が温泉口という。温泉口というのは、上田電鉄を通じて結ばれる別所温泉のことだろう。五分も歩けば千曲川が流れ、北側には大型商業施設のアリオ上田が建っている。

お城口はいわゆる〝正面口〟だ。駅舎の壁面には真田の家紋・六文銭があしらわれ（というか、上田駅はあちこちに六文銭がちりばめられている）、駅前広場を取り囲んでいるのはいくつものビジネスホテル。

そして、その先に上田の中心市街地が広がっている。駅から見て北西には、上田のシンボル・上田城が建つ。

上田の市街地は、駅前から少し北に行ったところから東西に通って上田城にぶつかる大手通がメインストリート。旧北国街道も通り、江戸時代には城下町に加えて宿場町としての賑わいもあったことがうかがえる。

ちなみに、近代以降の上田の町は、製糸工場が進出して繊維産業の町として発展している。繊維産業は戦後になって衰退するが、その工場を再利用する形で都市部からの工場疎開があって、内陸工業地帯として高度経済成長期を支えている。いまの県内第三の都市という上田の地位は、こうした歴史によるものだ。

レトロなスナック街と真田幸村

そしてなにより、上田の市街地の特徴は、いかにも昭和レトロな歓楽街だ。袋町といい、おびただしいほどのスナックなどが並んでいる。「袋町」という地名はすでに姿を消しているが、もともとの由来は敵が攻め込んできたときに袋小路に追いやって、という戦国期の城下町設計思想によるものだとか。

そういえば、大河ドラマ『真田丸』でも、城下町に徳川兵をおびき寄せて討ち取る場面が描かれていた。

そして、そんな袋町の少し南側には「花やしき通り」のアーチが架かったこちらも古い町があるが、ここは実は映画のロケセット。二〇一四（平成二十六）年公開の『青天の霹靂』の撮影で用いたセットがそのまま残っているのだという。

ストリップ劇場の看板があったので覗いてみても、これは実際に営業しているわけでもないセットのひとつ。そして、いかにもレトロな大きな建物には「あさくさ雷門ホール」の看板が掲げられていた。

上田駅東口の駅前広場には真田幸村の像。勇壮な騎馬武者姿は、大坂の陣での活躍をイメージしたものだろう。史実の真田幸村は大坂で過ごした時期が長かった

これももちろん……と思ったら、看板はセットをそのまま残していても、中身は現役の映画館。明治時代は芝居小屋、それが大正時代に映画館に衣替えしていまに続いている、とても貴重な映画館だ。平成に入って一時休館したが、復活していまに至っている。

上田といったら国宝の八角三重塔などがある別所温泉、そして上田城あたりが観光名所。ただ、どうせこの町にやってきたならば、袋町やロケセットなども歩いてみるといいだろう。いささかいかがわしさが勝つ看板も目立つので、子ども連れにはおすすめしがたいが、これも日本の地方都市の歴史の一ページ、である。

そして駅前に戻ると、いちばん目立っているのは真田幸村の騎馬武者像。真田幸村、正しくは真田信繁といい、『真田丸』でもおなじみの英雄だ。実際にはそれほど大きな事績があるわけではなく、江戸時代から語り継がれた英雄譚で有名になった。

しかし、上田という町を広く知らしめているのは、紛れもなく真田幸村のおかげといっていい。それを思えば、たぶんにフィクションの要素もあるにせよ、いまの上田を作った男・真田幸村は、やはり英雄なのだろう。

北陸新幹線　6

長野

NAGANO

DATA		
	長野県長野市大字栗田	1888年5月1日開業
	117.4km（高崎）／222.4km（東京）	地上2面4線

善光寺詣りとふたつの百貨店

北陸新幹線は、一九九七（平成九）年に開業した。最初はスーパー特急方式・ミニ新幹線方式の採用が検討されたが、翌年に控える冬季長野オリンピックの観客輸送のためという大義名分を掲げ、晴れてフル規格、正真正銘の新幹線として開業した。整備新幹線としては初めての路線であった。

そのときの終着駅は、長野駅。北陸新幹線という名はまったく体を現していないので、当時は長野新幹線と呼ばれていた。ただ呼ばれていたどころか、東京駅や上野駅などでの案内看板も「長野新幹線」になっていた。

新幹線は二〇一五（平成二十七）年に金沢駅まで延伸して名実ともに北陸新幹線になって、終着駅・長野の時代は七年半ほどで終わりを告げている。

そんな〝元終着駅〟の長野駅。県都のターミナル、そして善光寺平の玄関口だけあって、なかなかインパクトのある構えをしている。

善光寺口と名乗る北側に出ると、大きくせり出した庇と木の柱が印象的な立派な面構え。「門前回廊」といい、長野の歴史と伝統を表現している。使われている材木は、長野市産のスギを使っているそうだ。

この善光寺口の駅舎が完成したのは、二〇一五（平成二十七）年。新幹線の金沢延伸、つまり〝終着駅〟から〝途中駅〟になったのと同時に生まれ変わった新駅舎、というわけだ。

駅前の地下には、ローカル私鉄の長野電鉄のホームがあり、こちらはいまもレトロな雰囲気を漂わせている。

そして、駅前にはドン・キホーテと東急百貨店。長野に東急とは、いったいどんな関係があるのだろうか。こうした駅前も路地に入れば小さな飲食店がひしめくプチ歓楽街ゾーンが広がって、末広町の交差点から北に向けては旧北国街道が延びている。

通り沿いが中心市街地を成している、この北国街道を北に辿る。いくつかの大きな交差点を経ると、牛に引かれての善光寺。長野という町は、旧北国街道の宿場町と善光寺の門前町を兼ねたところから発展したのだ。

だから、古くは町の中心も善光寺の門前にあった。

善光寺の門前、旧北国街道と国道十九号が交わる新田町の交差点が、まさに長野の中心というべき場所だった。

新田町の交差点は、長野丸光と丸善銀座屋というふたつの百貨店が向き合って建ち、激しくお客を奪い合っていたという。丸善銀座屋は丸光の後塵を拝し、六〇年代に東急の傘下入り。駅前に移転した。つまりいまの駅前の東急百貨店だ。なぜ東急かというと、創業者の五島慶太が長野県出身だった縁によるものだとか。

この東急移転をきっかけに、中心市街地は徐々に駅前に移ろった。丸善を駅前に追いやって勝ったかに見えた丸光も、人の流れが変わったことが影響して売り上げを減らし、そごうへの看板架け替えを経て二〇〇〇（平成十二）年に閉店している。

こうした駅前市街地の発展の中に、新幹線長野駅の存在が影響したことは想像に難くない。終着駅だろうが、途中駅だろうが、それはたいした問題ではないのだろう。

新幹線が金沢まで延伸すると、「長野新幹線」の呼び名はすんなりと「北陸新幹線」に変わった。さしたる混乱もなかったようだ。このあたりは、長野という町が、すでに新幹線の名前に拘泥する必要のない地位を持っていたから、というのは偏り過ぎた見方だろうか。

北陸新幹線　7

飯山

IIYAMA

DATA
長野県飯山市大字飯山字舟ノ浦
147.3km（高崎）／252.3km（東京）
1921年10月20日開業
高架2面2線

千曲川のほとりの里山に

ゆったりと流れる大河に田園地帯。その向こうには山々が見えて……。そんな里山風景をもって、「日本人の原風景」などと言うことがある。

実際にそういうところで暮らすというのは大変なことなので、「日本人の原風景」という言葉には多分に都会人の里山に対する安易な憧憬が含まれているのだろう。

ただそうはいっても、里山風景に触れるとささくれだった心がいくらか穏やかになるのは間違いない。特に、夏の盛りなんかに出かけると、これぞ日本の夏休み。いつまでもここで暮らしたい……などと思ってしまうのは、多くの人に共通しているのではないかと思う。

そんな里山風景と身近に接することができる駅のひとつが、飯山駅だ。

飯山があるのは、南から北に向かって千曲川が流れ、山に囲まれた小盆地。西には斑《まだら》尾《お》高原が広がり、東には高井富士とも呼ばれる高社山。昔ながらの市街地が千曲川にあるほかは、清々しいほどに里山風景の町である。

といっても、もちろん新幹線の飯山駅は里山風景には不釣り合いなほどに立派なものだ。いくら里山の駅といっても、新幹線の駅がショボかったらそれはそれで問題だ。そして、高架の新幹線駅舎の真下には在来の飯山線のホームが置かれている。

飯山線は、「おいこっと」という観光列車こそ走るものの、全体としては超の付くローカル線。特に長野・新潟両県の県境あたりは日本一の豪雪地帯で、冬には長期間運休になることもしばしばだ。

なので、この飯山線というローカル線は里山風景に似合うというか、それを引き立てる役割も担っている。新幹線の駅舎には、観光交流センターが入っていて、こちらも見た目は立派でも里山、自然の中の飯山観光の拠点になっているようだ。

駅から東側に少し歩けば千曲川。川沿いを北に進むと、飯山の中心市街地へ続く。といっても、実に小さな市街地だ。町中から山を望むと、山裾にはスキー場のリフトが見える。野沢温泉スキー場に斑尾高原スキー場など多くのスキー場が集まる飯山一帯。冬場には、内外のスキー客が新幹線に乗ってやってくるのだろうか。

飯山は、古くからの交通の要衝だった。戦国時代には上杉謙信が飯山城を対武田の前身基地とし、江戸時代には飯山藩の城下町。ただの里山などではなく、千曲川舟運の拠点、つまり物流の要として発展したという。海に恵まれない信州は、日本海と結ぶ千曲川舟運が命綱。飯山はその中核を担う町だったのだ。

しかし、近代に入ると鉄道は飯山ではなく斑尾山の西を通るルートを選んだ。その結果、飯山は物流基地としての役割を失った。そこに豪雪地帯ということも手伝って、都市化が遅れてしまった。それがかえって、里山風景を残すことにつながったのかもしれない。新幹線飯山駅の開業は、飯山にとって悲願の大動脈のターミナルといっていいだろう。

そんな飯山駅の高架下。駅前広場とは反対の裏口に出ると、飯山線の線路端に立派な石碑が建っていた。「五島慶太翁碑」とある。

鉄道官僚時代の五島は、飯山線の前身・飯山鉄道の敷設認可に力を尽くしたのだという。理由はもちろん五島が長野出身だから。いまはその脇を、天下の新幹線が駆け抜けてゆく。

北陸新幹線 8

上越妙高

JOETSUMYOKO

DATA		
	新潟県上越市大和	1921年8月15日開業
	176.9km（高崎）／281.9km（東京）	高架2面4線

謙信公が見守る越後の中心

新幹線の旅は地理や歴史の勉強になる、などと言われることがある。確かにそれはその通りで、新幹線の車窓を眺めていれば日本列島がどのような地形を持ち、どのように発展してきたのかがよくわかる。

そんなことを、上越妙高の駅で考えた。

上越妙高駅は新潟県は上越地方、高田平野のど真ん中にある駅だ。

西に飛騨山脈、東は東頸城《くびき》丘陵が取り囲み、北には日本海が広がる高田平野。海沿いには信越本線と旧北陸本線が接続する交通の要衝・直江津駅がある。新幹線はこの平野の南側を、南東から南西へと抜けてゆく。上越妙高駅は、ちょうど旧信越本線、えちごトキめき鉄道妙高はねうまラインと交差する場所に設けられている。

もともと、この駅は信越本線の脇野田駅といった。平野の真ん中の田園地帯の中の駅だ。すぐ東側には旧北国街道が通っているが、新井宿と高田宿の中間で、脇野田駅時代も小さな集落が駅前に広がっているだけだった。

そんな小駅が、たまさか新幹線と交差することになって姿を変えたのが、上越妙高駅というわけだ。変わったのは駅名だけでなく、駅の場所も少し西に移転している。いまの東口駅前広場の向こう側に脇野田駅があったが、新幹線開業に先だって二〇一四（平成二十六）年に約一二〇メートルお引っ越し。駅名が変わったのは新幹線開業と同時で、そのときに信越本線も第三セクターのえちごトキめき鉄道に移管されている。

上越妙高駅は、いちおう北陸新幹線において大きな位置を占めている駅だ。この駅を境に、上り方がＪＲ東日本、下り方がＪＲ西日本。つまり、会社間境界の駅というわけだ。

ただし、普通ならば境界駅で行われる乗務員の交代などは長野駅。上越妙高駅は最速達の「かがやき」などが通過するが、長野駅は全列車が停車する。だから、乗務員交代は長野駅の方が適している。

まあ、このあたりはお客にとってはあまりかかわりのないことなので、深く掘り下げるつもりはない。通過列車のある駅とはいえ、高架下には土産物や飲食を扱う店舗が入っていて、駅前広場もそれなりの規模。高田平野、上越地方の玄関口らしさを保っている。

そんな駅前には、〝越後の虎〟上杉謙信の像が建つ。謙信が拠点を置いたのは、新潟は新潟でも上越地方。高田平野を見下ろす春日山に城を築き、港町・直江津の発展の礎も築いた。

謙信の像とは反対の西口に出ると、こちらには温泉施設やビジネスホテル、コンテナ型の商業施設などが出迎える。なぜかコメダ珈琲もある。いわば〝裏口〟ではあるものの、よくできた駅前風景だ。

ただ、少し歩くと広大な空き地が見えてくる。やっぱりまだまだ開発途上……と思ったら、ここは区画整理事業の中で見つかった斐太遺跡群という弥生時代後期の遺跡なのだという。

高田平野は、越後国ではいちばん早く開発が始まった地域だ。国府も国分寺も、あったのは高田平野。世が世なら、新潟市ではなくこちら側が新潟県の中心になってもよかったろうに。上杉謙信がこの地に拠点を構えたのも、新幹線が通って駅ができたのも、高田平野の重要性が故なのだ。上越妙高駅を歩くと、そういうことを学ぶことができるのである。

北陸新幹線　9

糸魚川

ITOIGAWA

DATA

新潟県糸魚川市大町
213.9km（高崎）／318.9km（東京）
1912年12月16日開業
高架2面2線

難所と海に囲まれて

かつては米原駅から北陸地方を横断し、新潟県の直江津駅までを結んでいた大動脈・北陸本線。しかし、二〇一五（平成二十七）年に北陸新幹線が金沢まで延伸すると、金沢～直江津間が第三セクターに転換された。

そして二〇二四（令和六）年の春、新幹線のさらなる延伸で、北陸本線は米原～敦賀間の四五・九キロだけになってしまった。

江戸時代、徒歩で北陸街道を歩いた人たちは、親不知《おやしらず》の断崖絶壁で時に波にさらわれることもあったという。加賀藩の参勤交代の折には、藩主に難があってはならぬと数百人の人夫が集められて波よけの人垣を作らされたという話も伝えられている。

そうした難所も越えた大動脈・北陸本線も今は昔。富山・新潟の県境付近の市振駅から直江津駅までは、第三セクターのえちごトキめき鉄道日本海ひすいラインになっている。

この日本海ひすいラインが通るところは、親不知ばかりではなく難所が続く。飛騨山脈が南からそのまま海に落ち、日本海の荒波がその崖を絶えず削り取る。その隙を縫うようにして走ってゆく。

いっぽうで、新幹線ともなればそんな難所も関係ない。おおよそ海岸線には沿っているものの、ほとんどをトンネルですっ飛ばしてしまうのだ。

そんな中、一度だけ地上にしっかりと顔を出して在来線と接続する駅が、糸魚川駅である。飛騨山脈の真ん中に峡谷を刻みながら日本海に流れ出る、姫川の河口の町。フォッサマグナの西縁を成す糸魚川・静岡構造線が通る地としても知られている。

ただ、前後左右を険しい山と日本海に囲まれた、まるで孤立しているかのような町。新幹線は、こうした町にもしっかりと立ち寄っている。ご丁寧といえばご丁寧、だけどなぜ。そんな疑問を抱くのも、無理なかろう。

疑問を解消するために、糸魚川の町を歩こう。

新潟県ではいちばん西に位置する糸魚川市は、人口約四万人。県内でいえば、佐渡島の佐渡市よりも少ない小さな町だ。

新幹線を降りて、在来線の線路を跨いで海に近い北口へ（日本海口と名付けられている）。駅前には小さな広場があって、北に向かって目抜き通りが延びている。

この道を少し歩けば、ものの五分で日本海が見えてくる。駅と海岸線、その間には旧北国街道や国道八号が通り、中心市街地もこのあたりに広がっている。かつては宿場町、また一万石の小藩ではあるものの糸魚川藩の拠点でもあった。

近代以降は、セメント産業と姫川峡谷の電源開発で発展した。前者は明星山や黒姫山の豊富な石灰石に支えられたもの。糸魚川駅からローカル線の大糸線に乗ると、えちごトキめき鉄道・新幹線と分かれてすぐの姫川沿いにセメント工場を見ることができる。

後者は昭和以降手がけられ、戦後になると大糸線と姫川第七発電所の建設が重なって、糸魚川にはちょっとした建設バブルをもたらした。

大規模な公共事業には多数の働き手が必要で、そんな彼らが暮らした町も糸魚川。おかげで市街地では商業が発展し、専門店が集まった〝マーケット〟（小型百貨店のようなもの）が登場。線路沿いの路地にはスナックや飲み屋が建ち並ぶ横丁も形成されている。

とはいえ、発電所の建設はとうにおわり、大糸線は電化もされずにいまや廃止の危機にある。繁栄の一端はあちこちに垣間見えるものの、やはり日本海沿いの小さな町というのが、糸魚川の正直な印象である。

糸魚川駅から見て北の正面に位置する日本海沿いに出る。「夕日の見える海岸通り」などと名付けられた遊歩道があり、海との間には国道八号。日本海を一望できる展望台も備え付けられている。

そして、駅前通りと国道の交差点には、駅前海望公園という小さな公園があって、その中に建っているのが奴《ぬ》奈《な》川姫《かわひめ》像だ。奴奈川姫こそ、糸魚川という小さな町が大きな存在であることを解き示すカギになる。

奴奈川姫とは、『古事記』や『出雲国風土記』に登場する北陸一帯の姫のことだ。『古事記』には、出雲の大国主命が求婚に訪れた、などとあるという。糸魚川一帯には奴奈川姫を祀る神社も多い。奴奈川姫実在の真偽はともかく、このあたりが古代においても中央政権のなかで一定の存在感を示していたことは間違いないようだ。

それは、伝説だけではなく考古学でも証明されている。糸魚川特産のヒスイである。

海を渡った糸魚川のヒスイ文化

古くは「玉」とも呼ばれて大変重宝された宝石、ヒスイ。日本では、なんと縄文時代から利用されていたという。もちろんその後も権力者の力を示す宝石として、そして祭祀のツールとして使われていた。

その産地が、糸魚川なのだ。

糸魚川の海に打ち上げられたヒスイの原石は、交易品として広く日本全国に流通した。それどころか、朝鮮半島からも糸魚川のヒスイが出土しており、海外との交易にも用いられていたようだ。

糸魚川にたどり着くには親不知の難所を通るか、日本海の荒波を越えねばならない。それでも古代の人々は糸魚川のヒスイを求めて旅をしたのだろう。いや、もしかしたら難所を越えてようやく手にすることができるからこそ、一段と価値が高まったのかもしれない。

ヒスイの文化は奈良時代以降に衰退してしまうが、少なくとも古代の糸魚川、相当繁栄していたに違いない。

ヒスイ文化を失ってからも、糸魚川は日本海沿いの交

糸魚川駅前から北を望むと、すぐ向こうに見えるのが日本海。姫川河口の平地部に開けた、小さな町だ

通の要衝だった。とりわけ、北国街道と千国街道の結節点としての役割は大きかった。千国街道は姫川渓谷を抜けて松本盆地までを結ぶ街道で、〝塩の道〟ともいう。海を持たない信州・甲州の人々にとって、糸魚川を発する塩の道は、まさしく生命線だった。武田信玄と上杉謙信にまつわる「敵に塩を送る」の故事も、千国街道にちなむ。

廃止の危機にあるローカル線・大糸線も、千国街道沿いを走る鉄道と考えれば、ただのローカル線ではないように見えてくる。

そしてまた、それらの拠点でありつつ日本海の航路とも接続していた糸魚川。海沿いの小さな町などと、あなどってはいけないことがわかってくるではないか。

いまはそうであっても、歴史を振り返れば有史以前から陰に陽に日本人の暮らしや文化に多大な影響を与えてきた。それが糸魚川という町だ。

だから、もはや糸魚川に新幹線がやってくることに疑問はない。糸魚川駅の南口（アルプス口）には、観光案内所とミニ鉄道博物館を兼ねた施設がある。鉄道においても、糸魚川は要衝の地、なのだ。

北陸新幹線　10

黒部宇奈月温泉

KUROBE-UNAZUKIONSEN

DATA	富山県黒部市若栗 253.1km（高崎）／358.1km（東京）	2015年3月14日開業 高架2面2線

散村の中で富山地鉄とお乗り換え

「北陸」と呼ばれる地域はいったいどこからどこまでなのだろうか。

だいたいイメージされるのは、富山・石川・福井の三県である。ところが、そこに新潟県を加えるかどうかとなると百家争鳴。地域区分なんて人の都合に過ぎないのだから、そんなことで揉めても仕方がない思うが、いろいろな意見があることも仕方がない。

ちなみに、公的な地域区分を参照すると、国土交通省の北陸地方整備局が管轄しているのは石川・富山・新潟の三県。なんとここでは福井県は「北陸」に含まれていない（福井県は近畿地方整備局）。

電力会社で見てみると、北陸電力の営業エリアは富山・石川の二県と福井県・岐阜県の一部だ。新潟県は東北電力で、周波数も異なっている。

と、このように北陸がどこからどこまでなのかは、意外と難しい問題なのだ。

ただ、いずれにしても飛騨山脈を抜けて富山県に入れば、誰にもケチのつけられない北陸に入ったといっていいだろう。これからが、名実ともに〝北陸新幹線〟の本領を発揮する区間、というわけだ。

そして、北陸に入って最初の駅が、黒部宇奈月温泉駅。黒部川扇状地が広がるその南の端に、この駅はある。

下り線のホームからは立山連峰、上り線のホームからは富山湾とその向こうに能登半島が見える絶景の駅。裏を返せば、背の高い建物がほとんどないということでもある。駅の周りには、典型的な散村が広がっている。

高架下の改札口を抜け、西側の駅前広場から道路をひとつ渡ったら、富山地方鉄道の新黒部駅が控えている。新黒部駅から富山地鉄の各駅停車に乗って約三十分で峡谷沿いの宇奈月温泉駅へ。つまり、新幹線の黒部宇奈月温泉駅は、黒部峡谷・宇奈月温泉への玄関口というわけだ。その辺りは、黒部宇奈月温泉という駅名にしっかりと反映されている。

JRの在来線やそれを転換した第三セクターではなく、私鉄路線との交差地点に設けられた新幹線駅はかなり珍しい。接続路線が私鉄・公営路線だけなのは、他に岐阜羽島駅と新神戸駅の二駅があるだけだ。

富山地鉄という富山県内においては大きな存在ではあっても、客観的にみればローカル私鉄。その交差地点に新幹線駅を設けるというのは、それなりの理由があったのだろう。

……などというと、どうしても政治的な匂いが漂ってきてしまいそうだが、少なくともルート決定時からこの駅の設置は計画に含まれていたという。だから、単純に富山県東部の主要都市である黒部市への玄関口というのが、この駅のいちばんの役割なのだろう。

富山地鉄を含めると、黒部市内にはすでに〝黒部〟の名を持つ駅が二つあった。ひとつは、元北陸本線の第三セクター、あいの風とやま鉄道の黒部駅。もうひとつは、富山地鉄の電鉄黒部駅だ。

これらは黒部宇奈月温泉駅から見て西側に位置していて、電鉄黒部駅周辺が黒部市の中心市街地のターミナル。黒部駅前にはYKKの工場が置かれている。黒部市内には他にも複数のYKKの工場があるが、これも黒部宇奈月温泉駅が設けられた理由のひとつなのだろうか。

そして、新たに加わった玄関口の黒部宇奈月温泉駅と、新黒部駅。どちらも二〇一五（平成二十七）年に開業している。

ただ、新黒部駅が二月二十六日、黒部宇奈月温泉駅が三月十四日と、ほんの少しだけ新黒部駅の方が先行している。

もともと新幹線駅も建設時点では新黒部という仮称を用いていた。最終的に公募を経て黒部宇奈月温泉駅に決まったのだが、富山地鉄は予定通りの新黒部駅をそのまま正式な駅名にしている。終点の宇奈月温泉駅と紛らわしい、というのが理由だったようだ。

新幹線の駅前にはもちろん温泉はなく、富山地鉄に乗り換えねばならぬ。外国人観光客には、いくらか紛らわしいかもしれない(青梅と青海を間違えるような人ならば、日本人でも怪しいところだ)。

そんな富山地鉄の新黒部駅をやり過ごし、線路沿いを東に歩く。すると、松桜閣という立派な建物がある。黒部市の指定文化財に指定されている文化財で、ちょっとした観光名所になっているようだ。

松桜閣は、明治初期に初代富山県知事を務めた国重正文の住宅を移築したものだとか。いわゆる近代和風建築の傑作。「北陸の銀閣寺」などと呼ばれているという。

きっぷの手配はお早めに

松桜閣からさらに少し東に歩くと、すぐに舌山という小さな駅が見えてくる。木造の古い駅舎が実に味わい深い。黒部宇奈月温泉駅から歩いても、十分とかからないだろうか。新黒部〜舌山間は約三〇〇メートルで、富山地鉄の駅間では最短なのだとか。

だから、新幹線の接続駅がこの舌山駅になってもおかしくなかった。ややもすれば舌山駅を少し西に移転させる形で乗り換え駅にする、という手もあっただろう。

それでも、そうした手を選ばずにまったく新しい駅を設けたのはローカル私鉄の矜持というべきか。富山地鉄は多くの区間を元北陸本線、あいの風とやま鉄道と並行しながらも、キメの細かい駅設置で地域輸送を担っている。既存駅と三〇〇メートルしか離れていない新幹線接続駅は、まさにそうしたローカル私鉄の本領なのである。

黒部宇奈月温泉駅まで歩いて戻ると、ちょうど富山地鉄の電車が着いた。黒部峡谷の観光を楽しんできた観光客がぞろぞろと降りて、新幹線に向かう。

新幹線の駅前広場から南側、富山地鉄の新黒部駅前にも小さな広場が設けられている。新幹線開業に合わせ、接続駅としてあらたに生まれた駅のひとつだ

乗り換えのお客たちは、みな新幹線のきっぷ売り場に列を成す。ところが、有人の窓口はすでになく、券売機の数は並んでいるお客の数に見合わない。外国人も多いから、きっぷの手配に手間取って時間がかかる。

新幹線の発車時間まではそれほど余裕がなく、きっぷ売り場の列はジリジリムード。駅員さんが一生懸命きっぷ購入を手助けして、なんとか新幹線に乗り遅れる人はいなかったようだ。何しろ、黒部宇奈月温泉駅の新幹線はだいたい一時間に一本程度。乗り過ごしたら一時間待ちだから、予定はだいぶ狂ってしまう。

訪れたのはオフシーズン。それでもこのくらいの有様だから、観光客が多いオンシーズンにはどうなってしまうのだろうか。

富山地鉄も一時間に一本程度だから、少し早めに着いて、というのも難しい。事前にきっぷの手配を済ますのが理想と言えば理想だが、そんなことをしなくても気軽に乗れるのが鉄道の良さ、という見方もあろう。

有人のみどりの窓口があったとしても解決するのかどうかはわからない。余計なお世話とは承知の上で、ちょっとだけ心配になってしまった。

北陸新幹線 11
富山
TOYAMA

DATA	富山県富山市明輪町 286.9km（高崎）／391.9km（東京）	1899年3月20日開業 高架2面4線

神通川を埋め立てて

北陸新幹線で最速達の列車は「かがやき」という。その「かがやき」を含めた全列車が停まる駅のひとつが、富山駅である。

北陸新幹線で全列車が停車する駅は、大宮以西で長野・富山・金沢・福井・敦賀の各駅だけだ。つまり、終点の敦賀駅を除けば県庁所在地のターミナルだけということになる。そういう意味で、富山駅は北陸新幹線における特別な駅のひとつなのだ。

しかし、いっぽうでは金沢や福井といった他の北陸のターミナルと比べると、個人的にはいささか地味に感じてしまう。たとえば、金沢なんて説明するまでもないくらいの大観光都市だ。福井だって東尋坊に恐竜博物館、そして越前がにと、負けてはいない。

では、富山はどうだろうか。立山黒部アルペンルートやら、富山湾の白エビやホタルイカやら、もちろん見どころもグルメも揃ってはいる。揃ってはいるが、金沢という大観光都市の前ではどうしたって霞みがちだ。

駅前だってそうで、金沢駅には鼓門、福井駅には恐竜がいる。だったら、富山駅には何があるのだろうか。

富山駅を歩いてみよう。

富山駅に乗り入れているのは、新幹線の他に在来線の高山本線と、第三セクターのあいの風とやま鉄道線。いずれも高架のホームを並べている。新幹線の方が一段高い場所にあって、在来線を見下ろすことになる。

高架下には商業施設が入っていて、富山名物の寿司からブラックラーメンまでひと通り食べられるし、土産物も揃う。もちろん、名物駅弁の「ますのすし」のコーナーも。あの丸い大きな「ますのすし」、新幹線の中でひとりで食べきる覚悟はとても持てないのですが、みなさんはいかがでしょうか。

中心市街地があるのは駅の南側。二〇一五（平成二十七）年の新幹線乗り入れに合わせて整備された駅前広場に出ると、傍らには富山地鉄の駅ビルが聳えている。

富山地鉄は富山駅前の電鉄富山駅を起点に、立山や魚津、黒部、宇奈月温泉方面を結ぶ。

新幹線との接続という点では、黒部・魚津などならば黒部宇奈月温泉駅で乗り継ぐ方がよい。いっぽう、立山は富山駅前の電鉄富山駅が便利だ。夏場になると、アルペンルートに行くのかそれとも本格的な登山に挑むのか、立山行きの富山地鉄の電車はいつもたいそう混雑することになる。

駅前広場はさすがの四十万都市の玄関口。大きくキレイに整備されていて、待ち合わせをしている若者たちの姿もあれば、行き交う観光客の姿もあれば、とにかく賑やかなターミナル。

そんな駅前を離れて、少し南に歩くと小さな川が流れている。松川といい、この川を挟んで対岸にもまだまだ富山の市街地は続く。いや、むしろこの川の向こうこそ、富山の本来の中心市街地なのだ。

そして、松川はかつて富山平野を流れる大河川・神通川の本流だったことがある。町中を流れる神通川が、富山の中心市街地と町外れの郊外を隔てる。富山駅は、そのうち川向こうの〝郊外〟のターミナルだった。

富山の町のルーツは、富山藩の城下町にある。

江戸時代の初め頃、加賀藩三代目藩主・前田利常が次男の利次に富山十万石を分藩したのがはじまりだ。以後、富山藩は加賀藩の支藩として幕末まで続いている。

富山の城下町は、富山城を中心に東に町人町、南西に武家町、南東に寺町を配し、南限に北陸街道を通す形で整えられた。加賀藩の支藩という位置づけではあったものの、富山売薬の確立などによって経済的には独立性を保っていたという。

富山の中心市街地は藩政時代から変わっていない。富山駅から松川を渡るとすぐに富山城。神通川を堀代わりにしていた城だったことが、ここからもうかがえる。そして、富山城の南側には北陸街道の系譜を引く平和通りが東西に走る。ここがいまの富山の繁華街だ。

平和通りと城址大通りの交差点には百貨店の大和が店を構え、一筋北側には総曲輪《そうがわ》のアーケード街。お城の東側は富山一の歓楽街、桜木町だ。

富山駅は一八九九（明治三十二）年に開業した。中心市街地は神通川の向こう側。その後、一九〇一（明治三十四）年から三年ほどかけて神通川の付け替え工事が行われた。旧神通川の廃川跡には県庁舎や市役所が建てられてシビックセンターに。こうして、旧市街と新市街たる富山駅前が結ばれて、いまの富山の市街地の形が整った。

富山は路面電車の町

富山駅と富山の中心市街地が少し離れた場所にあるのは、こうした経緯によるものだ。だから、富山駅に降り立って富山駅前のホテルに泊まり、駅周辺の商業施設や飲食店を巡ったところでほとんど富山を訪れたうちには入らないといっていい。シビックセンターを抜けて富山城の脇を抜け、中心市街地を訪れてこそ富山である。

そして富山という町がよくできているところは、その少し離れた中心市街地との間を、富山地鉄の路面電車が実に効率よく結んでいるというところだ。

富山駅の新幹線、もしくは在来線の改札口を抜けると、南北自由通路を挟んだ向こう側に路面電車ののりばが控える。つまり、富山駅の高架下に路面電車が通っているというわけだ。

新幹線の高架下を通っている路面電車はほとんどない。他には都電荒川線の王子駅付近があるだけで、新幹線駅の高架下を通っているのは富山だけだ。それもちょうど改札の正面にのりばを置いてくれているおかげで、新幹

富山駅の北口。中心市街地に面する南口とは違い、商業施設などで賑わっているとは言い難い。が、こちらにも路面電車が走る。右奥には高架下を抜けて岩瀬浜を目指すLRT

線から路面電車への乗り換えも実にスムーズだ。

走っているところも実に良い。お城や中心市街地を取り囲むように環状運転している系統が軸で、他には郊外の南富山や富山大学前などに向かう系統も持つ。

だから、新幹線を降りてそのまま路面電車に乗り継げば、ものの十分で中心市街地に降り立つことができるのだ。これほど新幹線と路面電車がうまく結びついている町は、他にない。

さらに、駅の北側にも路面電車は延びている。富山駅の北側はどちらかというと住宅地。その中を走り、終点の岩瀬浜停留場のすぐ先には海水浴場が控える。

富山駅北側の路面電車は、もとはJR富山港線だ。廃止になるにあたって、形を変えて第三セクターの富山ライトレールが継承し、富山地鉄と一体化していまに至る。これくらいの規模の町ならば、路面電車が実に有効であることを知らしめた路線でもある。

路面電車と言えば、広島が有名だ。確かに路線網の規模でいえば広島が上回る。しかし、新幹線との連絡という観点を踏まえれば、富山も日本一の路面電車の町といっていいのかもしれない。

DATA
富山県高岡市下黒田
305.8km（高崎）／410.8km（東京）
2015年3月14日開業
高架2面2線

チューリップとイオンモール

ずいぶん前のことになるが、高岡市の郊外、あいの風とやま鉄道線西高岡駅近くにある野球場を訪れたことがある。プロ野球・近鉄バファローズなどで活躍した外国人スラッガーのタフィ・ローズが富山の独立リーグに所属しており、ローズへのインタビューのために足を運んだのだ。

もうすでに北陸新幹線は金沢まで延伸していたから、もちろん東京から新幹線を使った。高岡市の玄関口で或る新高岡駅を使って……。

と、言いたいところだが、実際には新高岡駅は使わずに、富山駅であいの風とやま鉄道線に乗り継いだ。

富山駅は最速達の「かがやき」を含めて全列車が停まるし、富山駅から高岡駅まではあいの風とやま鉄道線で約二十分。西高岡駅まで足を伸ばしても三十分とかからない。

反対に、新高岡駅は「はくたか」「つるぎ」しか停まらず、乗り継げる在来線も城端線という名のローカル線。

高岡市街に用があるならまだいいが、高岡の郊外が目的地の場合はいまひとつ使い勝手が悪いのだ。

開業した当時、地元の人たちは新高岡駅にも「かがやき」を停めてもらおうと一生懸命運動したそうだ。が、臨時列車を停車させてもそれほどお客は増えなかったという。それは、まさにぼくが体験したのと同じような事情があるからなのだろう。

そんな新高岡駅、どんな駅なのだろうか。

新高岡駅は、新幹線開業に合わせて生まれた駅だ。もちろん城端線の新高岡駅も同様である。高架下の改札を抜けると、そのまま待合室や観光案内所の間を通って、道路ひとつ渡れば城端線の改札口へ。

城端線に乗り換えて北にひと駅で高岡駅、南に向かうとチューリップの町として名高い砺波などに通じている。また、高岡駅との間の城端線の線路沿いには、瑞龍寺という加賀藩前田氏の菩提寺がある。江戸時代初めに創建した曹洞宗の禅寺で、一九九七（平成九）年には仏殿など三棟が国宝に指定されている。

新高岡駅は、高岡という町の玄関口であると同時に、瑞龍寺への最寄り駅であり、また城端線を介して砺波などへの玄関口という役割も持っているのだ。

では、高岡という町はどのような町か。

人口約十六万人、富山県では第二の都市である高岡市は、富山市と同じく前田氏によってはじまった町だ。江戸時代の初めに加賀藩二代目の前田利長が高岡城の城下町を整備し、廃城後は鋳物製造などを中心とした商工業都市として発展していった。政治や文化の中心という役割は金沢や富山に譲り、徹底的な商工業の都市へ。そうした傾向は、近代以降も継続された。

近代には富山湾沿いに工場が進出。戦後もその流れは続き、工業地帯が形成される。伝統的な鋳物産業と結びついた金属加工なども盛んで、いまも高岡は県都の富山に対して〝産業都市〟という側面を強くしている。

そうしたことを踏まえれば、市街地の外れとはいえ高岡に新幹線駅ができるのもとうぜんのことだ。そして、駅が開業したときには何もなかった駅前にも、いまではイオンモールができた。新幹線の駅がなければ、イオンもなかったに違いない。新幹線の力は、ただ単に交通の利便性が高まるだけにあらず。影ながら、町の有り様を変える大きな力を持っているのである。

北陸新幹線　13

金沢

KANAZAWA

DATA		
	石川県金沢市木ノ新保町	1898年4月1日開業
	345.5km（高崎）／450.5km（東京）	高架2面4線

一向宗、百万石の観光都市

この本を書いている時点では、まだ北陸新幹線は延伸していない。金沢駅が北陸新幹線の終点のままだ。二〇一五（平成二十七）年に北陸新幹線が金沢まで到達して、もうまもなく丸九年である。

金沢市は、人口約四六万人。北陸三県ではむろんのこと、日本海沿岸では新潟市に次ぐ第二の都市だ。工業都市の一面もある富山の方が都市雇用圏としては大きいという話もあるが、少なくとも〝北陸の中心〟というならば名実ともに金沢であるといっていいだろう。

江戸時代の金沢は、いわずとしれた加賀百万石の城下町。当時は江戸・大坂・京に次ぐ大都市だったという。西廻り航路という物資輸送の大動脈のおかげで、江戸時代には日本海側はいまと比べものにならないくらいに栄えていた。とはいえ、その中にあっても金沢の繁栄ぶりは異様にも見える。

背景には、前田氏以前の金沢の事情が関係している。中世の金沢は、一向宗（浄土真宗）の根拠地のひとつだった。一向宗は荘園、つまり土地を持たず、信徒からの喜捨（つまり寄付）が経済的な支えになっていた。そのため、一向信徒は経済活動に力を注ぐ傾向が強く、中国大陸との交易にも積極的に取り組んでいた。そうした中で、金沢も中世から商業都市として発展していたのである。

こういったバックボーンの中で、近世以降の金沢は外様の大藩・前田氏加賀藩の城下町となってさらなる繁栄を謳歌する。近代に入っても藩政時代からの文化はそのまま保護された。

また、同じ北陸でも戦時中の空襲によって大きな被害を受けた富山や福井とは違い、金沢は空襲を受けていない。そのため、戦前、さらには江戸時代からの町並みがいまも残されている。

それがそのまま観光資源となって、いまや金沢は日本屈指の観光都市だ。

日本三大庭園のひとつとされる兼六園。百万石を治めた拠点の金沢城。歴史情緒溢れる茶屋街。加賀友禅や金沢漆器、金沢箔といった伝統工芸。そこに二〇〇四（平成十六）年には現代美術をテーマとした金沢二十一世紀美術館もオープンしている。新幹線があろうとなかろうと、観光都市としての金沢はすでに圧倒的な存在感を放っていた。

二〇一五（平成二十七）年に延伸開業した北陸新幹線は、そうした大観光都市に一層勢いをつける結果になった。金沢の観光客数が大きく増えたことが、新幹線効果を証明することになった、などと言われることがある。が、むしろそれは新幹線がスゴいというよりは、金沢がスゴいからなのではないかと思う。

金沢駅は、そんな観光都市の玄関口だ。

中心市街地に近い東口には鼓門。いまや金沢を訪れた観光客は、まずこの鼓門を見上げ、写真を撮ってから町を歩くことになる。

中心市街地へは、鼓門の傍らのバスのりばから。いささか不便なきらいはあるが、町の規模が大きい上に観光名所もあちこちに点在しているのだからしかたがない。駅の周りや駅ビルにもホテルや商業施設が集まっている。

新幹線が延伸したら、金沢という町にはどんな影響があるのだろうか。きっと、これまでと変わらず、内外から多くの人を集める大観光都市のままに、違いない。

DATA 石川県小松市土居原町
372.6km（高崎）／477.6km（東京）
1897年9月20日開業
高架2面2線

働くクルマの城下町

金沢駅から先、二〇二四（令和六）年三月に延伸する敦賀までは、営業キロにして一二五・一キロだ。延伸区間の起点と終点の金沢・敦賀両駅を除くと、中間には五つの駅が設けられる。そのうち、いちばん最初の駅が小松駅である。

小松駅は、いうまでもなく石川県小松市の玄関口。人口約十万人で、石川県では県都の金沢市、そして白山市に次ぐ第三の都市。ただ、白山市は二〇〇五（平成十七）年の大合併で突如として第二の都市に躍り出た形だから、実質的には小松市が第二の都市といっていい。

そんな小松市は、いったいどんな町なのだろうか。その答えは、小松駅を降りればすぐにわかる。

小松駅の東口。立派な新幹線高架ホームが見下ろす一角に、黄色く輝く巨大なダンプが鎮座している。そう、小松とは、働くクルマの横綱格、ダンプやブルドーザーでおなじみ、小松製作所の企業城下町なのだ。

小松製作所は、一九一七（大正六）年に竹内明太郎によって小松鉄工所が開設されたのがはじまりである。

竹内は、竹内綱（吉田茂の父でもある）の長男として高知県に生まれた。自由民権運動の旗手だった綱のもと、若くして自由党に入党し、のちに鉱山経営に進出。一九〇二（明治三十五）年には現在の小松市東部の山間にある、遊泉寺銅山の開発をはじめている。

小松鉄工所は、この銅山で使用する工作機械などの製造のための小さな工場だった。

一九二一（大正十）年には小松製作所として独立。満蒙開拓に供するトラクターの生産で一気に成長し、復興需要に恵まれた戦後はブルドーザーの生産を担った。いまも小松製作所は、世界的なブルドーザーメーカーのひとつだ。

小松という町は、そんな小松製作所の成長と共に発展してきた。小松工場は二〇一〇（平成二十二）年に閉鎖され、本社も東京に移転している。しかし、いまも小松市内には粟津工場を持ち、小松駅前の旧本社跡は「こまつの杜」として整備されて公開されている。小松製作所の城下町という性質は変わっていないのだ。

小松駅を降りていちばんに目に留まる巨大なダンプとショベルカーは、そんな町の性質を端的に表す、実によくできた仕掛けといっていい。

いっぽうで、小松の中心市街地は「こまつの杜」とは反対の西口にある。駅から西に向けて駅前通りを歩いてゆくと、ほどなく南北に走るアーケード通りにぶつかる。このあたりが、古くからの小松の中心だ。

小松という町は、中世に一向宗の拠点として発展。江戸時代初期には前田利常の隠居先として城下町が整備されている。利常没後は一転して絹布生産を中心とした商工業都市に変貌。近代以降もそうした傾向はそのままで、いまも小松市の主要産業に繊維産業がある。近世以来の加賀絹も、伝統産業のひとつだ。つまり、工業都市としての小松は、小松製作所以前からこの町に受け継がれてきたいわば〝伝統〟といっていい。

そして、忘れてはいけないのが北陸の空の玄関口・小松空港だ。空港は、小松駅の西、海の近くの町外れ。新幹線と飛行機は宿命のライバルだ。どちらかのお客が増えればどちらかが減る。北陸新幹線の金沢延伸では、東京・羽田便が減便されている。今般の敦賀延伸で、この空港と町にはどんな変化が生まれるのだろうか。

北陸新幹線　15

加賀温泉

KAGAONSEN

DATA

石川県加賀市作見町
387.1km（高崎）／492.1km（東京）
1944年10月11日開業
高架2面2線

特急「しらさぎ」発祥の地

石川県南部の工業都市・小松。そのターミナルの小松駅を後にしたら、いよいよ県境……といいたいところだが、もうひとつだけ石川県内に駅がある。加賀温泉郷の玄関口・加賀温泉駅である。

小松～加賀温泉間は、たったの一四・五キロしか離れていない。在来線でも、その間には粟津と動橋《いぶりはし》という二つの駅があるだけだ。在来線での所要時間は約十二分。そこを新幹線では約七分で結ぶ。いくら新幹線が速いといっても、これくらいの短い距離では本領を発揮することもままらなない。

そんな場所に、新しい新幹線の駅をもうひとつ。ということは、それだけ加賀温泉駅というターミナルには大きな意義があるということなのだろう。

訪れたときの加賀温泉駅は、まだまだ駅前広場の工事の真っ最中だった。在来線は仮設の駅舎からの乗り降りで、工事中の広場の脇には商業施設と美術館。このあたりは、新幹線駅開業に合わせて準備も着々と、といったところだろうか。

ちなみに、駅の裏手に見える巨大な観音像は、かつてそこにあった仏教系の複合テーマパーク「ユートピア加賀の郷」のシンボルである。

この駅の最大の役割は、名前の通り加賀温泉郷への玄関口である。ほんの三十分ばかり駅前に立っているだけでも、何台もの旅館の送迎バスが入れ替わり立ち替わりやってくる。在来線の特急列車が到着する時間に合わせているのだろう。新幹線が開業すれば、新幹線が到着する度に送迎バスが行ったり来たりすることになりそうだ。

送迎バスが来ていることからもわかるように、加賀温泉郷は加賀温泉駅から離れた場所にある。

それにまたややこしいのは、加賀温泉郷というのは単体の温泉地ではなく、粟津温泉・片山津温泉・山代温泉・山中温泉という四湯を合わせた名称ということだ。

粟津温泉は小松市内の粟津駅東部の山の中。片山津温泉は加賀温泉駅から北に離れた柴山潟のほとりにあって、山代温泉と山中温泉は加賀温泉駅南部の山の入り口に広がっている。

片山津温泉は江戸時代初め頃に発見され、温泉地として発展したのは明治になってから。ただ、それ以外は開湯から一三〇〇年以上の歴史を持つ日本屈指の古湯だ。

しかし、温泉地の歴史は古くても、駅の歴史はちょっと浅い。一九四三（昭和十八）年に信号場として設けられ、翌年に駅に昇格した。このときはいまの駅名ではなく、作見駅と名乗っていた。温泉の玄関口というより、ただの小駅というほうが正確だっただろう。

状況が変わったのは特急「白鳥」が登場した一九七〇（昭和四十五）年。動橋駅と大聖寺駅のどちらを温泉の玄関口と定め、どちらに特急を停めるかで争いが生じたのだ。そこで、中間にあった名もなき作見駅を加賀温泉駅と改称し、新たな玄関口に定めたのである。

こうして遅れて温泉アクセス駅となった加賀温泉駅だが、関西の奥座敷としても名高い四湯の玄関口ならば、駅間が詰まっていても新幹線駅を置くのは納得である。

なお、加賀四湯のひとつである山中温泉には、白鷺が傷を癒やして……という伝承がある。特急「しらさぎ」の名の由来だ。が、新幹線の延伸によって運転区間は敦賀以南になる。「しらさぎ」の名が、由来の地をまったく通らない列車になってしまうのである。

北陸新幹線　16

芦原温泉

AWARAONSEN

DATA

福井県あわら市春宮
403.4km（高崎）／508.4km（東京）
1897年9月20日開業
高架2面2線

はじまりは、金津駅

石川県で最後の新幹線駅は、加賀温泉郷の玄関口である加賀温泉駅だった。

そして、県境を越えて福井県に入ってから最初の駅もまた、温泉の玄関口だ。芦原温泉駅——その名の通り、芦原温泉の玄関口である。

加賀温泉駅と芦原温泉駅。この二つの駅には共通点も少なくない。

たとえば、どちらも駅前に温泉街があるわけではないという点がある。加賀温泉駅はいわゆる加賀四湯まで、温泉旅館の送迎バスが輸送を担う。

芦原温泉駅と芦原温泉は、直線距離で約四キロの距離があり、こちらも歩いて向かうにはさすがに都合が悪い。なので、駅前からは路線バスかタクシーを使うことになりそうだ。芦原温泉の最寄り駅は新幹線の芦原温泉駅ではなく、えちぜん鉄道のあわら湯のまち駅である。

もうひとつの共通点は、どちらも開業時点では〝温泉駅〟ではなかったことだ。加賀温泉駅は作見駅といい、芦原温泉駅は金津駅の名で開業した。

ただし、歴史的には芦原温泉駅の方が遥かに古い。一八九七（明治三十）年、福井〜小松間の延伸開業に伴って開業した。いわば北陸本線一期生の駅だ。加賀温泉駅が戦時中に遅れて開業したのとは、比べものにならないくらい長い歴史を持っている。

駅は芦原温泉の方が古いが、温泉地となると話はまったく逆になる。

加賀温泉郷は、実に一三〇〇年という長い歴史がある。ところが、芦原温泉は発見されたのが明治に入ってからの一八八三（明治十六）年。地元の農家が使っていた灌漑用の井戸から温泉が湧き出たのが発見の経緯だという。

発見が遅いからといって開発が進まないとも限らない。いや、むしろ昔から大名のような偉い人たちも通うような古湯は、そうした時代からの情緒を維持することも求められる。その点、新しい温泉は自由自在に開発することができるというものだ。

芦原温泉もそうした例に漏れず、関西の奥座敷として、つまりは戦前からの歓楽街温泉として発展していった。

芦原温泉は、バックボーンにも恵まれていた。いまの芦原温泉駅一帯、金津の町は、奈良時代から興福寺の荘園として名が残る要衝の地。広大な荘園領地から物資が集まる集積地になっていた。

近世以降も金津の重要性は変わらず、福井藩の奉行所が置かれるなど北陸街道では随一の宿場町として栄えている。いまでもその当時の面影がほんのりと残っていて、芦原温泉駅から少し西に歩いた中心市街地などはいかにも昭和の商店街だ。

芦原温泉駅は、金津の町の玄関口であり、ただの温泉の玄関口などではなかったのである。

そして、金津の繁栄を支えたのが、竹田川を通じて繋がる日本海沿いの港町・三国だ。

三国湊は、西廻り航路の寄港地となって発展した福井藩の外港だ。つまり、越前一帯の物資はみな金津に集まり、そしてそこから三国湊に運ばれた。三国湊からは北前船に乗せられて、瀬戸内海をぐるりと回って大坂へ。

まだ芦原温泉が発見されていない江戸時代、未来の温泉地を間に挟んで、金津と三国湊は越前国における物流の一大拠点を担っていたのである。

三国湊は明治に入って鉄道が通ると物流拠点としての

役割を失い、役割を漁村に変えてゆく。それでも昭和の初期には三国にそれなりの規模の遊郭もあったようだから、かつての栄華の残滓はあったというべきだろう。

芦原温泉は、こうした時代の移り変わりの時期に発見され、開発が進んだ。北陸本線が開通して関西からのアクセスが容易になったことも、〝奥座敷〟としての発展に拍車をかけた。

芦原温泉は、一九四八（昭和二十三）年の福井地震や一九五六（昭和三十一）年の大火など、何度も町全体が被害を受ける災禍に見舞われている。しかし、そのたびに設備の近代化を伴う復興を遂げた。〝最先端の歓楽街温泉〟であり続けることができたというわけだ。

こうして、遅れてやってきた芦原温泉は、加賀温泉郷にも負けない北陸を代表する温泉地として、確かな地位を築いたのである。

ここで金津駅である。

一九一一（明治四十四）年、金津～三国港間に三国線という北陸本線の支線が開業している。三国湊との連絡はもとより、開発まもない芦原温泉への輸送を担うという、そうした目的で生まれたことは想像に難くない。

金津がターミナルだった頃

また、一九二九（昭和四）年には永平寺鉄道も乗り入れている。永平寺鉄道はのちに京福電気鉄道永平寺線となったローカル私鉄だ。つまり、戦前のひととき、金津駅には三国港に向かう支線と永平寺に向かうローカル私鉄が集まっていたということ。金津という町の存在の大きさは、こうしたことからもわかるというものだ。

しかし、三国線は戦時中に不要不急線として休止。戦後、金津～芦原（現在のあわら湯のまち駅付近）間で再開するが、一九七二（昭和四十七）年に廃止されている。

また、京福電鉄永平寺線は一九六九（昭和四十四）年に金津～東古市（現在のえちぜん鉄道永平寺口駅）間が廃止となった。これにより、ターミナルとしての金津駅は役割を終えたといっていい。

そして、金津駅は三国線が廃止された一九七二（昭和四十七）年に、駅名を金津から芦原温泉に改めた。金津という町の役割が小さくなり、一方では芦原温泉の存在感は高まるばかり。そこに直接温泉街までアクセスでき

芦原温泉駅前から竹田川沿いに出ると、古くからの中心市街地に。金津の宿場町として賑わっていた時代から関西の奥座敷の玄関口へ。そんな歴史を刻んできた町だ

る三国線を失ったわけで、駅名を変更したのもごく自然なことだ。

いま、公共交通で芦原温泉を目指す手段は主にふたつある。ひとつは、新たな新幹線駅となる芦原温泉駅から路線バス。もうひとつは、福井駅からえちぜん鉄道三国芦原線に乗って。

えちぜん鉄道ならば、県都・福井から乗り換えなしで温泉だ。その点、芦原温泉駅は分が悪そうにも思える。福井平野ののどかな田園地帯を走るえちぜん鉄道の旅は、それだけでも観光気分を高めてくれる。

ただ、えちぜん鉄道では所要時間は約四〇分。たとえば東京方面から新幹線でやってくるならば、わざわざ福井まで行かずとも、芦原温泉駅からバスでもいいだろう。タクシーだって、ちゃんと駅前でお客を待っている。

新幹線の開業に合わせ、芦原温泉駅はすっかりリニューアルを施した。駅前には、新幹線駅の自由通路と直結で賑わい施設の「アフレア」ができている。

芦原温泉駅から温泉街へ。そこからはえちぜん鉄道に乗り換えても良いだろう。福井の名所・東尋坊は、えちぜん鉄道終点の三国港駅からさらに先に切り立っている。

北陸新幹線　17

福井

FUKUI

DATA		
	福井県福井市中央	1896年7月15日開業
	421.4km（高崎）／526.4km（東京）	高架1面2線

恐竜の見守るターミナル

北陸新幹線が敦賀駅まで延伸しても、最速達列車が「かがやき」であることは変わらない。そうなると、気になってくるのは停車駅だ。

これまでの「かがやき」の停車駅は、一部の臨時列車などを除くと大宮以遠で長野・富山・金沢の三駅。いずれも県庁所在地の玄関口ばかりだ。

それがさらに敦賀まで。となれば、「かがやき」が停まる駅は終点の敦賀駅以外で福井県との福井駅だけ……。そうなれば、東京に暮らしている人からすれば実にありがたいしわかりやすいお話なのだが、そうは問屋が卸さない。金沢～敦賀間の延伸区間における「かがやき」の停車駅は、それこそ列車によってまちまちなのだ。

もちろん途中福井駅しか停まらない速達タイプもある。かと思えば、福井駅に加えて加賀温泉・芦原温泉という温泉駅に停車するタイプもある。早朝と夜間には、温泉駅を通過する代わりに小松・越前たけふの両駅に停まるパターンも。ちなみに、「はくたか」は延伸区間の全駅各駅に停車する。

つまり、「かがやき」は延伸区間の全駅に停車するパターンを持っているというわけだ。これを頭に入れておかないと、目的の駅に停まらないのに乗ってしまった、なんてことになりかねない(と思ったが、全車指定席なのできっぷを買うときに気がつきますね)。

そして、福井駅である。

停車パターンはあれこれあっても、福井駅だけは安心だ。さすが県庁所在地のターミナル。すべての列車が、必ず福井駅には停まってくれるのだ。東京〜福井間は、「かがやき」に乗って三時間弱。金沢〜福井間は、いままでの特急が早くても四〇分ちょっとかかるのに対して、新幹線ならば二十五分ほどに短縮される。

と、まあここまでは福井駅が実に確かな押しも押されもせぬ主要ターミナルであるというお話である。そもそも福井市は、人口約二六万人の県内最大都市。福井県の人口のうち、約三分の一が暮らす都市なのだから、主要ターミナルであって当たり前なのだ。

そんな福井駅は、新幹線も在来線も、そして接続しているローカル鉄道のえちぜん鉄道も、すべてが高架で揃っている。中心市街地は西側にあって、西口の駅前広場に出れば出迎えてくれるのは恐竜さんだ。バスのりばとは反対の北側に、「恐竜広場」と名付けられた一角があって、そこにうごめく恐竜たち。

昼間に訪れたら面白がって終わりだろうが、もしも夜遅くに福井駅に着いて、何も知らずにうごめく恐竜を目の当たりにしたら。もしも太っちょのエンジニアが裏切りでもしたら、福井の町は大パニックになってしまうんじゃ。そんな妄想にとらわれて眠れぬ夜を過ごすに違いない。

福井駅前に恐竜があるのは、福井が恐竜の町だからだ。日本で発見された恐竜化石のおよそ八割が集中する福井県。二〇〇〇(平成十二)年には、福井市郊外の勝山市内に福井県立恐竜博物館がオープンした。世界三大恐竜博物館のひとつに数えられる。

そんなわけで、日本全国から恐竜好きの少年少女が大挙押し寄せる。駅前の恐竜広場には、いつ訪れても必ず写真撮影に興じる子ども連れの姿を見ることができるくらいだ。

ちなみに、恐竜推しなのは駅前だけでなく、駅の中のベンチの上にも恐竜を模した〝恐竜博士〟が座っている。これもまた、何も知らずに見かけたら驚きおののいてしまうこと、請け合いである。

恐竜との出会いの後は、中心市街地とは反対、駅の東口に出てみよう。

新幹線のホームが置かれているのは東側。その駅舎と向き合うように、えちぜん鉄道の高架ホームも設けられている。

京福電鉄を引き継いで生まれた第三セクターのえちぜん鉄道。その牧歌的なローカル線と高架のターミナルはまったく不似合いといっていい。それでも高架になったのは、新幹線の乗り入れ工事のためである。工事の過程では、一時的にはえちぜん鉄道が新幹線の高架を借用することもあったようだ。

そんな東口の駅前広場には、岡田啓介と義弟の松尾伝蔵の像が建っている。岡田啓介は、海軍で連合艦隊司令長官を務めたのちに政界入りし、内閣総理大臣にも就任している。ちょうどその折、二・二六事件が勃発。義弟の松尾伝蔵を身代わりに難を逃れている。その二人がどちらも福井出身という縁が、駅前の像の由縁だ。

福井駅に新幹線がやってくることで、駅前に元総理大臣の像がある駅はこれで浦佐駅に次いで二駅目になる。ただ、昭和初期の総理大臣の像はなかなか珍しい。事績は別にして、戦争を招いたという印象が拭いきれないからだろう。

ただ、岡田啓介は海軍出身ながら軍縮派。それが二・二六事件を引き起こす一因でもあるから因果なものだが、戦時中には終戦工作に尽力した。戦後、東京裁判の主席検事・キーナンからは平和主義者として賞賛されている。

福井城のお堀の上に駅が建つ

その元総理が見守る福井駅東口。そこからさらにずっと東へ市街地を抜け、足羽川をさかのぼってゆくと、山の入り口あたりに一乗谷遺跡がある。一乗谷とは、中世の越前を支配した朝倉氏の居館とその城下町だ。

いまの福井の市街地は、朝倉氏滅亡後の柴田勝家を経て、徳川家康次男の結城秀康が入ったことにはじまる。そのとき、秀康が福井城を築き、城下町を整備した。福井という地名も秀康の命名による。

福井駅の西口、中心市街地に面する駅前広場には恐竜が。ホンモノではない（あたりまえ）が、動く仕掛けがあるのでおもしろいし、ちょっぴり怖い

福井の町並みは戦災によって一変したが、福井駅のすぐ西側、お堀の真ん中に福井県庁舎が建つ城跡は、かつての福井城の姿をわずかに留めている。

福井城は幾重にも堀を張り巡らせた堅固な城。北には百万石の外様の強藩・加賀藩前田氏が控える。その備えという役割が、親藩の福井藩にはあったのだろう。

幾重ものお堀は明治に入って埋め立てられて、その一部が駅前から西に延びる中央大通り、そして福井駅になっている。一八九六（明治二十九）年に開業した福井駅は、埋め立てた堀の跡地にできた駅なのだ。

戦後の復興計画に際して、福井駅を北東へと移転する構想もあったという。ただ、肝心の国鉄がその資金を捻出するほどの余裕を持たず、ほんの少しだけ東に移転するだけに留まった。いまの福井駅西口の広場あたりが、戦前までの福井駅の場所である。

そこでは、いまや太古の恐竜が見守っている。新幹線の延伸で東京と直結する福井の町。これまで以上に注目されることは間違いない。この町にどういう変化が待っているのか。それがどんなものであれ、恐竜たちと岡田兄弟は、変わらずに見守り続けることだろう。

北陸新幹線　18

越前たけふ

ECHIZEN-TAKEFU

DATA	
福井県越前市大屋町	2024年3月16日開業
421.4km（高崎）／526.4km（東京）	高架2面2線

越前国の中心はこちら

北陸新幹線の延伸区間には、六つの新幹線新駅が置かれた。そのうち五駅までは、既存の在来線との併設駅だ。いずれも特急「サンダーバード」「しらさぎ」が停まる、北陸本線の主要駅だ。

だから、新幹線の停車駅を巡っては、なかなかこじれた議論もあったようだ。これまでの特急通りに停めてくれ、という要望は受け入れざるを得まい。それが、途中福井駅だけに停車する「かがやき」がやや少なめになってしまった背景なのではないかと思う。

それはともかく、新幹線六駅のうち、ひとつだけ他の路線との接続がない、完全なる新幹線の単独駅がある。それが、越前たけふ駅だ。

越前たけふ駅があるのは、在来の武生駅の東側。武生駅周辺に広がる市街地から日野川を渡って村国山を越えた先の田園地帯の真ん中にある。北陸自動車道の武生インターチェンジもすぐ近くだ。

開業を目前に控える越前たけふ駅を訪れた。

ピカピカに輝く新しい駅舎と駅前広場が、完全なる新駅の清新さを体現している。まさに、これぞ新幹線のターミナルといった風合いだ。

とはいえ、今回の新幹線新駅の中では、やや知名度の低い町のターミナルということになるのかもしれない。越前たけふ駅のある、福井県越前市とは、いったいどういう町なのだろうか。

越前市は、二〇〇五（平成十七）年に平成の大合併で誕生した新しい町だ。それ以前は、武生駅前を中心とする武生市と今立郡今立町。市の名前こそ変わったが、事実上という意味では武生市の後継といっていい。

武生という町の歴史は古い。いまや越前の中心と言ったら福井県都の福井市ということになるが、古代、越前国の国府は武生に置かれ、鎌倉時代にはいまにも通じる伝統産業の越前和紙の製造が始まっている。その頃の武生は、「府中」と呼ばれていた。

越前たけふ駅の新設にあたって、駅名の候補のひとつに「越前国府」というものがあった。これは、かつてこの地に国府が置かれた、つまり越前の中心だったことを示すもの。どういう経緯で候補になったかはわからないが、越前の中心だった歴史への敬意からなのだろうか。

江戸時代の武生は、松平氏福井藩領。重臣の本多氏が四万石を持って治め、そのときに整備された城下町がいまの武生駅前の中心市街地に通じている。

中世から江戸時代にかけて、越前和紙に加えて刃物や蚊帳の生産、また越前漆器などの産業が勃興。近代以降はそうした伝統産業に加えて繊維業などの工場が進出して、工業地帯の側面も持つ。

県都の福井までは、新幹線や在来線に加えて福井鉄道というローカル私鉄も走っている。武生駅に隣接する福井鉄道のターミナルは、もともと越前武生駅といった。その名は新幹線に譲り、開業当時と同じ呼び名の「たけふ新駅」に改めている。これもまた、新幹線開業がもたらした小さな波乱のひとつである。

越前たけふ駅前には、もうすでに道の駅が営業を始めていた。土産物や飲食を扱うごくありふれた道の駅。裏手にはちょっとしたスポーツ広場もあって、テックボールという新競技も楽しめるようだ。テックボールって何ですかって？　それは、越前たけふ駅を訪れて確かめてみることをおすすめします。

DATA
福井県敦賀市鉄輪町
470.6km（高崎）／575.6km（東京）
1882年3月10日開業
高架2面4線

銀河鉄道か、それとも大阪延伸か

北陸新幹線が敦賀駅まで延伸すると、東京～敦賀間は五七五・六キロ。実キロ換算では五七九・二キロだ。

これは、実キロで見るならば東北新幹線の東京～新青森間に次ぐ長さ。正式な起点を高崎駅とするならば事情はだいぶ変わるが、少なくとも旅の長さという点では東海道新幹線や山陽新幹線よりも長い。北陸新幹線は、日本で第二の新幹線、というわけだ。

そして、敦賀駅は新幹線では最も新しい新幹線の終着駅ということになる。越前たけふ駅を出た新幹線は、ほどなく越前平野を後にしてトンネルに入り、その闇が開けたところですぐに敦賀駅だ。

敦賀駅を玄関口とする敦賀市は、福井県の嶺南地方の中心都市だ。同じ嶺南には、美浜町や小浜市など、旧若狭国の諸都市が属する。ただし、敦賀市域は若狭国ではなく旧越前国。嶺北と嶺南を隔てる険しい峠が越前と若狭の境にならなかったのはなぜなのかはよくわからない。

いずれにしても、新たな終着駅の敦賀駅とその町が、鉄道ネットワークにおいても特別な存在であることは紛れもない事実だ。

たとえば、開業したのは一八八二（明治十五）年。琵琶湖東岸の長浜から北に線路を延ばし、ようやく到達した日本海側では初めてのターミナルだった。いまでは事実上、湖西線と北陸本線が合流する要になっている。

湖西線や北陸本線を走る新快速の中には、敦賀駅を発着する列車も少なくない。つまり敦賀駅は、新幹線はもとより北陸から見れば西の終点、関西方面から見れば、北の終点ということになる。二つの地域が重なり合う、そういう意味での要の地でもあるのだ。

そんな敦賀まで、東京駅から直通する列車が走るということは、それが新幹線であったとしてもこれまた特別なことだ。というのも、東京と敦賀を結ぶ列車は、歴史的に実に大きな意味を持っていたことがあるからだ。

東京駅から敦賀駅を経て港に隣接する敦賀港駅へ。そのまま船に乗り継いで、ロシア・極東のウラジオストクからはシベリア鉄道で欧州まで。欧亜国際連絡列車の中継ターミナル。それが、敦賀だったのだ。

欧亜国際連絡列車が走っていたのは、一九一二（明治四十四）年から戦時中までのほんの三十年ばかりだが、敦賀という町がヨーロッパに開かれた港町だった事実だ。

近世までは西廻り航路の拠点として栄華を極めた港町・敦賀も、鉄道の時代に転じてその役割を失った。そこで地域の衰退を危惧した地元の実業家たちが、国際港とすることで町の命脈をつないだ。それが、欧亜国際連絡列車の基礎になっている。

新幹線開業に合わせ、すっかり装いを新たに生まれ変わった敦賀駅。駅前広場の傍らには、ホテルや飲食店や土産物店などが入った複合施設「ｏｔｔａ」がオープンした。

駅前から北に延びて中心市街地に通じる目抜き通りは、「敦賀シンボルロード」と名付けられ、『銀河鉄道９９９』のモニュメントが飾られている。かつて、海の向こうを目指した鉄道の町・敦賀。その当時にしてみれば、宇宙の旅と似たような冒険感だったのかもしれない。

いよいよ新幹線がやってきた、敦賀の町。ここから先の旅は、海の向こうかそれとも宇宙か。少なくとも、北陸新幹線のさらなる延伸工事の見通しは、まったく見えていない。

新幹線だけど新幹線じゃない？
ミニ新幹線全駅紹介　山形新幹線

米沢（山形県米沢市）

福島駅からは、奥羽本線の線路の上を走って峠越え。米沢盆地に出ると、その南端にあるのが米沢駅だ。最上川を渡った西側に米沢藩の城下町だった中心市街地が。名物駅弁は米沢牛の“どまん中”。

高畠（山形県高畠町）

置賜盆地の中央部、田園地帯の真ん中に位置する。山形新幹線開業に合わせてリニューアルした駅舎には温泉施設が入っている。市街地は西側に広がるが、駅舎は東側に面して建っている。

赤湯（山形県南陽市）

置賜盆地北端の町、南陽市のターミナル。駅北東の烏帽子山の麓にかけて市街地が広がる。新幹線駅らしい荘厳な駅舎は1993年に完成したものだ。元国鉄長井線、山形鉄道フラワー長井線の起点でもある。

かみのやま温泉（山形県上山市）

置賜盆地を北に抜け、すぐに山形盆地野南端へ。かみのやま温泉駅は、中世以来の温泉地の玄関口だ。歌人の斎藤茂吉は当地出身で、新幹線は通過する「茂吉記念館前」という駅がひとつ北のお隣に。

山形（山形県山形市）

山形県の県庁所在地、24万都市の玄関口。山形新幹線・奥羽本線に加え、仙山線・左沢線が集まる交通の要衝だ。市街地は駅の東に広がり、駅のすぐ北側では新幹線が山形城のお堀端を駆け抜ける。

天童（山形県天童市）

将棋の駒造りで全国的に有名な天童市の玄関口。町のあちこちに駒をかたどったオブジェがあり、路面に詰め将棋がデザインされていたり。毎年春に舞鶴山で行われる人間将棋は多くの人を集める。

さくらんぼ東根（山形県東根市）

もともとの駅名は蟹沢駅。新幹線開業に合わせて現駅名に。ひとつ北側には市名そのままの東根駅があるが、町の中心はむしろこちら側。駅南西、村山野川を渡った先には山形空港がある。

村山（山形県村山市）

さくらんぼ東根駅などと同様に、新幹線開業と同時に駅名を改称。もともとは旧楯岡町の中心で、楯岡駅を称していた。村山市発足後も長らく変わらなかった駅名を変えたのが新幹線。市街地は東側に広がる。

大石田（山形県大石田町）

南から最上川、東からは丹生川が流れる舟運の要の地に位置し、銀山温泉のある尾花沢市の玄関口を兼ねる。銀山温泉まではバスで約40分。1970年に廃止された山形交通尾花沢線のターミナルでもあった。

新庄（山形県新庄市）

山形新幹線、そして奥羽本線の標準軌区間の終点。新庄以北の奥羽本線とは線路がつなっていない。陸羽東線・陸羽西線が集まる山形県北部の要衝で、かつて新庄は6万石の城下町。いまは最上地方の中心都市だ。

新庄駅
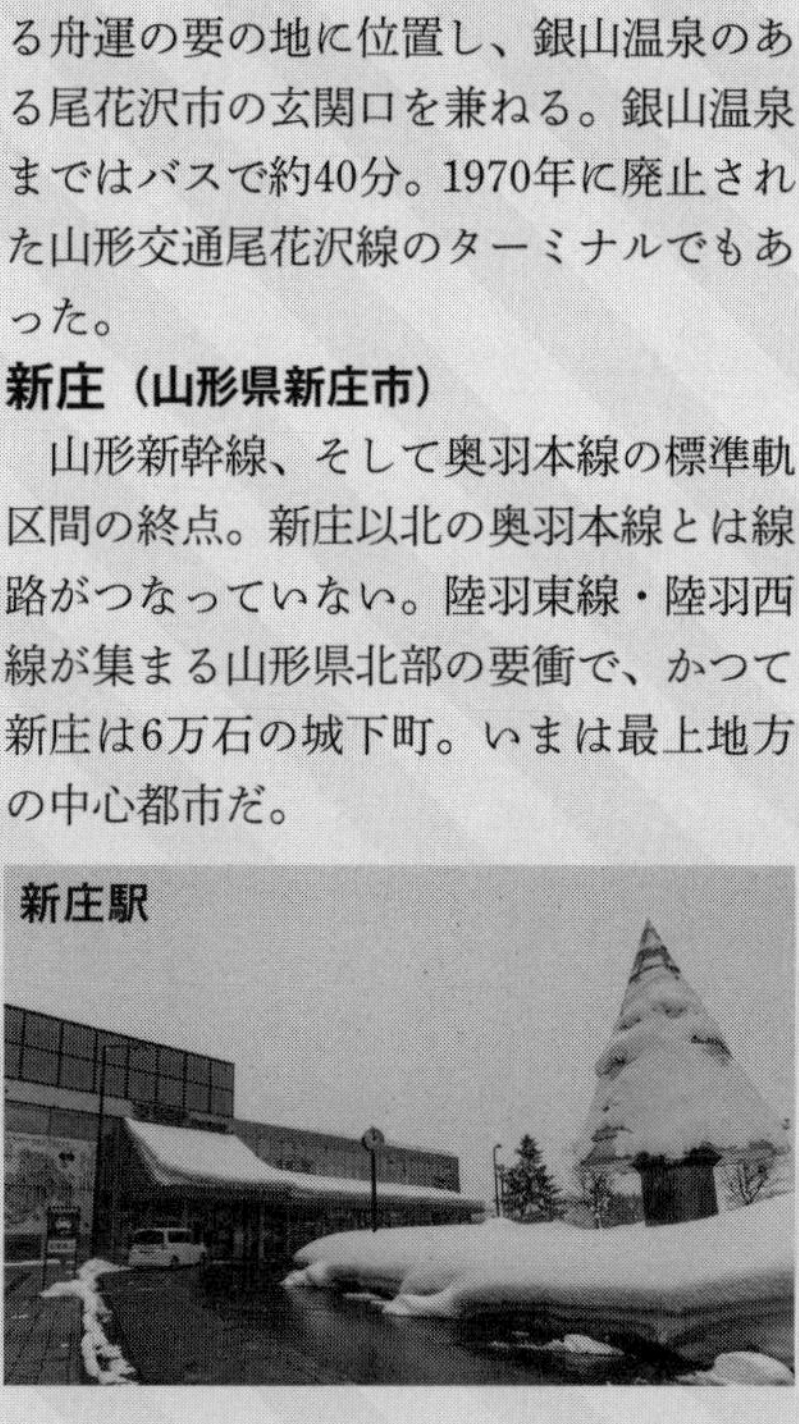

新幹線だけど新幹線じゃない？
ミニ新幹線全駅紹介　秋田新幹線

雫石（岩手県雫石町）

山形新幹線は奥羽山脈と朝日山地の間を南北に走り、秋田新幹線は東西に隣り合う岩手・秋田の間を東西に走る。最初の駅は、雫石。お隣の滝沢市との間に跨がる小岩井農場を北に見ながらやり過ごし、南に雫石川が流れる小さな市街地に雫石駅がある。宮沢賢治が幼少期から何度も雫石を訪れていたことから、駅舎は宮沢賢治をテーマに新幹線開業と同時にリニューアル。

田沢湖（秋田県仙北市）

田沢湖線の普通列車しか停まらない赤渕駅を出ると、3915ｍの仙岩トンネルで県境の仙岩峠越え。そして日本で一番深い湖として知られる田沢湖の湖畔、田沢湖駅に着く。1923年の開業当時は生保内駅といい、生保内軽便線の終点だった。田沢湖線全通後は特急「たざわ」の停車駅となり、田沢湖畔の観光開発も進んだ。ホームには田沢湖の辰子伝説にちなんだ龍のオブジェ。

角館（秋田県仙北市）

田沢湖駅と同じ仙北市に属するが、平成の大合併で仙北市が誕生する前はそれぞれ田沢湖町・角館町に分かれていた。駅の北東にある武家屋敷の町並みは、秋田藩主家の親族・佐竹北家が治めていた時代の面影を留める。武家屋敷風の駅舎もそれにちなむ。“みちのくの小京都”などと呼ばれるが、武家屋敷なのだから小江戸のような気も。秋田内陸線が分かれている。

大曲（秋田県大仙市）

南からは奥羽本線、東からは秋田新幹線・田沢湖線がやってきて合流する要の地。ここから先の新幹線は奥羽本線に乗り入れる形だ。そのため、この駅で新幹線は方向転換、スイッチバック。駅の西には雄物川が流れ、河川敷は大曲の花火大会の会場に。花火大会では臨時改札も稼働する。奥羽本線で少し南にある横手には機関区が置かれ、その大曲派出にもSLの配置があった。

秋田（秋田県秋田市）

単線並列や三線軌条という、およそ新幹線らしからぬ区間を走ってきた秋田新幹線の旅が終わる、秋田県都のターミナル。中心市街地に面する西口はキレイに整備されているが、そのルーツは民衆駅の秋田ステーションデパート。いまも駅商業施設が入っていて、32万都市の顔らしい賑わいを見せる。観光列車「リゾートしらかみ」は新幹線接続のダイヤ。五能線経由で約4時間半かけて青森駅までを結んでいる。

角館駅

秋田駅

著者プロフィール

鼠入昌史

1981年東京都生まれ。文春オンラインや東洋経済オンラインをはじめ、週刊誌・月刊誌・ニュースサイトなどに様々なジャンルの記事を書きつつ、鉄道関係の取材・執筆も行っている。阪神タイガースファンだが好きな私鉄は西武鉄道。著書に『相鉄はなぜかっこよくなったのか』（交通新聞社）、『鉄道の歴史を変えた街45』（イカロス出版）など。

降りて、見て、歩いて、調べた

新幹線103駅

2024年3月1日発行

【著者】
鼠入昌史

【発行人】
山手章弘

【発行所】
イカロス出版株式会社
〒105-0051
東京都千代田区神田神保町1-105
TEL:03-6837-4661（出版営業部）

【印刷】
日経印刷株式会社